女性学学科建设与专业人才培养：回顾与展望

韩贺南　王向梅　主编

教育科学出版社
·北京·

前　言

　　女性学自 20 世纪 60 年代产生以来，已经历了半个多世纪的历史进程。由于它起源于对传统知识体系性别偏差的质疑与纠正，因而，难以认同传统的学术范式。挑战传统的学科范式即为女性学创始者的意图之一。"不守规矩"的知识说明它自产生之日起就不能按照传统学科范式建构知识，即研究者没有着力说明女性学的研究对象、研究方法、知识领域。然而，也正是由于它的开放性，它的知识生产十分迅速，令人惊异。仿佛刚刚开垦一片土地，回头之间就芬芳满地了。鲜有哪个学科，每学年能够开出数百门课程。

　　一般说来，一门学科的产生都要回应某个或某些社会问题，尤其是社会科学。女性学的产生也证明了这一点。它产生于人们对妇女受压迫、受歧视现象的感知。当女性心怀自由、平等的理念投身于消除阶级与种族歧视的时候，却感受到了不可言状的性别歧视。她们睿智地发现，这种歧视源于性别。所谓性别，不是与生俱来的生理特征，而是社会历史文化建构的"社会性别"。社会性别成为女性学的核心概念，成为打开传统知识大厦性别偏差的钥匙。

或许是由于性别压迫现象的历史很悠久，影响颇为广泛；或许由于"社会性别"概念开启了女性学可谓广袤无垠的知识领域，各个学科都有与社会性别相关的研究成果。当我们为女性学的学术园地繁花似锦、绿树葱茏而欣喜的时候，我们不得不正视女性学发展所面临的问题。首先是传统学科范式的规制问题。具体说来，女性学要在传统学科之林立足，需要具备传统学科的基本要素。主要有两个方面：一是在学理上，要划清知识领域，要有明确的研究对象、基本理论与研究方法；二是在学科建制上要有传播知识、培养人才的平台。而在这两个要素中前者对于后者的制约作用更大。我们认为从一定程度上来说，女性学发展的瓶颈问题，即为传统学科标尺对女性学的衡量，制约了女性学学科建制的进展。同时，许多学科对社会性别视角的采用，从某种意义上说，分化了女性学的学术魅力。因而，学科建设与专业人才培养是女性学发展中亟待解决的重要问题。

正当学界为学科建设而努力之际，恰逢中华女子学院女性学系建系 10 周年。该系是中国内地高校中第一个女性学系。它于 2001 年创建；2004 年开设女性学本科辅修专业；2006 年，招收女性学专业普高本科生；2009 年，女性学专业获批北京市和国家级特色专业；2010 年女性学专业正式纳入一本专业招生行列。借女性学系 10 周年庆典之机，中华女子学院于 2011 年 6 月召开了"女性学学科建设与专业人才培养"学术研讨会，来自北京大学、清华大学、中国人民大学、北京师范大学、首都师范大学、天津师范大学、山西师范大学、湖南女子学院、中央编译局，美国得克萨斯州立大学、美国德儒大学，西班牙奥维耶多大学等单位的近 50 位中外专家学者，就女性学学科建设、专业人才培养和性别研究三个领域进行深入探讨。我们在本次会议论文的基础上，又约请一些专家学者赐稿，汇集此书。

本书主要内容如下：

上篇聚焦于女性学学科建设问题。这一部分有对近年来妇女/性别研究纳入国家社科研究领域，诸如列入国家社科基金项目推动过程等回顾与总结；有对女性学学科范式的进一步阐释。有研究者试图按照主流学科的学术范式阐述女性学的学科性质，基本理论与研究方法，也有研究者遵循创始者的意图、研究者的关注、理性的导向这一思路，追寻女性学发展的踪迹，阐述它的学科范式的独特性。这些研究反映了目前国内女性学学科建设的最新成果与前沿观点。

中篇汇集了妇女/性别跨学科研究领域的新成果。研究涉及哲学、法学、社会学、心理学、人类学、文学和历史学等领域。这些研究与以往妇女/性别跨学科研究有所不同，以往这方面的研究关注问题多元、分散，而本书汇集的这一领域的研究成果，多从学科建设角度，呈现了学科进展情况，诸如女性主义哲学、女性法学、性别社会心理学、社会性别史、少数民族女性学、女性人类学、女性史等。研究者着重从学科建设的角度，阐述其学科性质，基本概念、基本理论、基本框架、研究方法等，展现了目前国内妇女/性别跨学科研究学科化的趋势与最新成果。

下篇以女性学专业人才培养为主题，分享来自各地的人才培养经验。这一部分有对我国女性学产生以来的30余年人才培养进程的历史回顾与经验总结；有对女性学专业培养模式，诸如专业价值观、培养目标、课程体系、社会服务领域等内容的进一步阐释；有对女性学学科建设与人才培养方法策略的探索；也有对具体课程建设的深入研究，等等。

总之，本书汇集了诸位专家学者对女性学学科建设与专业人才培养的真知灼见。感谢各位专家学者在百忙之中为本书赐稿。由于种种原因，许多专家学者的研究成果未能收入本集，敬请见谅！

韩贺南　王向梅

目　录

上篇：　女性学基本理论与研究方法

中篇：　女性学学科史与跨学科研究

下篇：　女性学专业人才培养

上 篇

女性学基本理论与研究方法

推动妇女/性别研究纳入社科研究主流的行动与思考
——基于中国妇女研究会的实践探索

谭 琳 吴 菁①

摘　要：20世纪90年代以来，特别是中国妇女研究会成立之后，我国妇女/性别研究得到较快发展，引起了社会各界更多重视。但是，妇女/性别研究在社会科学领域的边缘地位仍难有质的改变。针对这一现状，2004年以来，中国妇女研究会开展了一系列积极行动，努力推动妇女/性别研究纳入社会科学研究主流，并取得了初步成效。2006—2012年，国家社会科学基金妇女/性别研究课题立项的学科达到18个，比1999—2005年增加了7个；批准了168项研究课题，是1999—2005年的4.94倍。本文回顾几年来的实践行动，分享从中获得的体会，思考今后进一步推动的策略。

关键词：妇女研究；性别研究；妇女/性别研究；社会科学研究；性别主流化

概　　述

　　20世纪90年代，伴随着北京筹备和召开联合国第四次世界妇女大会的过程，我国的妇女和性别研究得到迅速发展。特别是1999年中国妇女研究会成立之后，通过组织课题招标、召开年会及专题研讨等形式多样的活动，妇女/性别研究得到了社会科学研究机构、高校、党校、妇联及有关学会的更多重视。尽管如此，妇女/性别研究在社会科学领域的边缘地位仍没有质的改变。针对这一状况，2004年以来，中国妇女研究会抓住中央强调繁荣发展哲学社会科学研究等有利时机，在认真分析当前我国妇女/

---

　　① 谭琳，女，全国妇联书记处书记、全国妇联妇女研究所所长、中国妇女研究会副会长；吴菁，女，全国妇联妇女研究所科研处处长、中国妇女研究会办公室常务副主任。

性别研究状况和问题的基础上，采取积极措施和行动，推动妇女/性别研究纳入社会科学研究主流，取得了一定进展，应该总结经验，思考今后进一步推动策略。

一、深入开展调查研究，认真分析状况和问题

近年来，关于妇女/性别研究的学科性质、研究方法和学科建设越来越引起学术界的重视，相关研究也不断出现①。在相关研究的基础上，我们着重收集了 1999—2005 年国家社会科学基金面上项目的资助立项情况，深入分析了国家社会科学基金资助项目中所反映出来的妇女/性别研究的现状及存在的问题。

分析发现，国家社会科学基金从"七五"规划开始就逐渐涉及女性问题研究项目，近年来对女性研究项目的支持逐年增加，尤其是以重大项目和特别委托项目的形式支持了"中国妇女运动百年史研究"、"中国特色妇女解放理论探索"及"中国妇女参政问题研究"等研究项目。教育部门也对高校的妇女和性别研究给予了一定支持，在相关的哲学社会科学研究规划及课题指南中，设立了一些妇女和性别研究的项目，涉及社会学、人口学、历史学、民族学、文学等多个学科。例如，教育部"十五"哲学社会科学研究规划及课题指南中，历史学设立了"妇女史研究"；民族学设立了"国外性别问题理论"和"中国性别问题研究"；社会学设立了重点研究项目"妇女参与社会发展与妇女社会支持网络"。

---

①　例如：李小江. 妇女研究的缘起、发展与现状——兼谈妇女学学科建设问题 [J]. 陕西师范大学学报：哲学社会科学版，1998（6）；杜芳琴. 全球视野中的本土妇女学——中国经验——一个未完成的过程 [J]. 云南民族大学学报：哲学社会科学版，2001（5）；谭琳，等. 将妇女/性别研究纳入中国社会科学研究的主流 [J]. 妇女研究论丛，2005 年增刊；周颜玲，等. 前景与挑战：当代中国的妇女学与妇女/性别社会学 [J]. 浙江学刊，2008（4）；杨玉静. 推进妇女研究进入社科研究和学科建设主流 [J]. 妇女研究论丛，2005（1）；吴小英. 当知识遭遇性别——女性主义方法论之争 [J]. 社会学研究，2003（1）；魏国英. 跨越式发展与本土经验——女性学学科建设的十年回顾 [J]. 妇女研究论丛，2006（1）；姜秀花. 从《妇女研究论丛》看中国妇女/性别研究进展——创刊 20 年来栏目、主题与内容变化分析 [J]. 妇女研究论丛，2012（2），等等。

但是，由于国家社会科学基金一直没有专门设立"妇女/性别研究"领域，按照国家社会科学基金规定，具有明显跨学科性质的妇女/性别研究项目只能依照"跨学科的课题，要以为主的学科进行申报"的原则进行申报，但是由于各学科领域的评委对女性问题研究不够熟悉，因此，对女性问题研究的重视不够。通过对 1999—2005 年这 7 年间国家社会科学基金年度设立的重点项目、一般项目和青年基金项目的分析，我们发现至少存在以下两个方面的主要问题。

1. 与女性研究相关的课题立项总数少、比例低，且立项层次低。上述 7 年间，尽管有关妇女/性别研究的立项课题逐年增加，涉及学科也越来越多，但立项课题的总数很少，7 年合计仅有 34 项，分布在 11 个学科领域，仅占同期国家社会科学基金立项课题总数（6468 项）的 0.53%（见表 1）。此外，由于没有设立专门的妇女/性别研究领域，有关妇女/性别研究的立项分散在各个领域中，难以受到应有的重视，上述 34 个获准立项的课题层次较低，其中一般项目占了 26 项，青年项目有 8 项，没有重点项目。

2. 一些重要、主流的学科领域还没有女性研究的课题立项。上述 34 项女性问题研究课题主要设立在社会学、人口学和中国文学等领域，个别项目属党史、党建，哲学，政治学，法学，世界历史，民族问题研究，外国文学及新闻学与传播学。但研究经费最多、同时妇女/性别问题也最复杂的理论经济学和应用经济学领域从未有女性问题研究的课题立项；除特别委托的项目以外，马克思主义、科学社会主义，经济理论，应用经济学及中国历史等 12 个研究领域的年度项目中均没有妇女/性别研究立项。这种状况显然与中国繁荣哲学社会科学的要求和女性研究的发展不相适应。（见表 1）

表 1　1999—2005 年国家社会科学基金分领域资助妇女/性别研究的情况

学科领域	立项总数（项）	有关妇女/性别研究的立项数（项）
马克思主义、科学社会主义	266	0
党史、党建	*217*	*1*
哲学	*543*	*1*
经济理论	565	0
应用经济学	1012	0

续表

学科领域	立项总数（项）	有关妇女/性别研究的立项数（项）
政治学	*306*	*1*
社会学	*377*	*9*
法学	*443*	*1*
国际问题研究	212	0
中国历史	361	0
世界历史	*99*	*1*
考古学	51	0
民族问题研究	*247*	*2*
宗教学	133	0
中国文学	*458*	*7*
外国文学	*134*	*1*
语言学	345	0
新闻学与传播学	*124*	*1*
图书馆、情报与文献学	184	0
人口学	*79*	*9*
统计学	121	0
体育学	188	0
综合类	3	0
合计	6468	34（仅占0.53%）

资料来源：全国哲学社会科学规划办公室网站（http://www.npopss-cn.gov.cn）。

注：加黑斜体部分表示上述7年间曾有女性问题研究立项的领域和立项数目。

除了上述分析，中国妇女研究会领导还亲自带队到8个省、区、市开展调查研究，先后召开了12次座谈会，深入了解中共中央及各地党校系统、社会科学研究系统、高校系统及妇联系统的研究者对妇女/性别研究的历史、现况及发展趋势的看法和认识。我们发现，参加座谈会的专家学者及有关部门工作者具有普遍共识，即在落实科学发展观的新形势下，应加大对妇女/性别研究的支持力度，进一步繁荣哲学社会科学研究，推动我国社会更加文明进步，平等和谐。为反映这种共识，推动妇女/性别研究进入社科研究和学科建设主流的步伐，中国妇女研究会和全国妇联于2004 年 12 月联合主办了"推动妇女研究进入社科研究和学科建设主流的高层论坛"，邀请全国哲学社会科学办公室、中共中央党校、中国社会科学院、教育部社会科学研究和政治思想教育司及北京大学、南开大学、复旦大学、厦门大学、天津师范大学等高校的有关领导及科研部门负责人出席了高层论坛，共同研讨推动妇女/性别研究进入中国社会科学研究主流的重要性和必要性，在此基础上，提出具有可操作性的对策建议。

二、积极采取行动，争取社会支持，推动妇女/性别研究纳入社会科学研究主流

在上述调查研究和举办高层论坛的基础上，中国妇女研究会采取积极行动，争取社会支持，在推动妇女/性别研究纳入社会科学研究主流方面主要进行了以下探索。

1. 建立妇女/性别研究与培训基地，探索妇女/性别研究和学科建设的机制创新

2005 年 6 月、7 月和 12 月，全国妇联和中国妇女研究会领导分别与中共中央党校、中国社会科学院、教育部及有关高等院校领导和专家学者进行座谈与协调，探讨整合资源和力量，推动妇女/性别研究及学科建设的途径。经过一系列组织和协调，全国妇联和中国妇女研究会与中央党校、中国社会科学院、北京大学、中央民族大学等 21 个单位合作建设了妇女/性别研究与培训基地，力图与这些单位共同努力，将妇女/性别研究与培训纳入各学术单位的整体规划和日常工作，初步形成了由党校系统、社会科学院系统、高校系统及妇联系统构成的"四位一体"的妇女/性别研究机制，为妇女/性别研究和学科建设的主流化提供了机制保障。

2. 积极宣传倡导，推动妇女/性别研究纳入国家社会科学基金和教育部社会科学研究重大课题攻关项目

在中国妇女研究会的调查研究中发现，学术界，特别是社会科学研究管理部门对妇女/性别研究不够了解，在很大程度上影响了妇女/性别研究的主流化。因此，我们在调查研究的基础上，撰写报告，主动与社会科学研究管理部门沟通，面向学术领域和社会科学管理部门，宣传倡导妇女/

性别研究。我们强调，妇女研究的内容和对象并非仅仅局限于妇女发展和妇女运动规律，而是广泛涉及社会、经济、政治、文化及家庭生活中的性别关系结构和运行状况及其规律的研究。因此，妇女研究对象覆盖面广、研究内容极其广泛，学科背景和研究方法与其他学科既相互交融，又不能简单替代，因此，妇女/性别研究具有明显的多学科和跨学科特征，正是需要大力推进和重点支持的新兴交叉学科。重视从性别视角开展的多学科和跨学科研究，对于哲学社会科学领域打开认识视野，拓展思维空间，推进学术观点创新、学科体系创新和科研方法创新也会有所贡献。因此，将妇女研究纳入国家哲学社会科学规划，是繁荣中国社会科学研究的客观需要，是对现有哲学社会科学学科体系的有力补充与完善，必将有力推动中国哲学社会科学研究的全面、深入发展。

我们的宣传得到社会各界，特别是社会科学研究管理部门的积极回应和大力支持。自 2005 年起，中国妇女研究会办公室每年向团体会员和理事及妇女/性别研究与培训基地征求妇女/性别研究选题建议，经过研究梳理后报送全国哲学社会科学规划办公室，为纳入下一年的国家社会科学基金课题指南做准备。经过持续不断的努力，2006—2012 年，国家社会科学基金批准了 168 项研究课题（见表 2），是 1999—2005 年的 4.94 倍，资助金额达到 1957.5 万元。除了一般项目和青年项目，2007 年起陆续有妇女/性别研究的重点项目立项。特别是国家社会科学基金还将"中国妇女运动百年史"、"中国特色社会主义妇女理论"、"新时期中国妇女社会地位调查"和"男女平等价值观研究与相关理论探讨"课题作为重大课题给予特别支持。此外，教育部在 2005 年和 2010 年公布的"教育部哲学社会科学研究重大课题攻关项目招标课题指南"中分别列出"性别视角下的中国文学与文化"和"高层人才发展状况和成长规律"研究，并最终批准立项。中国社会科学院也首次以院长委托课题支持妇女/性别研究。

表 2　2006—2012 年，国家社会科学基金分领域资助妇女/性别研究情况

学科领域	立项总数（项）	有关妇女/性别研究的立项数（项）
马克思主义、科学社会主义	646	5
党史、党建	335	2
哲学	963	4

续表

学科领域	立项总数（项）	有关妇女/性别研究的立项数（项）
经济理论	856	0
应用经济学	1618	7
政治学	631	6
社会学	871	39
法学	1273	12
国际问题研究	361	0
中国历史	754	14
世界历史	229	4
考古学	119	0
民族问题研究	594	3
宗教学	300	4
中国文学	1153	21
外国文学	368	14
语言学	987	1
新闻学与传播学	427	1
图书馆、情报与文献学	512	0
人口学	192	23
统计学	193	1
体育学	459	7
管理学	727	0
合计	14568	168（占1.15%）

资料来源：全国哲学社会科学规划办公室网站（http：//www. npopss‐cn. gov. cn）。

注：自2010年度起，国家社会科学基金年度课题指南中增加"管理学"方向。

由此表可见，经过积极推动，国家社会科学基金有妇女/性别研究课题立项的学科由1999—2005年的11个增加至2006—2012年的18个，马克思主义、科学社会主义，应用经济学，中国历史，宗教学，语言学，统计学，体育学都实现了"零"的突破，其中突破较大的学科领域有：中国历史立项 14 个，应用经济学和体育学分别立项 7 个，马克思主义、科学社会主义立项 5 个及宗教学立项 4 个。

3. 鼓励妇女/性别研究学者成长，加强研究队伍建设和能力建设

近年来，我国妇女/性别研究的组织机构、研究队伍及研究成果等各个方面都有了长足的发展，已经成为繁荣发展社会科学研究的重要力量。中国妇女研究会视妇女/性别研究学者为推动社会性别主流化的主体力量，关注各个学科妇女/性别研究学者的成长，加强妇女/性别研究的学术队伍建设，提高研究能力和研究水平。

第一，从组织机构和研究队伍来看，目前全国已有 30 个省、直辖市、自治区成立了妇女研究学会，全国 70 多所高等院校、党校和 9 个国家及省级社科院成立了妇女研究中心，中国妇女研究会共有 115 个团体会员单位在各地开展工作。首批与全国妇联和中国妇女研究会共同建设妇女/性别研究与培训基地的单位有 21 个，已初步形成了由高校系统、党校系统、社科院系统及妇联系统组成的"四位一体"、辐射全国各地的妇女研究组织网络。中国妇女研究会的 179 位理事分布在社会学、人口学、历史学、法学、教育学、经济学、心理学、人类学及管理学等多个学科，具有高级职称的学者占 80% 以上，其中，有近 30 位教授具有指导博士研究生的资格。近年来，中国妇女研究会每年举办妇女/性别研究培训班，组织妇女/性别研究者着重研讨和培训妇女/性别研究的方法论，探讨女性主义视角和方法在社会科学研究中的应用和实践。

第二，从研究成果来看，近年来，具有社会学、人口学、历史学、法学、教育学、经济学、心理学、人类学及管理学等学科背景的研究人员从各自研究和关注的重点出发，对妇女基础理论和现实问题展开了大量卓有成效的研究与干预工作，涌现了一批具有较高学术价值和社会效益的研究成果。越来越多的高校，如北京大学、天津师范大学、北京师范大学、首都师范大学、复旦大学、厦门大学等院校都编写了女性学教材，有关女性学和女性问题研究的专著、译著、工具书、教材等也不断出版发行。

第三，从课程建设和学科建设进程来看，越来越多的高校开设"女性学"、"女性社会学"、"女性文学"、"性别史"、"女性与传媒"及"女性人口学"等与女性问题研究相关的课程。2005 年，教育部批准中华女子学院设立"女性学"本科专业，使女性学专业正式进入中国高等学校的本科专业设置之中。在硕士和博士研究生教育体系中，与女性学相关的专业设

置更早、更多。目前，全国已有多所高校设立了"女性学"硕士专业，陆续招收女性学硕士研究生；更多高校在文学、社会学、人口学、历史学及心理学等相关学科设立了女性研究方向（例如：女性社会学、女性文学、性别史、女性人口学等），陆续招收硕士和博士研究生；越来越多相关学科的学者（含研究生）参与女性问题研究，有力地推动了妇女学学科的建设与发展。2004年和2009年，中国妇女研究会先后组织了第一届和第二届中国妇女研究优秀成果奖评选，向社会各界推荐妇女研究优秀成果，涉及哲学、社会学、经济学、人口学、法学、历史学、文学、教育学、伦理学、心理学、人类学、政治学等多个学科。从2006年起，中国妇女研究会每两年评选一次妇女/性别研究优秀博士/硕士论文，鼓励青年学者积极参与妇女/性别研究。从表3和表4可见，到目前为止，已经有56篇优秀博士论文和61篇优秀硕士论文获奖，研究领域不断扩展。

表3　中国妇女研究会四届妇女/性别研究优秀博士学位论文情况

	参评论文数量	涉及学科领域	获奖论文数量	涉及学科领域
第一届	19篇	文学、哲学、史学、社会学、人口学、教育学、统计学、新闻学	14篇	文学、哲学、史学、社会学、人口学、教育学、统计学、新闻学
第二届	18篇	文学、哲学、史学、社会学、人口学、教育学、传播学、民族学、戏剧戏曲学	8篇	哲学、史学、社会学、人口学、教育学
第三届	24篇	文学、哲学、史学、法学、社会学、教育学、语言学、经济学、管理学、民族学	19篇	哲学、史学、社会学、法学、教育学、语言学、经济学、管理学、民族学
第四届	17篇	文学、哲学、史学、法学、社会学、教育学、老年学	15篇	文学、哲学、史学、法学、社会学、教育学、老年学
合　计	78篇		56篇	

资料来源：根据中国妇女研究会档案整理。

表4　中国妇女研究会四届妇女/性别研究优秀硕士学位论文情况

	参评论文数量	涉及学科领域	获奖论文数量	涉及学科领域
第一届	28篇	文学、哲学、史学、法学、社会学、教育学、政治学、管理学、传播学、伦理学、民族学、戏剧戏曲学、国际关系	14篇	文学、哲学、史学、法学、社会学、教育学、管理学、民族学、国际关系
第二届	30篇	文学、哲学、史学、法学、社会学、教育学、政治学、管理学、传播学、语言学、经济学、戏剧戏曲学、国际关系	13篇	文学、哲学、史学、法学、社会学、教育学、管理学、戏剧戏曲学、国际关系
第三届	39篇	文学、哲学、史学、社会学、教育学、法学、语言学、管理学、美学	21篇	文学、哲学、史学、社会学、教育学、语言学、管理学、美学
第四届	24篇	文学、哲学、史学、社会学、教育学、法学、政治学、经济学、语言学、管理学、传播、美学、社会保障、国际关系	13篇	文学、史学、社会学、教育学、管理学、社会保障、国际关系
合　计	121篇		61篇	

资料来源：根据中国妇女研究会档案整理。

三、小结与思考

作为全国性的学术团体，中国妇女研究会积极推动妇女/性别研究及学科建设纳入国家社会科学研究的主流，取得了一定成效。在推动的过程中，我们也深刻地认识到，妇女/性别研究和学科建设任重道远，许多问题值得我们进一步思考和探索。

一是如何进一步深刻认识妇女/性别研究和学科建设的特征和规律，

特别是其多学科和跨学科的性质和特征，既要强调多个学科对妇女/性别研究的重视和支持，也要强调将妇女/性别研究作为一个综合的、跨学科的领域予以重视和支持，力图探寻更加符合其发展规律的主流化路径。

二是进一步采取从国家到地方，从哲学社会科学规划部门到教育部门及其他政府部门的共同行动，自上而下与自下而上的行动相结合，才能全面推动妇女/性别研究和学科建设纳入各级社会科学发展规划和年度计划。

三是如何进一步调动和整合高校、党校、社会科学机构及妇联组织的力量，从科研、教学、培训和实践各个方面共同努力，从理论、实践和政策各个方面进一步提高对妇女/性别研究及学科建设的重视，研讨如何通过加大投入、管理创新等措施，进一步推进妇女/性别研究及学科建设纳入高校、党校、社科机构及妇联的发展规划。

四是如何进一步开展国际国内的学术交流，吸取国际国内一切有益于推动妇女/性别研究及学科建设的经验，特别是具有多学科、跨学科特点的学科建设经验，在对外开放、改革创新的大背景下，思考推动妇女/性别研究及学科建设纳入主流的趋势和方向。

女性学的研究方法及其学科意义

叶文振①

摘　要：文章在简单介绍国内学者对女性学研究方法的主要研究成果的基
　　　　础上，回顾和评价女性学研究方法的发展历程及其学科意义，揭
　　　　示女性学研究方法的主要特点。

关键词：女性学；研究方法；学科建设

女性学研究方法的发展是女性学学科建设的一个重要内容。但从女性
学学科建设的实际情况来看，女性学研究方法明显地处于相对滞后的状
态。除了韩贺南、张建和刘霓在她们编著的女性学教科书[1][2]中开设专章
叙述研究方法以外，其余的一般很少涉及女性学的研究方法[3]。其实，如
果把现有的女性学教科书中列举的研究方法一一清点一下，好像我们女性
学自己独创的比较少，许多都是其他学科的舶来品。这种对其他学科研究
方法上的依赖不仅淡化了女性学作为一个学科的独立性，而且还在很大程
度上影响本学科的发展后劲[4]，因此，女性学在研究方法方面的学科成熟
和发展还任重而道远。本文首先简单介绍国内学者对女性学研究方法的主
要研究成果，接着梳理女性学研究方法的发展历程，最后总结女性学研究
方法的主要特点，希望能对我国女性学研究方法的加快发展提供有益的
借鉴。

一、女性学研究方法的研究成果

我国学者在女性学研究方法方面的探索虽然为时不是很长，但已形成
不少成果。在这里，我们侧重介绍和评述三个主要的研究收获。首先让我

---

　① 叶文振，男，美国犹他大学社会学博士，福建江夏学院副校长，厦门大学福
建女性发展研究中心主任、教授、博士生导师，中国妇女研究会副会长。主要研究领
域为人口、资源与环境经济学，社会经济学，婚姻家庭研究等。

们从北京大学魏国英主编的"新时期以来我国第一部系统完整的女性学原理性教材"的《女性学概论》开始。该书以一节的容量来叙述女性学研究方法并指出，既然女性学是社会科学，"它的最直接的指导思想即方法论原则就应该是历史唯物主义和辩证唯物主义"。按照唯物史观的思维模式来分析女性，就是"从女性与社会的联系和制约中，从生产力和生产关系、经济基础和上层建筑的基本矛盾及其运动规律中，寻求关于女性的一切问题的答案"。或者说，"考察女性特征的变动、女性存在形态的演变、女性价值的进步与发展，都要从分析当时的生产方式、交换方式及经济关系入手。这是唯一正确的方法"[5]。否则，"脱离一定的历史范围，忽略或忘记基本的历史联系，很难得到准确的认识"[6]。

其次，该书还强调辩证法是女性学研究中应该坚持的又一方法论原则，"把女性的自然属性和社会属性、女性的群体性和个体性辩证地统一起来，是从事女性研究的科学思路"；"我们不但要从自然科学、社会科学角度把女性作为客体研究，更要从哲学、人文科学的角度研究作为主体的女性，因为，只有透过实践活动的主客体之间的关系，才能研究客体世界规律，研究主体发展尺度"[7]。

最后，该书提出女性学应该坚持和使用的研究观念和手段，其中包括理论与实践统一的观念、批判继承的观念以及借鉴吸收的观念，即"女性学研究必须源于实践，必须进行系统地、深入地考察与调查，充分地占有女性发展及女性运动的各种材料"；批判地继承"历史上的各种女性研究成果和研究方法"；借鉴吸收当代国内外各种女性研究的理论与成果以及自然科学和社会科学关于女性研究的成果和方法[8]。

总之，该书把女性学看成是一门新兴的综合性的边缘学科，把女性学研究看成"是一种跨学科思考与观察的视角与规则"[9]，现有的自然科学、社会科学各学科的研究手段和方法都可以为其所用。而且，"研究女性，只能是从大量的、第一手的现实与历史材料中去探寻女性发展规律，去寻找解决妇女问题的途径，由此获得的认识才是科学的、可靠的、经得起历史检验的"[10]。

该书作者所倡导的唯物史观的、联系实践的女性学研究方法被一些学者进一步发扬光大。同是北京大学教授的杨善华指出，思想和认识必须符合客观实际是妇女研究方法论的起点，也就是说，"首先要弄清客观实际'是什么'，而不是'应该是什么'"，因此，女性学研究也必须遵守马克斯·韦伯（Max Weber）所强调的"价值中立"原则，把价值判断与事实判断区分开来，更不能用价值判断取代事实判断[11]。另外，由林志斌[12]主编的《性别与发展教程》把"性别统计"作为独立的一章进行十分详尽的概述和介绍，进而为魏国英"在占有大量第一手材料中展开女性研究"提供了资料收集和指标计算的技术支持。

与魏国英学见截然不同的是解构式的女性学研究方法论。以韩贺南、张建主编的《女性学导论》基本上代表了这一学派的观点[13]。第一，该派别提醒女性学研究人员，不能随意搬用现有各个学科的研究方法，因为这些来自由男性建构起来的知识体系的研究方法及其应用都免不了打上男性性别歧见的烙印，它们根本无法胜任女性学的研究重任，甚至还会把女性学研究引入由男性早就挖掘好的歧途。第二，她们倡导使用与实证研究方法相对立的解释主义的方法，认为社会现象与自然现象不同，不能根据任何类似自然现象的因果关系来解释和理解，只能依据个人所提供的感受和意义来加以研究和认识。所以，在研究社会现象的时候，研究者本人的主观态度或价值观不仅不可能不介入研究的过程，而且还要注意积极介入，尤其是在女性学研究的过程中，在女性的主观感受、经验和声音都被忽视的女性问题的研究方面。第三，她们认为，质性研究更适用于以社会性别为分析框架的女性学研究。与定量研究相比，质性研究是一种研究人员以访问者或观察者或参与者身份去搜集所调查问题的资料的研究方法，它更能保证分析框架与方法的一致性，研究目的与方法的一致性，以及文化背景与方法的一致性。例如，当我们从女性主义角度出发研究某一问题时，质性研究方法就不仅仅解决搜集资料的技术问题，而且还帮助我们确定搜集什么类型的资料，以及如何根据研究者本人的社会性别态度去分析所占有的资料。又如，质性研究方法还有利于我们进行更为深入的，在问卷中难以全面表达的，甚至跨越文化障碍进入社会和家庭内核的问题研究。

介于以上二者之间的是偏向于改造和融合的学派，刘霓编著的《西方女性学》是这一派别的有益尝试[14]。研究方法一般拥有两个层面，即方法论和具体方法。方法论是指导研究的理论体系，包括重要概念、理论假设和分析框架等；具体方法是实施研究的方法组合，包括研究手段、分析工具和研究步骤等。这一学派所推行的研究方法的改造也表现为两种形式，一是只在方法论一个层面进行，二是在方法论层面和具体方法层面同时展开。方法论的改造主要侧重于引入社会性别的理论假说和分析框架，并在这一理论框架的指导下，选用来自各个学科，特别是社会学和社会人类学等学科现成的研究手段和分析方法，为实现社会性别研究的目的服务。而整个研究方法的改造既在方法论层面引入有关社会性别的重要概念、理论假设和分析思路，以取代以往的男性性别研究视野，同时又对具体的研究过程、手段和技术进行社会性别化的调整，使方法论和具体方法能够在社会性别研究取向中一致起来，确保女性学研究活动的正常进行。例如，已经成为女性研究学者获取她们的被调查者对其生存状态自我解释的主要方法的半结构式或者非结构式访谈就是在综合改造人种史研究使用的参与式访谈和社会学家擅长的结构式访谈的基础上形成的。

从以上简单的综述中我们不难看出，女性学研究方法是在争论中往前行走的。争论的焦点显然集中在：要不要继续坚持"价值中立"的传统研究原则，要不要继续使用作为男性知识系统中一个重要组成部分的研究方法或者社会科学的研究方法能不能跨越性别的疆界，还有女性学作为一门独立的学科要不要拥有与现存研究方法不同的属于自己的研究方法。这些争论的继续对于女性学在研究方法上进行更科学的定位并获取更快的进步无疑是有益的。

二、女性学研究方法的发展历程

如果说女性学是于 20 世纪 70 年代初首先在美国兴起的话，那么与之一起出现的女性学研究方法已有了 30 多年的发展历程。在这不是很长的发展历史中，女性学研究方法却经历了几个重要的转折，显示出日趋成熟的学科成长态势。

从妇女运动发展而来的女性学学科建设使过去主要侧重于对妇女运动的舆论宣传和经验总结转化为一场在方法论上的革命，这就使女性主义及其社会性别理论视野和分析框架被引入到对女性问题的研究中来。首先，这些自称为"不守规矩的知识"拒绝和否定由男性一手建构起来的包括方法论和研究方法在内的知识体系[15]，认为这些男性化知识饱含着对女性的性别歧视，是男人用来束缚和愚弄女性的精神武器。其次，为了转变女性长期被书写、她们的声音和诉求一直被忽视、她们不能对生存状态给出自己的解释的状况，女性主义学者反对"价值中立"的传统研究原则，强调"所有的知识都是由社会参与建构的，饱含价值观念，夹带着偏见，反映产生它的文化的利益并为之服务"[16]，鼓励对研究过程进行积极的女性价值介入和经验参与。最后，女性主义学者还希望对男性知识体系进行解构和颠覆，对以往的人类知识进行重写和重建，以至于用一个全新的女性知识体系来全面替换现有的由男性一手制作的知识架构。在具体研究方法使用上，带有明显的女性研究人员介入式的解释主义和质性研究方法完全取代了实证主义和定量研究方法，女性的主观意识、情感和经验在解释女性生存状态和性别问题方面的作用得到了前所未有的提升。

随着越来越多的来自不同社会科学学科的学者介入女性学研究，特别是随着各个学科研究方法在社会性别分析框架下的成功应用和发挥越来越大的工具作用，女性学研究方法的发展进入了第二个转折时期，也就是从初始的全盘否定转化为在社会性别研究框架下，有选择地使用与研究目的相一致，并且能够为顺利达到研究目的服务的现成的各个学科的研究方法。这一个转折具有十分重要的发展意义。第一，女性主义学者对待已有研究方法的态度发生了重要的改变，她们在坚持批判性的同时，多了一份宽容性，这对于更好地吸纳现有的研究方法扫除了情绪上的障碍，而且还促使女性学者对女性主义方法论中的"性别万能"倾向进行反思和自我批评，把女性学研究方法带上一条更为科学的发展道路[17]。第二，大量研究方法的应用使女性主义学者的方法论意识和具体方法应用能力得到明显的增强，使她们在理论研究兴趣与方法应用技巧的有机结合中，更科学地去检验自己的理论假设，去认识社会性别分析框架的理论和方法论的双重价值。第三，借用其他学科的研究方法还使女性问题的研究有了共同的方法基础，其结果不仅提升女性学研究在现有的知识体系中的学术地位，而且还能够被各个相关学科接纳和认可，这对于吸引更多的来自不同学科的学者加盟女性学研究，扩大女性主义和社会性别理论在各个学科中的学术影响，动摇和改变男性视野的一统天下确实提供了一个难得的机遇和条件。第四，当有更多的其他学科的研究方法被引入到女性学研究领域，当女性主义学者有了更多的机会应用这些方法为自己的社会性别分析服务，并从中了解更多的关于各种方法实用性的时候，对这些方法进行扬长避短式改造的想法也就产生了。因此，这一次转折的意义还在于它为后续的第三次转折进行了必要的准备。美国学者罗宾·罗森（Robyn L. Rosen）在其近著中对女性研究与其他学科之间学术互动的论述也在一定程度上说明批判地或者选择性使用其他学科的方法对女性学研究的发展是有利的[18]。

从多学科研究方法的借鉴和选择性使用到对这些方法有意识的改造，并逐步形成跨学科的或者独立于其他学科的研究方法是女性学研究方法在发展中经历的第三个转折点。目前这种转折还在继续着，阿伦（Judith A. Allen）和基思（Sally L. Keith）题为《被学科学科化：在妇女学中跨学科研究使命的需要》的文章对此做了比较细致的描述[19]。第三个转折的最主要特点是，女性主义学者不满足于对其他学科研究方法的直接借用，而开始对现成的研究方法按照社会性别分析框架的性质和需要进行必要的修改和调整。当女性主义学者在多次应用中，发现其他学科的研究方法存在着许多缺陷，致使她们的女性主义研究目的不能顺利实现时，这种与分析架构和研究目的相一致的需要性的方法改造显然是不可避免的。然而，这种改造的结果却直接导致跨学科的或者独立于各个学科的属于女性学自己的研究方法的产生。像我们在前面所提及的开放式或半结构式的访谈分析法实际上已经跨越了人种史学和社会学这两个学科，成了女性学自己的研究方法之一。所以，刘霓关于"女性学者在研究中总是希望寻求或运用与现存方法不同的、有所区别的方法，然而到底是一些什么样的方法，迄今仍没有人做出明确的说明"的担忧[20]，实际上是可以在总结第三个转折带来的成果中释怀的。

应该说，女性学研究方法进入第三个转折既是第二个转折的必然延伸，又是女性学自身发展和壮大的需要。作为必然的延伸是因为现成的研究方法都是各学科从自己的认识论基础、理论视野、方法论原则和具体研究需要出发设计的，当我们用女性主义或社会性别取代这一切时，自然就会和它们的具体研究方法发生程度不一的矛盾或不相一致，不经过一定的改造和变化是很难为女性学研究所用，满足社会性别分析的需要的。从女性学自身的发展和壮大来看，第三个转折为强化研究方法对女性学的学科支撑确实不可或缺。否则，研究方法的弱化和滞后不仅制约女性学的继续壮大和前行，甚至还会使女性学很难作为一个独立的学科站立在学科之林中。

女性学研究方法在否定、吸收和改造其他学科研究方法中不断进步的经历告诉我们，从研究方法方面做大做强女性学还是有很多路可以走的，我们既可以根据自己的女性学分析框架，选择使用现成的研究方法，也可以通过修正和改造现成的研究方法，让它们成为与我们分析视野和研究目的相一致的女性学研究方法。

三、女性学研究方法的主要特点

以上的分析为我们总结女性学研究方法的特点提供了很好的依据。概括起来，女性学研究方法具有四个重要的特点，需要我们在女性学学科建设和女性问题研究中加以坚持和实践。

1. 从研究方法层面来看，兼顾对社会性别方法论的坚持和对具体研究方法的使用，但以坚持社会性别的方法论为先

方法论是指建构一个理论或一个分析框架的哲学思考和认识。对于女性学研究人员来说，在摆脱传统男性哲学影响的同时，还要树立社会性别的哲学思想方式，确实把社会性别引入到建构理论体系和分析框架的整个过程中去。有了社会性别这一至关重要的方法论原则作为先导，我们就会自觉地从女性学的学科角度选用合适的研究步骤和分析手段，让具体方法及其应用真正地与我们的社会性别分析框架保持一致，进而为实现我们的研究目的提供有效的方法服务和支持。所以，女性学的研究方法是社会性别方法论和相应的具体研究方法的统一，女性学研究方法的应用是在社会性别哲学思想方式指导下的具体研究方法的使用。任何把二者割裂开来，或者脱离社会性别哲学思想指导的研究方法都不是真正意义上的女性学研究方法。

2. 从收集资料来看，兼顾描述是怎么样和解释为什么这样，但以解释为什么这样为重

在传统的男性研究话语当中，搜集资料过程中的描述是怎么样和解释为什么这样是分开的，是由不同的人来完成的，被调查对象一般承担提供资料和描述是怎么样的任务，而解释为什么这样往往由研究者本人负责。所以，在过去对女性的调查研究中，女性总是处于被动的、受他人操纵的地位，她们只能按照男性研究人员预先设计好的问题提供生活事实，而不能讲述更多她们更关心的情况，更没有机会和权力对所提供的材料给出自己的分析和解释。女性学收集资料的研究方法就是要改变这种描述是怎么样和解释为什么这样彼此分离的状态，让被访问的女性成为调查过程的主体，她们想说什么就说什么，她们想怎么说就怎么说，她们不仅如实提供自己的生存状况，而且更为重要的是还对生存状况给出自己的解释。对于女性学的研究目的来说，让被访谈的妇女解释为什么这样尤其重要，一方

面与描述是怎么样相比，解释为什么这样才是真正的目的；另一方面让被访问妇女作为主体参与调查研究的整个过程是对她们的尊重，而她们自己的解释比起他人的分析更不容易出现偏差，也更符合她们的生活实际。

3. 从分析手段来看，兼顾实证或定量分析和解释或质性研究，但以解释主义的质性研究为主

注意实证或定量分析和解释或质性研究的有机结合，不仅有利于提高女性学研究的科学性和权威性，而且还有助于进行学科和学者之间横向的交流，所以，从长远发展来看，应该走相互结合的研究方法之路。但是，在男性政治和知识权势还相当强大的情况下，为了能够把社会性别的哲学意识贯穿到具体的研究过程，为了让更多的女性用她们自己的声音叙说和解释她们的社会经历，使用解释主义的质性研究方法要比实证或定量分析手段更为重要。其实倡导更多地使用解释主义的质性研究方法还意味着对擅长实证或定量分析方法女性学者的一种提醒，也就是在收集什么资料、如何收集资料、怎样分析资料时不要忘了女性主义的性别立场和社会性别的哲学思想。与此同时，在面对男性学者的实证或定量研究成果时，也能保持相应的社会性别警惕，并在必要的时候给予批评或批判。

4. 从研究方法发展来看，兼顾多学科吸收和跨学科创新，但以发展跨学科的研究方法为首

相对于女性学，其他学科都有一个漫长的发展历史，也都有比较丰富的关于本学科研究方法的知识积累，在社会性别分析框架下对这些研究方法的吸收，不仅可以丰富可供我们使用的研究方法资源，弥补女性学在研究方法方面的暂时不足，而且还可以加强学科合作，繁荣对女性问题的研究。然而，这种多学科性的研究方法吸收和使用毕竟带有较强的学科属性，当使用的研究方法不能很好地与社会性别分析思路结合起来时，其研究成果就可能变为女性社会学、女性经济学等其他学科的延伸，而不能成为女性学的学科内容。即使是比较完美的结合，其研究产出也只能是女性学和其他学科的双学科或多学科的合作结果。所以，要真正形成和增加我们女性学自己的研究方法资源，就必须把跨学科的研究方法的改造和创新摆在首位，也只有这样我们的女性学才能够在理论和方法上独立和强大起来，才能够摆脱对其他学科研究方法的依赖，才能够彻底地消除被边缘化的危险。从这个意义上说，对各学科研究方法进行跨越学科的改造和融合，进而构建一套我们自己的研究方法体系，是涉及我们女性学生存和发展的一件大事。

参考文献

［1］韩贺南，张建. 女性学导论［M］. 北京：教育科学出版社，2005：16—35.

［2］刘霓. 西方女性学：起源、内涵与发展［M］. 北京：社会科学文献出版社，2001：61—84.

［3］郑新蓉，杜芳琴，张李玺. 妇女与社会性别学导论课程建设：研讨、交流和推广［J］. 内刊，2001.

［4］叶文振. 是情绪化的性别退想，还是规范化的学科建构［J］. 中华女子学院学报，2005（1）.

［5］魏国英. 女性学概论［M］. 北京：北京大学出版社，2000：21—22.

［6］魏国英. 女性学基本理论研究的几个问题［J］. 北京大学学报：哲学社会科学版，2003（1）.

［7］同［5］，22.

［8］同［5］，22—24.

［9］同［6］，109—114.

［10］同［5］，23.

［11］杨善华. 理解普通妇女：兼谈女性研究的方法论问题［J］. 妇女研究论丛，2004（5）.

［12］林志斌. 性别与发展教程［M］. 北京：中国农业大学出版社，2001.

［13］同［1］，16—35.

［14］同［2］，61—84.

［15］余宁平，杜芳琴. 不守规矩的知识：妇女学的全球与区域视野［M］. 天津：天津人民出版社，2003：5.

［16］同［15］，288.

［17］吴小英. 方法论的女性主义［N］. 光明日报，2004—11—23（B4）.

［18］罗宾·罗森. 女性与学术研究：起源及影响［M］. 北京：北京大学出版社，2004：7—9.

［19］朱迪思·阿伦，萨莉·基思. 被学科学科化：在妇女学中跨学科研究使命的需要［J］. 女权主义研究，1998（2）.

［20］同［2］，62.

女性/性别学学科范式探析

韩贺南[①]

摘　要：本文以为学科范式是女性学发展的瓶颈问题，通过追寻女性学创
　　　　始者的意图，研究者关注的问题以及女性学发展的趋势，寻找女
　　　　性学的基本问题、研究对象与知识体系。笔者认为女性/性别学
　　　　是研究性别平等、和谐的社会、历史、文化作用与机制的综合性
　　　　社会科学。

关键词：范式；性别；社会、历史与文化

一、导言

（一）问题的缘起

关于女性学（Women Studies）的称谓，目前学术界仍有多种说法。本
文基于对其研究领域与知识体系的考虑，采用女性/性别学的概念。但由
于这一学科在中国诞生之时，称其妇女学，20 世纪 90 年代后多用女性学，
出于遵循传统和方便使用考虑，以下叙述中使用女性学概念。

西方女性学自 20 世纪 60 年代产生以来，已有半个世纪的历史。中国
女性学诞生于 80 年代初，历经 30 余年。女性学在国外一些国家已经成为
一个独立学科，在中国，亦为一个重要学术领域，然而却尚未获得与其在
知识生产和人才培养方面的作用相匹配的学科地位。在 2011 年中国教育部
发布的《普通高等学校本科目录修订稿》中，女性学专业作为社会学的二
级学科，被列入《普通高等学校本科自设特殊专业名录》，但是女性学还
没有成为基本目录专业。学界质疑较多的是女性学尚未形成清晰的研究对
象、系统的概念和理论以及相对独立的研究方法。简言之，学科范式问题

① 韩贺南，女，中华女子学院性别与社会发展学院教授，主要研究方向为女性
学理论、中国共产党妇女理论等。

影响了女性学的学科地位。虽然我们可以批评刻板的学科标准和画地为牢的学科边界，然而，将范式作为"学科入门证"这一事实短时间内难以改变。此外，在中国，经过多年努力，尤其是 1995 世界妇女大会的推动，许多学科已经接受了社会性别（Gender）分析视角和方法。有人以为，女性学就是运用社会性别分析方法改造所有学科的知识。接踵而至的质疑是，当其他学科都采用了社会性别视角，女性学还有没有存在的价值。诚然，这一观点对女性学的认识多有偏颇和误解，但女性学没有形成被学术界广泛认同的学科范式是问题的关键。简言之，中国女性学发展到今天，有必要说清楚自己的学科范式。

（二）基本概念与研究问题

范式是托马斯·库恩（Thomas Kuhn）《科学革命的结构》中的核心概念。该书认为范式（Paradigm）"由一些具有普遍意义的理论假设和定律以及它们的应用方法构成，而所有这些都是某个特定的科学共同体的成员所接受的"[1]。虽然"对于范式这样一个关键概念，库恩却未能给出精确的定义"[2]，但是仍然可以看出范式主要有两层含义：其一，范式的基本要素是理论假设、定律及其研究方法；其二，科学家们在某一框架下工作，即所谓"科学共同体"。"学科是由可观察或已形式化的客体、现象和定律三个模块组成的不同知识领域。"[3]学科范式通常指某一学科的基本元素，以及研究者在这一领域的活动。本文所谓女性/性别学学科范式，主要指其研究对象、基本理论和研究方法。以下着重探讨女性/性别学的研究对象和知识领域。

本文通过对中国内地 2000 年以来出版的十几本女性学导论类教材和相关学术论文研究发现，目前关于女性学的研究对象基本有两种观点：第一种认为女性学"是关于女性的学问"[4]，"是关于作为整体的女性的本质、特征、存在形态及其发展规律的科学"[5]。"女性——自觉地实践活动着的女人，是女性学的元问题，是女性学学科体系的逻辑起点，是生发这门学科的胚胎和内核。"[6]第二种观点认为："学科化的妇女/性别研究就是要把妇女作为主体吸收进去，从各个学科入手，解构、分析男性中心的知识体系如何建构、如何传承性别不平等和其他等级表现，在批判、解构过程中创立自己的新学术和属于自己的理论。"[7]它"尝试建构和确立的远不是妇女群体自身更好的社会生存，而是思考和探索人类更好生存的可能性"[8]。

这种观点认为："'学科性'只能作为妇女/性别研究外在组织结构和形式而存在，而'跨学科性'才是其核心内容和基本特征，也就是说，妇女/性别研究在本质上是不可能被学科化的，现在我们关注妇女/性别，现在我们关注妇女/性别研究的'学科化'问题，主要出于知识时代学科化的命名需要和制度安排而已。"[9]这两种观点，前者具有明确的研究对象和系统的知识体系，但也尚未得到普遍认同。对其质疑主要有两方面，一是"本质论"之嫌。有观点认为求证女性的本质，有可能落入"男性文化设下的陷阱"[10]，二是认为其"附属于人学存在的支分学科"[11]，不可能成为一个独立的学科。学界对后者的质疑，主要认为其缺乏学科元素，即没有明确的研究对象，深厚的学科理论，相对独立的研究方法，难以跨入学科之门。那么，在女性学长足发展的今天，这两种观点，有没有可能相互借鉴，重新寻找反映中国女性学历史、现状与未来的，较为明确的研究对象，相对清晰的研究领域和独特的研究方法？本文遵循社会学家英克尔斯（Inkeles A.）定义社会学的三条途径，即"历史的途径（创始人说了什么）、经验的途径（当代社会学家在做什么）和分析的途径（理性指示什么）"[12]，通过追踪中西方女性学创建的初衷，探寻研究者关注的问题以及未来发展趋势，对中国女性学的研究对象与知识体系进行探讨。

二、西方女性学创始的意图

（一）创始者的"三个承诺"

近年来，在女性学学科史的研究方面，多有成果问世。这为人们探索创始者的意图提供了研究基础。关于西方女性学产生的直接原因，有人认为"妇女学诞生于妇女解放运动"[13]，是妇女解放运动"改造教育内容的一项实践"[14]。有研究者介绍西方女性学肇始时的一次会议，由此可洞见创始意图之一斑："1969年美国康奈尔大学一些积极投身妇女运动的女性学者组织召开了一个有关妇女的会议，在会上她们探讨了一些当时妇女运动所关注的问题，通过讨论，与会者认为这些问题应在社会科学和行为科学的课程中给予专门的描述与研究。"[15]由此可见，女性学发端于对当时妇女运动中出现的性别歧视问题进行科学研究。有研究者谈到"妇女不仅仅是想要进入学校和成为教授。从长远角度看，她们必须改变性别歧视的态度，培养出一代有能力维护自己权益的妇女"[16]，从中可见，创始者试图通过女性学教育增长妇女争取平等权利的能力。总之，女性学创始原因有这样几个方面：妇女解放运动启发了人们对教育领域性别歧视的发现；女性学对教育的改造是妇女解放运动的一部分；妇女运动关注的问题需要进行科学研究；通过妇女学教育，培养有能力维护自身权益的妇女。

关于女性学的使命，有研究者将其概括为"三个承诺"，即"对妇女解放的正规承诺，对解释妇女压迫的科学承诺，对社会变革的实际承诺"[17]。可见，女性学诞生于妇女解放运动的母腹，立足于对妇女受压迫的科学研究，致力于包括性别平等在内的平等社会的建设。有研究者对其社会理想进行了进一步阐释："女性学的存在归功于妇女解放运动，而妇女解放运动的存在则是妇女的受压迫。虽然妇女学的组成人员较为复杂，但大家都希望创造这样一个世界：不仅不存在性别歧视，也不存在种族歧视、阶级偏见、年龄歧视、异性恋偏见等，也不存在有意无意地为了一部分人的利益而压迫、剥削另一部人的意识形态和社会制度。"[18]妇女学初创时的"三个承诺"为人们了解女性学的初衷提供了重要内容。

（二）妇女学知识生产的出发点

女性学作为一个学术领域起步于女性主义认识论。正如有研究者所言："对现存知识领域中学术理论与学术实践中性别歧视和偏见的批判，就成为女性研究在学术界确立自身地位的突破口。"[19]女性主义认识论主要提出两个问题：其一，女性能否成为知识生产的主体？其二，既有科学知识是否都具有真理性。研究者认为："理性知识不是天然形成的，是与其所处的社会结构紧密联系的，因此学术成就、科学知识的合理性是由相关的社会所规定"[20]，"脱离了价值判断的学术成就，结果往往是强化了现存的社会权力关系。理论的见解应有助于社会变革的进程"[21]。这种对知识客观性的质疑，一方面与女性学改变不平等性别关系的初衷关系密切；另一方面，在理论和方法上受到当时西方学术思潮的影响。在20世纪60年代西方学术界的各种思潮中，托马斯·库恩的科学革命观和E. P. 汤普森（E. P. Thomas）的社会史研究方法对女性学的影响较大。1962年出版的库恩的《科学革命的结构》质疑科学的客观性，认为科学的形成难免受到价值观、世界观的影响。此外，库恩的科学革命观认为：当科学家遵循同一范式时，"他们是在从事常态科学（normal science）；在解决问题的过程中，范式遇到阻碍出现反常，而当遇到的困难达到难以控制的程度时，危机就会出现；谬误百出的范式会被另一种不相容的范式取代，从而出现革命"[22]。其中，与旧范式不相容的新范式取代前者是科学发展规律的观点，对女性学全面挑战传统知识产生了重要影响。1963 年出版的 E. P. 汤普森的《英国工人阶级的形成》开创了历史研究的新视角和新方法。以汤普森为代表的新社会史研究，"一反以往史学记录帝王将相活动的传统，注重普通人的经历，如他们的每日工作状况以及人生旅途的变迁等等。社会史和妇女学之间显然有密切的逻辑关系"[23]。以致有学者认为女性学"提供了一个研究日程表，而社会史则为这项事业提供了方法和原料[24]"。受到这种学术思潮的启发，许多人在研究实践中发现，"多少个世纪以来，学术界对妇女的成就与经验或视而不见，或是进行曲解"[25]，具体说来，"妇女有时是完全消失的，有时只是以按照男人观点塑造出的形象出现的，有时妇女的活动和所有被认为属于女性范畴的东西则都被贬值了"[26]。这里指出了三个问题：一是女性在学术领域的缺失；二是女性形象的男性建构；三是女性生活与活动领域的价值贬抑。因此，女性学立足于"在总体上对一般的学术概念进行反思，挖掘妇女经验的宝库，在妇女具体实在的日常生活中寻找真理"[27]。女性主义认识论开辟了女性学知识生产的广阔空间和操作路径。关于女性学探寻知识的出发点，有学者认为："首先，有一个准确和诚实的真理与知识的问题；第二，有一个真理与知识的目的，它影响我们的生活和我们拥有的机会，寻求历史的真理和赋予妇女权利这一妇女研究的基本出发点，在理想上是就妇女的利益而言的。"[28]或言，女性学生产知识的目的是对"诚实真理"的追求，这种"诚实真理"关乎妇女的利益。

（三）在批判中建构知识

从知识生产的路径来看，女性学研究者"无一不是从对这些偏见与歧视的批判，开始她们自己的学术历程"[29]。在学习女性学理论时，"很多人发现他们经历了两个认识经验的过程：一个是解构过程，重新认识、重新评价那些被认为是理所当然的事情；另外一个是建构过程，一个新的主体或新的理论在批判中建立起来"[30]。女性学研究的主要内容则是"传统的知识形成的实践和它的产品"[31]。

首先是关于女性的研究。即将女性作为独立的主体来研究。女性学研究者认为，"妇女作为独立存在的人，一直被学术界所忽视"[32]，许多学科"通常使妇女隐而不见或归入异类"[33]。而对这一事实的描述与分析是女性学的重要任务。其次是关于"妇女问题"的研究。即将女性作为提出问题的主体，研究女性提出的问题，而不是将女性当作问题。在女性学研究者看来，"妇女和妇女问题是重要的，其重要性足以使她们成为严肃的学术研究、调查和探究的对象"[34]。再次是关于"妇女经验"的研究。即将女性经验作为知识的重要来源。女性学"不仅仅是对女性的研究，它是把女性的经验放在研究过程中心的研究，它以问题、分析和直接与女性的经验有关的理论来检验世界及世界上的人"[35]。即用女性经验来检验人们所认识的社会、历史、文化以及人类自身。

以上观之，西方女性学创始的初衷，研究者关注的主要问题，为我们进一步认识女性学的研究领域与知识体系积累了历史经验。

三、女性/性别学的研究对象与知识体系

（一）关于研究对象的初步考虑

基于女性学创始者的意图，结合历史与现实中女性学研究者所关注的问题，本文以为，女性/性别学是否可以如下界定：它是研究性别平等、和谐的社会、历史、文化作用与机制问题的综合性社会科学。它是关于性别的社会、历史、文化建构的知识体系。人与性别是这一学科的基本问题。所有问题都是以它为中心展开的。性别是人的一种存在方式，也是一种社会建构。性别是深嵌在社会、历史、文化之中的重要范畴。人是创造社会、文化的主体。有性别的人之所有创造都有性别的痕迹。在女性/性别学产生以前，许多学科对性别都有涉及，但没有将性别作为一个基本分析范畴，对社会、历史、文化进行综合性研究的系统知识。这一学科的社会目标是性别平等、和谐。性别关系，说到底是一种社会现象，基于人的自然属性的社会建构，所以女性/性别学应属于社会科学范畴。

以上对女性/性别学研究对象的界定不是凭空想象，主要有以下依据。

（二）可"通约"的问题

综观自女性学产生以来，国内外，各个时期女性学研究者所研究的问题，有些共同之处，是否可作为具有共同性的，可"通约"的问题。

首先，女性学肇始于历史和现实中女性受压迫，受歧视现象。如前所言，西方女性学起源于第二波女权运动。中国女性学产生于 20 世纪 80 年代初，回应中国社会转型过程中性别歧视现象的凸显。最早出版的女性学著作，多将女性学界定为"以妇女问题为研究对象的科学"[36]，同时将女性问题界定为"妇女在政治、经济、文化教育、社会和家庭生活中是否与男子享有同样的权利"[37]，即"如何实现妇女的解放和男女平等问题"[38]。这与西方女性学肇始于妇女解放运动，追求性别平等十分相似。但是，如果将"男女平等问题"界定为女性学的研究对象，存在两个问题：其一，男女不平等是否是具有普适性的问题，诚然很多数据对此具有铁证的作用，但学理上仍显不足；其二，女性学的研究范围远远超过"男女平等问题"。同时，又不可否认，性别平等和谐是女性学追求的社会目标。

其次，研究女性、女性问题及女性经验。"女性、女性问题及女性经验"是所有女性学研究者都关注的共同问题，但女性学的研究领域又显然远远超出这些问题。从上文关于西方女性学创始意图的回顾中，可以认为，女性、女性问题、女性经验研究是以性别平等、和谐为目标的，在对性别的社会、历史、文化建构研究中不是全部研究对象，而是具有认识论、方法论与研究方法的意义的。

再次，将社会性别作为基本分析范畴。社会性别伴随着女性学的诞生，或者说，这一概念的出现"推动着妇女学走上根本改造传统学术的道路"[39]。这一问题对于寻找女性学的研究对象具有十分重要的意义。女性学发端于女性受压迫、受歧视问题，却将性别作为一个基本分析范畴，意味着人们发现，性别的社会、历史、文化建构是造成女性受压迫、受歧视的十分复杂的因素。性别是撬动探究女性受压迫、受歧视问题的杠杆。有学者将女性学的研究对象界定为社会性别制度，认为"正如心理分析研究人的潜意识，人类学研究家族制度，经济学研究商品和流通，妇女学则研究建立在男女两性之上的社会组织结构"[40]。这一观点对认识女性学的研究对象颇有启示，但是女性学的研究范围不仅仅是社会性别制度，这一界定也失之偏狭。总之，上述可"通约"的问题为本文寻找女性学的研究对象提供了依据。

（三）女性/性别学的知识体系

女性学的知识领域是广泛无边的，正如有学者所言："女性研究是全方位的，它涉及人类活动的各个方面和各个角度，它深入所有的学科，并使用所有的方法。"[41] 其实，这种貌似漫无边界的知识领域，始终围绕一条主线，即"性别"，这条主线贯穿社会、历史与文化。它指向人类所追求的性别平等、和谐的目标。它所使用的"性别研究方法"也越来越清晰。据此，女性/性别学的知识体系可由三部分组成，即个体的社会性别建构；社会性别制度；性别的历史与文化形态。

至于"跨学科"问题，"女性研究的跨学科特点是人所共知的，有的女性学者甚至断言，当我们某一天在研究人类经验和人类活动的特殊问题时，需要进行跨学科的探讨并结合历史、社会文化、政治经济和社会心理分析学科的成果时，我们将使用'女性主义方法论'这一术语"[42]。学界质疑，女性学没有学科，如何跨学科？本文以为女性学对所有学科知识的改造，是由它广泛的研究领域所决定的，是否称为跨学科有待商榷。

（四）女性/性别学与其他学科的关系

女性学与社会学、人学、知识论常常缠绕不清，女性学也常常被视为与女权主义等同的概念。本文以为女性/性别学与上述学科和女权主义思潮既有联系又有区别。

女性/性别学与社会学。社会学是研究社会良性运行与协调发展的条件和机制问题的学问。社会学从社会运行条件和机制的角度研究性别关系。但并不专门研究性别的社会、历史、文化建构问题。

女性/性别学与人学。人学是以整体的人的本质及其生活世界为研究对象的学问。[43] 女性/性别学并非专门研究女人、男人的本质及其生活世界的学问。它关注在个体及群体层面社会历史与文化如何建构了性别，从而对男人、女人的社会关系产生了何种影响。

女性/性别学与知识论。知识论是"以知识为对象而作理论的陈述的学问"[44]。它着重回答"知识是什么"的问题。很显然，女性/性别学虽然在认识论上挑战以男性为主体建构起来的人类知识的真理性，价值中立，但并非主要回答什么是性别知识，怎样的知识才能成为性别知识的问题。

女性/性别学与女权主义。女权主义通常指消除性别歧视的思潮和行动。作为一种思潮，它是女性/性别学的重要理论来源，作为一种运动，它是女性/性别学的重要实践基础。女性/性别学对女权主义思潮与实践的各种观点既有借鉴，又有扬弃，二者不能等同。

综上所述，性别是个体身份构成的重要因素，是构成社会、历史、文化的不可忽略的元素。社会、历史、文化如何建构了个体的性别身份，如何建构了作为基本社会制度的社会性别制度，社会历史文化中具有怎样的性别含义，而这些又都是影响性别关系的深层复杂的因素。这一主线分明，内容广泛的知识体系不仅应该在学术之林有立足之地，而且是能够荫泽人类知识的参天大树。

参考文献

[1] A. F. 查尔默斯. 科学究竟是什么［M］. 鲁旭，译. 北京：商务印书馆，2009：译者前言.

[2] 同［1］.

[3] 翟亚军. 大学学科建设模式研究［M］. 北京：科学出版社，2011：6.

[4] 啜大鹏. 女性学［M］. 北京：中国文联出版社，2001：1.

[5] 魏国英. 女性学概论［M］. 北京：北京大学出版社，2000：8.

[6] 魏国英，王春梅. 女性学理论与方法［M］. 长春：吉林人民出版社，2002：4.

[7] 杜芳琴，王珺. 三十年妇女/性别研究学科化［G］//莫文秀. 中国妇女教育发展报告. 北京：社会科学文献出版社，2008：340.

[8] 同［7］.

[9] 同［7］，343.

[10] 周乐诗. 女性学教程［M］. 北京：时事出版社，2005：6.

[11] 同［10］.

[12] 郑杭生. 社会学概论新修［M］. 北京：中国人民大学出版社，2000：2.

[13] 玛丽琳·J. 波克塞. 当妇女提问时［M］. 余宁平，等，译. 天津：天津人民出版社，2006：12.

[14] 王政. 女性的崛起［M］. 北京：中国当代出版社，1995：194.

[15] 刘霓. 西方女性学［M］. 北京：社会科学文献出版社，2001：1—2.

[16] 弗洛拉·戴维斯. 移山——1960年以来的美国妇女运动［M］. 纽约：西蒙与舒斯特公司，1991：205.

[17] 同［13］，16.

[18] 同［14］，196.

[19] 同［15］，89—90.

［20］同［15］，19.

［21］同［15］，19.

［22］同［1］，8.

［23］同［14］，199—200.

［24］同［14］，200.

［25］同［15］，3.

［26］同［13］，5.

［27］同［15］，3.

［28］同［15］，4.

［29］同［15］，91.

［30］朱影．西方女性研究［M］．北京：中国人民大学出版社，2011：13.

［31］同［15］，101.

［32］同［15］，22.

［33］同［15］，22.

［34］同［13］，19.

［35］同［30］，4.

［36］贺正时．女性学概论［M］．北京：北方妇女儿童出版社，1989：1.

［37］段火梅，毕滨生，厂娟．妇女学原理［M］．北京：中国妇女出版社，1989：3.

［38］同［37］.

［39］同［14］，20.

［40］同［14］，265.

［41］同［15］，82.

［42］同［15］，82.

［43］夏征农，陈至立．辞海［M］．上海：上海辞书出版社，2010：1564.

［44］金岳霖．知识论［M］．北京：商务印书馆，2000：1.

妇女/性别研究的学科性质及学科特点

畅引婷　邸晓星①

摘　要： 妇女/性别研究作为当今学术研究和学科建设的一个重要领域，不论对人们思想文化观念的改变，还是对社会性别制度的重新建构，都发挥了十分重要的作用。从其学科性质来讲，它既是自然科学，也是社会科学，更是人文科学，综合探讨人的自然属性、社会属性和本质属性。和其他传统学科相比，它具有跨学科性、批判性、开放性、建构性等显著特点。因此，站在中国近十年来妇女/性别研究的现实基点上，以西方女权主义研究作为基本参照，从中国当代社会变革和教育发展的实际出发，对中国的妇女/性别研究进行学科定位是十分重要和必要的。

关键词： 妇女研究；学科性质；科学性

一、问题的提出及相关概念说明

妇女/性别研究作为一个"学科"，在西方已有半个多世纪的历史，在中国，如果从 20 世纪 80 年代初算起，至今已走过了近 30 年的发展历程。不可否认，尽管这一学科从无到有，在研究、教学和行动等方面都取得了许多令人瞩目的成就，但总体而言，由于其"新兴"和"边缘"的学科特点，在中国远未产生像西方国家那样的社会效应。究其原因，笔者认为基础理论研究的薄弱，是制约这一学科向纵深发展的主要瓶颈，正如全国妇联书记处书记甄砚《在 2008 年中国妇女研究会年会暨"改革开放 30 年中国妇女/性别研究"研讨会上的总结讲话》中所指出的："由于妇女/性别

---

① 畅引婷，女，山西师范大学学报编辑部常务副总编，《山西师范大学学报》社科版主编，编审，硕士生导师。研究方向：妇女理论与近代妇女史；邸晓星，女，天津师范大学政治与行政学院博士研究生。研究方向：妇女与政治。

学具有多学科、跨学科的复杂特性，所以在传统的学术科层体制中难以找到合适的位置，因此，就女性学本身进行学科性质、研究对象、概念体系、分析范畴、理论框架等的梳理和探讨显得更为必要。"并认为"完善妇女/性别学科建设，是推动妇女/性别研究纵深发展的关键"[1]。这段话既是对过去 30 年中国妇女/性别研究的全面总结和基本评价，也是对今后一个时期中国妇女研究所提出的具体任务。

谈到"学科"及其建设，必然有一个"命名"的问题。因为，"姓什名谁"不仅是身份确立的必要前提，而且命名本身就是对学科性质、研究对象和概念体系，以及学科发展方向和目标进行最为基本的定位。从当前中国妇女/性别研究论著的具体表述看，主要有"妇女研究"、"女性研究"、"性别研究"、"社会性别研究"、"妇女学"、"女性学"、"性别学"、"社会性别学"、"妇女/性别学"、"女性/性别学"、"妇女/社会性别学"、"性/别学"等多种不同的提法，同时由于这一词汇的"外来"特性，一些学者为避免分歧干脆在论述中直接使用"women's studies"。2000 年以后出版的一些概论、导论性质的教材多使用"女性学"①，有的使用"社会性别研究"和"性别学"②，一些翻译过来的论著多使用"妇女学"③，还有一些介绍西方相关领域的专著，书名上虽用了"西方女性学"的字样，但在内文的表述中却有意识地将其替换成了"女性研究"[2]。关于诸种提法的具体含义及其原因，笔者曾在《中国妇女与性别学科的发展演变及本土特征》一文中对此做过较为详细的梳理[3]，在现阶段倾向使用"妇女/性别研究"一词，原因主要有以下几个方面：一是为了行文表述的方便，将妇女研究和性别研究两个词汇之间用"/"连接，表示的是并列关系而不是

---

① 如魏国英主编的《女性学概论》（2000 年），罗惠兰的《女性学》（2002 年），骆晓戈主编的《女性学》（2004 年），周乐诗主编的《女性学教程》（2005 年），王金玲主编的《女性社会学》（2005 年），韩贺南、张健主编的《女性学导论年》（2006），叶文振主编的《女性学导论》（2006 年），祝平燕等主编的《女性学导论》（2007 年）等。

② 如佟新的《社会性别研究导论》（2005），郑新蓉的《性别与教育》（2005），祝平燕等主编的《性别社会学》（2007）等。

③ 如余宁平、杜芳琴主编的《不守规矩的知识：妇女学的全球与区域视界》（2003）；余宁平、占盛利等翻译，郑新蓉、余宁平审校的《当妇女提问时：美国妇女学的创建之路》（2006）等。

相互包容的关系，仅限于学术探讨的层面，如果作为"课程"或"教材"名称一定要分开使用，不宜连用，否则会造成"逻辑上的混乱"[4]。二是使用"妇女"而不用"女性"一词，意在强调"妇女"作为一个群体在与男性比较中所处的不利处境，强调研究主体"为了妇女"的政治立场，以及"妇女"作为活动主体在社会变革中的"革命性"作用。三是使用"研究"而不用"学"，主要因为这一正在"建设中"的学科还没有形成完整的、系统的学科体系，许多核心概念仍处于一种流动的状态。四是使用"性别"而不用"社会性别"，一方面是因为妇女研究中人的"生理性别"和"社会性别"同等重要；另一方面是将性别作为一种"存在"来看待的，研究中自然包括男女两性在内而不仅仅是女性及其在社会生活中的地位；再一方面由于"/"前面已有"妇女"存在，所以在两性不平等的条件下，研究中对女性的"特殊关照"就成为必然。不可否认，"社会性别"概念在学术研究中作为一个重要的分析范畴，确实对"父权制"的改造具有颠覆性的意义，但其"政治"意味的浓重，使用不当有可能造成对"女人本质"认识的偏差，从而使人们不知道"女人究竟是什么"和"女人究竟需要什么"而迷失女人发展的方向。最后需要说明一点，"妇女/性别研究"这种用"/"连接的表述形式仅是一种"过度"形态，随着父权制的改造和妇女地位的提高，以及性别平等文化和制度的逐步建立，"妇女/性别研究"将会被"女性研究"和"男性研究"所取代，研究主体鲜明的"政治立场"会逐渐隐退，代之而起的将是对男女两性作为"社会人"的基本特性的探讨和平等的社会性别制度的建造。在此，人的"自然性别"可忽略不计，社会性别将成为人们关注的中心议题，它不仅关注社会对女人的塑造是否符合女人的需求，而且关注社会对男人的塑造是否符合男人的需求，并最终在两性坦诚对话与交流的基础上实现互补与共赢。以下论述，主要是在上述的意义层面展开的，但在具体的语境中，上述各种词语有时可能会同时并用。

二、妇女/性别研究的学科定位

妇女研究、性别研究、女性研究等概念的具体内涵究竟"是什么"，近年来国内出版的一些"女性学"教材，都从不同的角度对国内外的传统观点进行了"综述"和"评述"，虽然各个学者对此都有着自己不同的看法或表述，但在"同一性"上大都认为这个学科是一门综合性的"科学"。

所谓"科学"，按照现代汉语词典的解释，就是"反映自然、社会、思维等的客观规律的分科的知识体系"。按照这一定义，如果把"人"放在认识的中心位置，并作为研究的主要对象进行"科学"的观照，那么，从"性别"的角度切入，也可从不同的侧面形成反映自然、社会和思维的分科的知识体系，所以，妇女/性别研究就其性质来讲，既是自然科学，也是社会科学，更是人文科学。

（一）女性/性别研究是一门自然科学——关注的是"有性人"的自然属性

不可否认人类的出现不仅是大自然的产物，而且在人类社会中人的"性征"的形成也是不以人的主观意志为转移的。这里，主要是指人在生物学意义上的性别特征，其关注的重点是男女两性或多性人①之间在生理和心理等方面的"差异"。对此，人们可通过生态学、生物学、生理学、心理学、环境学、哲学、医学、性学以及妇产科、男性科等不同学科去研究和认识，进而在对症下药中为两性的"健康与发展"创造条件，提供保障。也正是由于人的自然性别在妇女与性别研究中的基础性地位，所以，许多论述在谈到两性关系时，都不可避免地要涉及自然人的生理性别（sex）及其"差异"问题，同时针对差异又衍生出了对女性生理和生殖健康的关注问题。总之，不管"社会"怎样"定义"性别，自然的"性"在分析认识两性关系时的"基础"地位是动摇不了的，它不仅是人类社会"繁衍"和"可持续"的前提，而且是人类生活丰富多彩、绚丽斑斓的基本条件。因此，"有性人"（李小江的提法）作为自然存在的重要一部分，很大程度上人们只能适应和顺应，而不能强行改变，否则，就会受到大自然的惩罚。即便将来两性的生殖器官在"高科技成果"的作用下可能会有所改变，但由此带来的必然是人类还能否在地球上"存在"的巨大风险。这也是人们（不只是男人，还有相当多的女人）对激进女权主义试图通过"变性"来改变妇女地位的观点不能苟同乃至极力反对的根本原因。

这里需要说明的是，两性之间的生理"差异"是绝对的，建立其上的

---

①　根据染色体的不同，人类共有 7 种性别，即男性、女性、假男性、假女性、无性人和变性人等。

"性别气质"和"性别分工"在一定历史阶段的存在也有其"必然"与"合理"的一面。但人们在认识"差异"和"必然"的过程中不能将其绝对化、固定化，否则就会陷入"本质主义"的泥潭而招致后现代主义的强烈批判。另外，从近年来一些研究成果看，尽管各自在研究内容和方向上都有着不同的侧重，但从"本体论"的角度对"女性是什么"的探讨依然不能回避。比如，美国妇女学的研究，尽管"在自然科学领域内发展缓慢"，但到20世纪90年代为止，"女权主义已经推动生物学研究采用了新的方法，已经'开始在妇女健康、生殖技术和环境等领域的政策、资金筹集和技术的发展及运用方面起了重要的作用'"[5]。对此，我们还可以从肖巍《女性主义教育观及其实践》一书中所列举的哈佛大学的性别课程中明显看出，如在性别与生命科学之间，就有41个题目，如"生物人类学中的性别问题"、"性、性别与当代医学"、"饮食无序"、"医学伦理"、"法律与生命科学"、"乳腺癌流行病学"、"妇产科的流行病研究"、"生育健康的基础"和"发展中国家的母子健康问题"，等等[6]。

（二）妇女/性别研究是一门社会科学——关注的是"有性人"的社会属性

在妇女与性别研究领域，"社会性别"（gender）一词可以说是耳熟能详，研究者不仅将其作为"武器"，用来批判、解构既有的不平等的性别文化和制度，而且将其作为"方法"，科学勾画或重建现实和未来平等的性别文化和制度；同时将其作为"立场"，以弥补在父权制时代妇女"失声"、"失语"和"缺席"的状况。总结中国近十年来妇女/性别研究的历史，一定意义上可以说就是一部"社会性别研究史"，从概念界定到实际运用，从方法到内容，从论著译著出版到课堂教学，"社会性别"都是被作为一个核心概念广泛使用、运用、引用的。许多研究者从不同的学科背景入手，对不同时期、不同国度、不同民族的性别文化和制度进行研究和比较，为妇女解放和妇女发展以及政策制定奠定了重要的理论基础。就具体研究而言，这方面的学术成果相当丰富，仅就论文发表数量来讲，通过中国知网输入"社会性别"这一"关键词"，从1980—2009近30年间，共搜索出发表论文6800余篇。具体研究内容涉及社会生活的方方面面，同时也充分说明了这一新兴学科的社会科学性质。限于篇幅，在此不再赘述。

（三）妇女/性别研究是一门人文科学——关注的是"有性人"的本质属性

所谓人文科学，按照一些学者的解释，就是"探讨人的本质、价值体系、精神世界这些人的内在世界的学问"[7]。整体而言，人文科学不在于提供物质财富或实用工具技术，而是为人类构建一个意义世界，守护一个精神家园，使人类的心灵有所安顿，有所归依。在现实的世界里，不管生活在哪个角落的"人"，都能找到真正的"我自己"。所以，妇女/性别研究说到底就是创造一门让世界上包括妇女在内的所有人都能自由、健康而快乐地活着的"学问"。如美国妇女史研究专家玛丽琳·波克塞（Marilyn Boxer）所说，"妇女学是一个致力于使精神生命和整个人生完整统一的新学科"[8]。半个多世纪以来，世界妇女研究的目标也充分证明了这一点。比如：

> 妇女和知识之间的关系变化所产生的影响，将不仅仅局限于女性。我们所有人的生活，以及我们的思想，都将被更新、解放和注入活力[9]。（前言）

> 女权主义的政治目标就是要结束统治，使我们获得自由，自由地做我们想做的一切，生活在这样的一个地方：在那里，我们热爱正义，我们生活在和平中。女权主义是为了每一个人[10]。（导言）

> 女性的解放和发展，也是男性解放和发展的新起点，从这样的认识出发，女性学就和所有人都有关系[11]。（绪论）

由此，我们不难体会妇女/性别研究的人文科学属性。具体到妇女/性别研究的人文价值，我们可以通过与其社会科学属性的比较明显看出：社会科学关注的是通过社会结构的调整来改变两性之间的不平等关系，包括国家体制和制度，由此带来的结果也必然是双重的。比如制度的变革，一方面可以利用国家机器的巨大威力自上而下地传达贯彻，乃至"家喻户晓"，但另一方面，受制的因素也相对较多，有时甚至可能顾此失彼，满足一部分人的利益以牺牲另一部分人的利益作为代价。因此，要调整好各种社会结构和社会关系，其艰巨性、长期性、复杂性可想而知。而人文科学则不同，它关注的是每一个具体的"个人"，一个人一旦观念发生改变，世上所有事物看上去都可能是完全不同于以往的另外一种情形。所以笔者认为，妇女/性别研究不仅是社会科学，更是人文科学，它不仅关注时代前进中的"社会变革"，更关注以人为主体的"思想变革"。从这个意义上讲，一个人"从我做起"、"从现在做起"，要比社会制度的变革容易得多。而妇女研究恰恰就是这样一门学问，即教人怎样在纷繁复杂的社会生活中通过改变观念找到真正的"我自己"，进而好好地活着。一般来讲，对社会科学研究来讲，结果常常重于过程，而对人文科学研究来讲，过程往往重于结果。

综上，不论把妇女/性别研究作为自然科学，还是社会科学，抑或人文科学，"人类"以及"女人"在其中都占有举足轻重的地位。然而，在以往的研究中，一些研究者忽视乃至否认女性/性别研究的自然科学性质，唯恐掉进"本质主义"的陷阱而招致批判。事实上，在实际的研究中由于难以对"社会性别何以产生"做出令人满意的回答，同样使得妇女研究招致了来自不同学术层面的质疑。另外，在妇女/性别研究中，由于人文科学和社会科学的诸多"相似性"，许多研究者都是将社会科学和人文科学合而为一的，甚至将妇女/性别研究的人文科学性消解在了社会科学性之中，致使人们（尤其是男人）对妇女与性别研究产生了许多误解。本文之所以要将三者区分，意义主要在于：从自然科学研究的角度讲，强调的是两性之间差异的绝对性和平等的相对性，即差异性平等，不能用男性的标准要求女性，也不能用女性的尺度要求男性。中国"文化大革命"期间在实现男女平等过程中，无视两性"差异"的"男女都一样"的教训应深刻汲取。从社会科学研究的角度讲，强调的是两性之间差异的相对性和平等的绝对性，两性之间的自然差异不能作为社会不公平的理由或借口，女人在现实生活中不能因为性别而受到各种不公正的待遇，以往的各种不平等可以通过社会制度和文化的再建构进行改造。从人文科学研究的角度讲，强调的是"人"作为"社会人"的同一性和作为"个体人"的差异性。这里，两性之间在劳动分工和职业角色定位方面的性别界限越来越模糊，代之而起的将是"个体人"的自由生存和全面发展。这一点，在"以人为本"的民主时代，其意义尤为重要。

三、妇女/性别研究的学科特点

关于妇女与性别研究的学科特点，一方面可以理解为这一学科和其他传统学科的区别，另一方面也可以理解为通过怎样的方式方法来建设这一学科。对此，许多学者从不同的角度进行了概括，但由于所观照对象和依据标准的不同，其论述也各不相同。如跨学科性、批判性、开放性、行动性、抽象性、多样性、本土性、借鉴性、实践性、创新性等，都不同频次地出现在各种论文和著作中。下面就谈谈笔者对跨学科性、批判性、开放性的一些个人的看法，同时提出了"建构性"的问题。

（一）跨学科性

妇女/性别研究的跨学科性主要表现在以下几个层面。一是从学术研究的角度讲，在自然科学、社会科学和人文科学三者之间实现跨越。二是从学科建设的角度讲，在传统学科的科目/课目之间实现跨越。具体到教学，就是在高等教育的体制内，以学院或系为单位、以课程为依托、以教材为载体，进行学科建设。三是以传统学科为依托，在妇女/性别研究的不同学科/专业之间实现跨越，同时寻找妇女/性别研究与传统学科的联系与区别，从而确立妇女/性别研究独立的学科地位。四是从研究主体、研究对象和研究方法来讲，在不同的身份之间和不同的视角之间实现跨越，即在国家/地区、种族/民族、性别/年龄、阶级/阶层、宗教/文化等多种不同的身份之间实现转换，在多个不同的视角之间实现跨越。五是从研究的目的/目标讲，在自然人、社会人和本我之间实现跨越，将人的自然属性、社会属性和本质属性有机地融为一体，从而实现"真正的自我"。

不可否认，上述每个层面的纵横"跨度"都是相当大的，对具体的研究者来讲，跨度越大，研究越深入，越全面，结论越接近事实存在的本真，不同学科之间学术边界的化解越"自然"；但同时，跨度越大，难度越大，对研究者个人学术素养和生活积累的要求也越高，需要付出的时间和精力也就越多。否则，难以实现实质性的"跨越"。

再具体些来讲，上述几个层面的"跨越"同时也会产生正反两方面的效应，其积极意义是为一个新兴的学科提供了广阔的生存和发展空间，每个研究者和教学者从不同的角度和兴趣点切入都可找到自己的研究方向和教学基点，以及在现实生活中的立足点。但从负面影响看，由于不同学科之间的"学术规范"和"学术边界"的限制，又为相互之间的跨越设置了"障碍"，使得不同学科的妇女/性别研究之间的对话与交流受阻，一定程度上限制了这一学科向更深层次发展。

（二）批判性

从近十年妇女/性别研究的成果看，不论从概念上还是理念上，"批判"、"解构"、"颠覆"等词汇出现的频率都相当高，同时与此相近或相应的词汇还有"挑战"、"质疑"、"反思"、"修正"、"改造"等等。其立论的前提不外是：世界历史是一部男权文化的统治史，现实中父权制的遗迹仍普遍存在，因此，不揭露、批判以父权制为主导的男性中心文化，妇女社会地位的提高就难以实现。而"社会性别"概念的提出，就对父权制的改造有着相当大的解释力和批判力，锋芒所向主要有以下几个方面：一是在知识生产领域，对所有传统学科"女性主体缺席"的知识体系进行批判；二是在意识形态领域，对主流意识形态中"女性失语"的现象进行批判；三是在制度建设领域，对执政者的"性别盲视"进行批判；四是在思想启蒙领域，对女性"自我意识"和"群体意识"的淡薄进行批判；五是在学术研究领域，将西方文化霸权和男性霸权相提并论，并进行批判。可以肯定，凡此种种的批判所产生的实践效应一定程度上已经具有了世界历史的意义，尤其是在女权运动和女性主义行动的强力推动下，人类历史的重新书写已在悄然进行。

但需要注意的是，批判是有限度的，即妇女/性别学科的建设必须以人文科学的研究为基准，真正回答"女人是什么"、"女人需要什么"、"女人为什么活着"等根本性的问题。如果"攻其一点不及其余"，甚至玩弄概念游戏的无谓争论，必然会在东西方之间、男女两性之间、不同民族之间、不同阶层之间造成冲突与对立，这样，包括妇女在内的所有人能否健康而快乐地生活在地球上就必然要打上一个大大的问号。

（三）开放性

妇女/性别研究的开放性和批判性实际上是联系在一起的，可以说是在两个不同的向度上延伸的。如果将以男性为中心的传统知识体系作为一个既存的事实，并站在女性的立场进行观照，那么"批判性"强调的是"不利于"女性的、需要扬弃的方面，"开放性"强调的则是"有利于"女性的、值得借鉴的方面。具体来讲，主要体现在以下几个方面：一是纵向地对不同历史时期男性知识分子所创造的思想文化进行吸收，并将其思想精华和父权制文化严格区别开来，为妇女/性别研究的深入提供丰富的理论资源；二是横向地对不同国度女权主义各种流派的研究成果进行吸收和借鉴，在"批判"和"本土化"的过程中"拿来"为我所用；三是勇敢面对来自当代教育界和学术界男女两性学人对女权主义的质疑，一方面与自己的对立面开展广泛而深刻的"对话"，"回答批评我们的人提出的问题"，并不时地"对自己提问"[12]，另一方面"从别的学科引进或同别的学科合作研究"[13]，充分认识研究中多种声音并存的重要性；四是积极接受来自妇女群体内部不同阶层的挑战，以便用她们在生活、生产、生育、生命过程中的"经验"，充实、完善有关妇女的知识及其体系。

开放性也会产生正反两方面的影响，一方面"开放性"的学术品格和"海纳百川"的学术气度，活跃了研究气氛，丰富了研究成果，壮大了妇女研究的力量；另一方面对男性思想成果的吸收，在不自觉中有可能被其同化，在女性研究内部关于父权制的争论，有意无意间可能会使女性内部产生分化；再一方面开放的无限度和学科边界的模糊，使得妇女/性别研究难以在当前高等教育的体制内找到自己的准确位置。

（四）建构性

仔细分析，妇女/性别研究的跨学科性、批判性和开放性，都仅仅是手段，而不是目的，其目的主要在于"建构"——不只是学科建构，在高校中寻找位置，更主要的是人的性别观念建构，社会性别文化和制度的建构。如女人需要什么，不需要什么？为什么需要，为什么不需要？男人能给女人什么，不能给什么？国家对女人能做到什么，不能做到什么？针对"需要"和"能否"，女人、男人、政府当下和将来应该通过怎样的途径进行"行动"？等等，都需要妇女/性别研究的"建构性"做出回答，从而使每个（女）人在日常的行为中有所依从，在社会生活中恰如其分地定位自己的性别角色。

不可否认，中国妇女/性别研究经过近30年的发展，相当一部分的成果已基本走出了"东拼西凑"、"人云亦云"的阶段，本土大量的实证报告和访谈资料已经为具有中国特色的妇女解放和妇女发展理论的建构提供了条件，奠定了基础。

辩证地看，上述跨学科性、批判性、开放性本身也可以理解为一种建构，即研究者反对什么、倡导什么的价值取向和研究立场在"跨""批""开"的过程中已经蕴含其中了。但到底"重建什么"当前在学术界依然有着较大的分歧，究其原因，主要是由"基本参照"的不一而引起。一般来讲，在妇女/性别研究领域，"批判与重建"主要遵循着以下几种基本思路：一是以"自然"作为参照，关注整个人类的"同一性"，即不分国家、民族、性别等都一视同仁；二是以"男人"作为参照，关注整个女人的"同一性"，即将性别作为一个重要的视角或维度来全面认识人类社会的"存在"；三是以整体女性中的某一群体，如知识女性、城市女工、农村妇女、少数民族妇女等作为参照，关注不同阶层妇女群体的"差异性"；四是以"人类"的发展作为参照，关注所有"个体"之间的"差异性"，即以个体人健康自由的发展作为终极目标。不同的参照，会有不同的研究对象。不同的研究思路和参照，即便是同一的研究主体针对的是同一的研究对象，其研究结论也会大不相同，甚至相反。所以，在建构的过程中，一定要找准或说明基本"参照"，否则，难以定位，更难以找到真正的"我自己"。

总之对妇女/性别研究进行学科定位，并把握其学科特性，不论对研究、教学还是行动都是十分重要的。因为在我看来，只有"纲举"，才能"目张"。

参考文献

［1］甄砚. 在 2008 年中国妇女研究会年会暨"改革开放 30 年中国妇女/性别研究"研讨会上的总结讲话［J］. 妇女研究论丛（2009 增刊）.

［2］刘霓. 西方女性学［M］. 北京：社会科学文献出版社，2001 年.

［3］畅引婷. 中国妇女与性别学科的发展演变及本土特征［J］. 晋阳学刊，2009（1）.

［4］魏国英. 女性学理论研究的几点思考［J］. 山西师大学报：社会科学版. 2007（1）.

［5］玛丽琳·J. 波克塞. 当妇女提问时［M］. 余宁平，等，译. 天津：天津人民出版社，2006：68.

［6］肖巍. 女性主义教育观及其实践［M］. 北京：中国人民大学出版社，2007：189—197.

［7］李维武. 人文科学概论［M］. 北京：人民出版社，2007：19.

［8］同［5］，26.

［9］同［5］，前言.

[10] 贝尔·胡克斯. 人人都能读懂的女权主义 [M]. 沈睿，译. 北京：金城出版社，2008：导言.

[11] 周乐诗. 女性学教程 [M]. 天津：时事出版社，2005：绪论.

[12] 同 [5]，序.

[13] 玛丽莲·鲍克塞. 不守规矩的知识：妇女学与学科问题 [G] //余宁平，杜芳琴. 不守规矩的知识. 天津：天津人民出版社，2003：11.

两代女性学者眼中的妇女学

郑新蓉　武晓伟①

摘　要：本文来自生于不同时代的两位女性学者的对话。通过二者的深入
　　　　讨论，试图勾勒出妇女学或女性学的学科本质，揭示出在急剧变
　　　　化的社会里妇女学这门学科所面临的机遇与挑战，并对新一代女
　　　　性学者的成长和专业团队建设提出思考建议。
关键词：妇女学；女性学者；男女平等；本土化

我们是如何走进妇女学的

武：郑老师，能说说您是如何走入妇女学的，好吗？其实我更习惯用
"女性学"这个词。

郑：这是我们之间很有意思的区别。从感性和理性的角度我都更愿意
说"妇女学"，那我们用各自习惯的概念吧。

走进妇女学既是偶然也是必然。我发现一个很有趣的现象，今天有一
批 20 世纪 50 年代出生的学者，在 90 年代初不约而同地走到了一起，走进
了这个学科，我认为这是有必然性的。80 年代中后期，改革开放带来了经
济快速增长和社会全面发展，特别是 1992 年邓小平同志南方讲话之后，中
国发生了翻天覆地的变化，开始走上了全方位的市场化、资本主义全球
化，也就是我们通常讲的"社会转型"，它带来了很多妇女问题，如就业、
家庭、婚姻、参政、教育、性产业等，女性的生存和发展出现了新的挑战

　　① 郑新蓉，北京师范大学教育基本理论研究院，教授，博士生导师，多年从事
性别及妇女教育、教学工作的研究与实践，出版并发表《性别研究与妇女发展》、《性
别与教育》、《社会变迁中的个体生命——转述一个农村妇女的故事》、《性别教育与大
学生素质》等专著与学术文章若干；武晓伟，北京师范大学教育学部在读博士，北京
师范大学珠海分校教育学院，讲师，青年女性学者，开设《女性研究》、《女性心理
学》校公选课。

和机遇，这就给妇女研究或妇女学带来了学科生长的土壤和契机。此时，原来在不同学科、不同团体、不同组织中青年女性知识分子开始聚到一起，逐渐形成了一股热潮，而90年代，我们正处于学术生命力最为旺盛的阶段，这群女人带着时代成长的印记走上了妇女学。比如，我是学马克思主义教育理论的，研究分工与人的全面发展。作为显学的马克思主义教育理论在90年代走向衰落，实践层面，女童教育问题多多。如前所说，这代人生长和学科的印记恰好与妇女学的核心精神是相吻合的。

第一，追求解放。我们这一代人是在追求解放的话语中成长起来的，而且不是仅仅追求当下法律裁定和事实意义上的解放，而是指向未来的全体人类的解放和人的全面发展。我认为妇女学这门学科是具备了这样的精神的。众所周知，妇女学同女性主义之间的联系由来已久，妇女学的理论从问世之日起就备受女性主义活动家和妇女工作者的普遍欢迎。妇女学强调主体意识，其主旨就是在于揭示西方社会中的性别偏见和男性中心主义，并在此基础上开辟不同以往知识体系的另一种视角、方法以及解释话语，以实现男女两性的平等，实现人类社会真正意义上的解放。从一开始，妇女学就延续了我对人类各种"压迫"、"剥削"和"异化"的理论和实践探索，便认定这是关于人类解放和全面发展的学问。

第二，批判性。这也是我们那个时代的学者很鲜明的特点，有人把它称作"文革烙印"，既然要解放，关心国家大事，必然对现实是有批判的。妇女学的批判在于批判由生物性决定一切的观点，批判埋没、排斥或低估妇女的经验，对看似的真理提出质疑，并以此对既有的学科知识提出了认识论上的挑战，指出人文科学和自然科学中曲解的性别意义，试图探索一种新的知识积累和建构逻辑，特别是那些曾经被男权观念及男性视角遮蔽了的、漠视了的，但有可能更为合理的知识形态。我们回顾30年来各门学科蓬勃发展，为适应中国以经济为中心的社会需要，几乎所有从西方进入到我国的学科都是以实用主义为导向的，迎合着整个社会新的分工和市场格局，无论是金融、计算机还是管理学科都是如此，只有妇女学保持着浪漫，保持着批判，保持着对人类知识的整体解构，这些，都与我们原有的马克思主义学科气质和社会主义革命的生命经验一拍即合。

第三，假借西学名义。改革开放之初，我们对很多西方的理论和学说都充满了浓厚的兴趣，西方发端的妇女学之所以能长驱直入，跟它作为西学的学科性质和路径是分不开的，其实对于妇女的研究和命题，我们国家历史上也有，比如"三从四德"、"三纲五常"、班昭的《女诫》，包括近代救亡图存的仁人志士对性别的论述等等，也是在探讨男女的问题，但如果研究这些，很快会被打倒，不具有现代性，相反地，假借了西学、显学的名义，妇女学名正言顺地进入中国，并且得到当时相当丰富的研究经费。20世纪中国妇女学及相关学科刚刚起步时，基本是复述、引证、评价、综述西方的理论成果，尽管问题是中国的。这也是我们国家妇女学科发展不可逾越、必须要走的一个过程。

武：当初进入"女性学"是一个非常巧合的机缘，也可能是我对自己成长和生活的一种思考。作为女性，在这几年的时间里，我从女孩，变为妻子，再到母亲，身边多了丈夫和孩子，在自己角色不断扩充的同时，也给我带来了很多以前做女孩子没有的困扰，比如婚姻，它不仅是两个人的结合，还是两个家庭，甚至是两个家族的组合。我要面对除丈夫以外的和自己并无血缘关系，但必须要和睦相处的人；比如为人母亲，我迎接了一个小生命的到来，而此刻我的角色又似乎发生了质的改变……在这种种变化中，我并不是应付得十分好，因此，经常出现各种问题，在我不停反思地过程中，我走进了这个学科。它带给我很多不同的视角去看问题。加上老师一再提醒我要从"小我"中走出来，走进"更大"的世界，我想这也是在这门学科里不断学习的过程中，一直在思考的问题：如何从自我狭小的世界里走出来？这门学科带给我的难道仅仅是知识层面的、体验层面的？还会有它更为广阔的我还未曾打开的世界吗？

郑：回顾女性学40余年的发展历程，特别是在中国近些年从无到有，经历的拓荒、奠基、积蓄力量，到现在步入快速发展的时期，妇女学成为学术领域一枝奇葩；但与此同时，从它诞生之日起也面临着各种质疑和争论。如何认识妇女学的学科本质，在新世纪里如何应对中国社会的急速变革与发展，如何建设一个专业性团队，是摆在新老妇女学者面前的一些亟待解决的课题。

武：郑老师，据我所知，您自称"离开"女性学似乎已经有段时间了，您是如何看待您对女性学的"走入"和"离开"这一过程的？

郑：我大概是从（20）04年开始渐渐"离开"的，其实还不能完全用"离开"这个词，表面上看起来似乎如此，但正是我淡出这样一个行为，也使我可以作为"局外人"跳出来重新审视这么多年妇女学的研究轨迹和学科的发展路径，反而给了我更多的启示。这样说来，我不算是"离开"，而是另一种进入。

两代学者眼里的妇女学和共同体

武：刚才听你的这番说，给我的感觉是中国的女性学科的建立和发展和您以及您这一代女性学者的发展似乎是紧密联系在一起的，您是如何看待你们这个"团队"的？

郑：谈到这个问题所涉及的就不仅仅是一个学科的发展这么简单了，这跟整个社会的发展是密切不可分割的。我刚才提到我们有一批出生于50年代的学者不约而同会走到这个学科上来，是因为我们有很多共同的东西，直到现在，我都认为30年过去了，这种共同的东西并没有因时间的流逝而消退。这是一个很值得去研究的命题。不知你是不是发现了，现代的年青一代学者也做女性研究、妇女发展研究，但他/她们对"学科边界"把握得很到位，很严格地恪守着自己的研究领域，而漠视其他。比如研究性学的，他/她就只关注和性有关的问题；研究"家暴"（家庭暴力）的，他/她就不关心其他群体；研究社会性别的，他/她会只研究相关的理论，甚至实践层面的研究都很少关照。

我们那个时代的学者不同，我们所处的时代我把它形容是一个以"计划经济"主导的社会主义共同体，个人、家庭没有太多的私有财产，整个社会是一个比较平等，分配相对公平的社会，在这个共同体中成长起来的人是有依赖感和安全感的，"集体"的概念在我们的内心深处非常强烈，远远超过所谓的"个人"，也超越家庭。所以我们会很容易关注人类共同的命运，即使在局部有分歧，或者不同观点的争执，但大致的东西是相同的，因此这群学者的战斗力、行动力和策略功力是非常强的，并且也是全面的，可以从事理论研究，也可以做实践实地研究，还可以做政策探讨。

武：您谈到的有关"共同体"，我也把它理解为一个坚实的女性学的"团队"，对学科的建设和发展起到了相当大的推动作用。您也提到了当前年青一代的学者做研究的"孤立"状态，我深有体会，总感觉像在"一个人行走"，即便研究同样的命题，但立场、研究视角、学科背景、方法工具的差异，造成了我们之间对话的障碍。您认为在年青一代学者中能否建立一个"共同体"？而作为老一辈的学者，在这个过程中您认为"共同体"能够发挥怎样的作用？

郑：我刚才所说的"共同体"是基于整个社会的共同体，它是跟社会的变化和发展密不可分。随着西方自由主义的涌入，全球化消解了国家、集体，甚至单位、家庭一切共同体，英国一位学者齐格蒙特·鲍曼有句很好的形容"独立，耗尽了一切共同体的力量"，反而代之的是以"利益"构筑起来的"脆弱的共同体"。毫不留情地讲这就是你们现在生活的"共同体"，所以你才会觉得自己是"一个人行走"，不仅你有这样的感觉，很多80后的年轻的学者都有类似的孤独感。

武：我是一个标准的80后独生子女，好像一开始就被社会莫名盖上80后这个标签后，随之而来的就是自我、自私、固执、脆弱、物欲无限、无社会生存意识和能力、无合作能力等等之类的词汇，但在我反思个人的成长过程中，我却觉得我经历了很多国家的强烈变革，可以说我们这一代和中国一起都在为更好的生存而不断往前走。计划生育、高考扩招、工作不包分配等等，我们每走一小步，国家就会走一大步，大到我们根本无法追得上，虽然我们同时起跑，但却被它甩得越来越远。我们不是生而自我、自私、固执和脆弱，所以，我一直不愿承认被社会单方面贴上的有关80后的种种标签，相反地，我却觉得我们这一代是孤独而纠结的一代。我们想要彼此依靠却找不到自己所属于的"圈子"，我们想要简单生活，但房子、车子、票子，又不得不让我们向现实低头。我个人觉得80后是有理想和责任感的一代，因为我们是走过贫穷的，所以，我们并没有失去良心；因为我们又在经历着富裕，所以，我们才会有纠结。

郑：很理解你对同代人的认知和焦虑。从某种程度上说，你们年青一代学者的学术环境要比我们那个时代的要艰难。基于"利益"的共同体是脆弱不堪受击的。国家现代化、市场化的进程不断加速，你们毫无选择地被裹挟进去，投入到劳动力市场的残酷竞争中，然而在这样一个我们不停谈论"绩效"、"效率"、"数字化"的时代里，所有的劳动是被"购买"的，我们来不及关注购买背后的人的劳动所附带的尊严、价值、存在感、安全感、荣誉等等。当劳动和资本密切挂钩后，社会培养的就不再是"劳动者"，而是"劳动力"。这也可以解释为什么年青一代的人经常不停地换工作，不喘息地疲于奔跑，我理解为他们缺乏一种可以在情感、心理、价值上支持他们，让他/她们有安全感、存在感的"共同体"，当他/她们遭遇到困难，遭遇到不公的对待时，他/她们无法从内心里对某个"共同体"获得认同，并从那里得到慰藉和温暖，因此，我看这些年轻人的内心深处是孤独脆弱的，包括做学问，我认为处境是一样的，差别仅仅是职业的分工。

武：生在80后的女性现在也正在被大社会裹挟着不得不做出个中选择。我们会看到社会上有很多词是来说这个群体的女性的：剩女、小三、凤凰女、白骨精……贬义似乎多于赞扬，有时候连我们自己都说不清楚我们为什么变成了"这样"！作为一个年轻的女性学者，将如何看待社会变革中的个体生命？

郑：我之所以先从社会宏观层面来分析，是因为我一直认为，没有哪一个学科的发展可以凌驾于社会发展之上，包括从事这个学科工作和研究的人，我们首先要看清楚我们所生活的社会，看清楚我们的学术赖以生长的环境，只有这样我们才不会茫然和盲从。现在年青一代的女性学者的"共同体"还没有形成，或尚在建设之中，那么，就需要我们老一辈和年轻一辈学者的相互支持和帮助，首先我认为我们能做的就是要坐下来进行梳理，梳理社会的发展，梳理历史，我们不能生硬地去隔断，尤其是在我们中国社会，时间和空间的影响是不可漠视的，比如像刚才你谈到的你和我"两代人"，这就是一个很关键的"代际"的因素，它的背后是历史的、当下的全部内容，是个复杂的系统。因此，我们老一辈的学者就不能用停滞的眼光去看你们年轻人，去忽略、去忧虑、去批判，而是要用一种发展目光，看到我们所处的不同的生存环境，不同的学术环境，遭遇到的不同问题，只有这样才能发挥我们的优势，真正带给年轻学者以成长的支持和动力。

在困惑中体会中国和中国的妇女学

武：郑老师，您刚才的论述对我非常有启发，我也是一个标准的80后，您对我们这个年代出生、成长的大的社会的分析和对我们进入到学术的圈子所遇到和将要遇到的问题的分析，帮助我厘清了很多未解的谜团，也回答了我很多的困惑。我想，我们有困惑，那么您多年从事妇女问题研究和实践工作的第一线，您有没有遇到过困惑，解不开的问题？

郑：困惑和问题当然有，而且我也在想，我所有的困惑是不是也是很多从事女性研究的学者们的困惑，也是这个学科还没有形成中国本土的理论范式，在中国遭遇了挫折，对本土的问题解释力、批判力不够的一些场景。举几个例子。我这几年经常在中国农村，尤其是西部农村做调研和发展项目，发现这样一个现象：在农村一家三四个孩子是很正常的一件事，家里四个孩子，只能供一个或两个孩子读书，父母就会选择男孩；即使条件允许，可以有两个，那么读书的还是男孩或聪明的女孩。我们女性学者，包括我在内，一看到这种情况就会很气愤，想当然地责备这个家庭的父母"歧视女孩"，剥夺了女孩受教育的权利，更多的时候，会千方百计地"解救"这些女孩子，把她们拉出来读书。我们搞女性主义的只看到了"权利"的一面，现在"权利本位"成了很多学科不容置疑的政治正确。这里有一些故事可以共分享。

多年来，在女童教育的项目中，我曾毫不犹豫地主张女孩子教育"赋权"，让她有和男孩一样平等接受教育、有尊严生活的权利，这看似很合理，但事实上，对于广大的中国农村，特别是西部贫困地区的农村家庭来说，一个贫困脆弱的家庭，一个在市场经济下快要土崩瓦解的脆弱的"共同体"，很可能就需要这个女孩，需要这个唯一可以帮助父母做事、照顾弟妹的女孩，而我们把她抽走，把她拉去读书，可能离家很远，家里不但失去了一个重要的劳动力，还要为此再负担一笔昂贵的教育费用。我们追求"项目行为"自说自话的合理性，就能说是"合理"、"道德"的吗？

再继续分析现实生活中牺牲女孩成全男孩读书的故事：那些牺牲"姐妹"的上学机会读了书的男孩子。读了书了，有知识了，跳出了农村，进了城，是通过牺牲整个家庭，甚至是家族来换取了个人的成功，但是他却要背负起这么多年整个家庭、家族所为他付出的一切。这里面男孩子和作为"女童"的姐妹们的关系，不是以个体利益来计算，而是家庭的、发展的、代际回报的、血浓于水的方式连接的。所以，我们现在经常看到在网络上流行的一个词"凤凰男"，这个几乎被所有城市年轻女孩痛恨的一类男孩子，他似乎要带着他的父母、他的姐妹，甚至他村子里全部的人一起闯入城市，同时，明白会给他自己的城市精致小家庭带来无限困扰和麻烦，但他必须这么做，他道义和责任上必须回报他的整个家庭、家族甚至村庄。可能他的姐姐为他能上学而失学，那么在他外甥读书的这件事上，他不惜打碎他精致的小家庭，不惜跟妻子离婚，都要倾其所有去支持、资助，其实，他是要去报答。这种农村文化、这种"共同体"的简单粗粝的运行方式，这种全家人团结起来一起承担社会各种压力的价值和生存方式，这些事实让我触动很深的。死守权利本位的主义或主张，让我无颜以对。中国女性的苦难，或甘愿受苦，是与家族的命运联系在一起的，是与有信誉的代际间"回报"联系在一起的。中国的男女两性的发展中有代际、城乡、贫困等等很复杂的东西掺杂在里面，不是一个抽象的个人人权的实现就能解决的，这就是中国的现实。

另外，我也想谈谈城市妇女问题。妇女就业或再就业难已经是一个老生常谈的话题了，妇女学的诞生就与西方职业妇女争取"同工同酬"的各种运动分不开。中国的知识妇女也曾联合起来反对"妇女回家"的相关说法和政策[1]。但在现在的中国又出现了新的情况。在中国职业妇女的大军中很多妇女自己喊出了"要退出职场"的口号。不仅仅是60年代的女性，还有70年代，至80年代出生的女性都想要退出职场回到家庭。这是一个很值得我们思考和研究的问题。为什么会这样的？在全球资本主义侵袭的过程中，每个人和每个职业几乎都被资本所控制，控制得连喘息的机会都没有。而家里的劳动是自主的，不需要绩效考核，也不需要用资本化来衡量，家里的劳动是被认可和有所回馈的，尽管这种回馈可能要历经比较长的时间，但总是会有。而在职场上，纯粹的劳动力市场寻来工作，越来越没有价值感和尊严感，所以，很多女性宁愿放弃公共领域的所有工作，退回到家庭，她会觉得安全可靠，她把自己的"小家"经营得很好，丈夫孩子很满意、很爱她，她也是有很强的成就感和满足感，而恰恰在她资本化了的工作中是无法体会到的。

我想说的是，妇女学在中国一定要落地生根，既要深入地解释人们的全部生产、生活和消费的经验，更要寻找出当下谋求性别平等的策略和路径。

追求并超越男女平等

武：什么是"男女平等"？这个问题也是我在几年的教学过程中不断被学生或同行问及的。我发现，不管我作怎样的解释，背后似乎总有个无法辨识清晰的东西。当今社会仍旧是一个男性为主导的社会，在这样一个"男权"社会形态下，如何实现真正意义上女性的平等，是所有女人都要走出家门争取和男人一样的在公共领域工作和从事社交的机会，还是另外开辟一个属于女性自己的专属领域？这种"平等"真的能够实现吗？

郑：在我看来，当把我们的"学科原理"还原到中国现实社会的大背景下，我们只扛着一杆"女性学"的大旗，走得是磕磕绊绊的，是不够有力的。与此同时，我们中国妇女，不管是城市还是农村，所面临的种种复杂的问题，也不是我们一个"女性主义"就能托得起的，更不是西方的妇女学所能解释的。

这又回到学科的建设和发展上来了。我们是遇到了困惑和困难，但不等于停下来不要走了。这30年来妇女学是在中国社会的呼唤中问世并逐步发展壮大，在众多成熟学科中孕育成长，并伴随着各种评价，探索自身学科建设和发展的一条路，很不容易。我们现在有妇女学的组织机构和专业队伍；有专业的妇女研究会，并初步形成了全国性的研究组织网络；有专业的出版物，包括图书、报纸、期刊；也有专门的妇女学研究和教学的活动经费，等等，这些都说明妇女学正在迈向学科化、主流的社会建制的道路上努力。我们有挑战也有机遇。而且现在有一批像你一样的青年学者开始快速成长，你们有着较好的学术素养和专业背景，并且有热情，这些都是我们这门学科得以持续发展的核心动力。

武：的确，现在我们的学科发展还面临着很多问题，比如我们需要增强理论的原创意识，创建符合中国现实国情的学科体系，加强女性学课程的建设，推进理论结合实践，并向深入发展，让女性学真正意义地"着地"。作为年轻一代的女性学学者，我觉得自己肩上的任务还是很艰巨的。郑老师，我还想问您一个问题，做了这么多年的女性学相关研究和教学工作，您能用一句话来概括这个学科最大的特质是什么吗？

郑：如果用一句话来概括妇女学这门学科的特质，我想它是一门关乎人性和人类解放的学科。以前也有人问我"为什么没有男性学"？很长一段时间，妇女学看似是以性别当中一个受压迫、被忽视的视角来看待问题和解释世界的，其实则不然。女性学这门学科它是关乎总体人类的，作为人类的一半，女性与人类的发展演变是同步进行的，无论女性的本质与特征，还是它的存在形态和发展趋势，都是随着人类社会进步而不断演化的，它不是要否定男性，而是既注重性别分析又试图全方位地补写女性文化，从而来重新审视男女两性构成的人类的文明。在这个意义上，它关怀的是整个人类世界，它要解释的是为什么缺乏关怀，缺乏关怀的历史和现实。女性的解放与发展和男性的解放与发展是同一场革命，只有运用妇女学的研究视角，我们才能实现真正意义上的解放。因此，我认为妇女学是一门关乎整体人类解放和发展的学科。

参考文献

[1] 李银河. 女人回家问题之我见 [J]. 社会学研究，1995（3）.

社会转型期女性学学科问题初探

黄　河①

摘　要： 女性学作为一门新兴学科，学者对女性学学科边界与学科合法性的讨论从未停止过。单纯参照传统学科体系的构建模式去思考女性学学科危机的应对途径在转型时期存在着较大的局限性。淡化学科界限、重视领域性的学科建设这一国际学科发展趋势启发了我们，女性学学科应该从问题逻辑出发，在对各层面女性问题的现实关注、审视、梳理与总结中去探索女性学的实践逻辑，构成该学科的基本框架。

关键词： 女性学；学科；后学科；问题逻辑

一、学科边界所引发的问题

自 20 世纪 80 年代起，元理论研究在中国社会科学领域逐渐兴起，成为不同学科较为关注、着力探讨的议题。元理论研究所遵循的基本思路大致如下：某某学科是不是一门科学？是否具备与其他学科相区别的独特性？如何成为一门科学？应该具有怎样的学科逻辑与学科结构？应当具有哪些概念范畴、理论架构与方法体系？等等。该研究的目的并不是为了增加有关学科的新知识、新发展，而是为了满足学科合法化的逻辑自恰和自我确证，从而较清晰地划定学科的标准与界限。显然，一门学科要想在学术分科的实践中占据一席之地、实现制度化并日益提升其专业性，学科边界的确立无疑是一个至关重要的途径。而确立学科边界最直接、最有效的方式，就是努力寻找并确证不同学科间的差异。

然而，在信息时代，知识的问题比过去任何时候都更是统治的问题[1]。知识比以往任何时候都更加依附于权力。科学知识在制度化的发展过程中出现了分工的现象，各种专业学科应运而生，各自发展出专业的意

---

①　黄河，中华女子学院女性学系副教授，主要研究方向为女性学、性别与教育。

识形态，并且在建制内部形成一种知识阶层，不同学科占据不同的位置因而有其相应不同的高低权力及地位[2]。在知识与权力的紧密联系下，学科边界的确立与划定，从最初只是单纯寻找不同学科之间的差别，开始逐渐演变为强调不同学科相互分离进而彼此排斥。

在学术发展史上，由于任何一门学科都有一个从萌芽、兴起至逐步发展成熟的过程，因此，学者在探讨学科建设与学科发展的过程中会很自然地去思考和忧虑学科的未来。尽管现代社会中学科壁垒森严的现状正日益瓦解，但学科间因资源、机会等学术与社会层面利益的激烈博弈而对各自学科边界的捍卫却仍未有些许的懈怠，再加上学科间由于相互分离、排斥而带来的对对方的不了解甚至彼此攻击，使得对学科未来的思考与关注可能会逐渐转变为对该学科在学术、教育与社会生活中的地位质疑，尤其对那些发展起步较晚的、新兴的学科来说，对这些学科的合理关注和规律探究较易在这种外部压力的条件下逐渐升级为在"学科危机"层面的高度焦虑。

学科危机本质上属于知识危机。学科危机实际上是伴随着学科分化与建制出现的，学科在知识发展过程中面对合法化的质疑及遭遇到的危机并非个别学科所经历的独特现象，几乎每一门学科在它或早或晚的发展阶段都经历过或还在经历着各种各样的制度化危机。在知识门类中一种观念认为，人产生了其自身及其生活于其中的世界，如今这一观念也遭遇危机。这种危机归咎于唯一历史解读的终结、进步神话的终结、"确定性的终结"以及决定论的终结。意义丧失了：历史的意义、生活的意义和神学的意义均出现了空缺或断裂。此外，在情感生活、社会生活和政治生活中曾占主导地位的模型、范式和原则出现断裂。危机既影响了人文社会科学，如历史学和社会学，也影响了生物学、化学、控制论、系统论、神经科学以及人工智能等其他自然科学。科学家表示怀疑并提出疑问，科学基础、理论模型与范式均遭到质疑[3]。

在现代知识发展的进程中，知识增长的一个主要表现是学科不断分化又重组成新的专业，这种现象既导致了分化，也极易形成汇流，使得相当数量的新增专业都具有了跨越边界的特征。今天，社会转型带来了科学的转型，从而影响学科形态的变化，学科的界限日益模糊，学科互涉现象大量出现。沃勒斯坦（Immanuel Wallerstein）注意到，在社会科学者协会的年会上，来自不同学科的学者所提交的论文题目居然"惊人地相似"，所不同者，不过是不同学科的学者在标题的名词性短语后面加上"的人类学"、"的社会学"、"的历史学"等后缀而已，来自不同学科领域的论文，在内容方面，其差异远不像想象或声称的那样大[4]。

学科边界所导致的学科间的隔阂、排斥以及引发的学科危机问题，实际上并不是由科学自身特征所决定的，即它绝非单纯的科学问题，而是社会问题。学科边界化更应被看作社会建构的结果。学者和研究者的情感、态度、价值观与立场，过于追求专业专门化、细致化与精深化发展的高等教育体制，以及社会资源分配方式等都左右着学科的边界化，体现着权力、利益关系的较量。这在很大程度上造成了学科偏见，并可能形成对社会现实问题的掩盖、忽略、歪曲或片面化的理解，不利于学科在新时期的深度发展。

上述对学科边界问题的反思，无疑有助于我们在女性学学科发展正处于十字路口的迷茫困惑之际，换一种视角去正确认识女性学的学科地位，重新思考其学科发展问题。

二、对转型期学科边界与女性学学科发展的重新思考

女性学是个新兴学科，它起源于美国 20 世纪 60—70 年代的女权运动。它是学术领域的政治运动，从女性主义的视角出发，对近代以来的整个学术传统进行重新审视和批判。中国的女性学起步于问题研究，80 年代初，"女性学"一词被翻译引进国内，但当时学者常常将该词与"女性研究"、"女性问题研究"等交互使用。从 80 年代将女性作为问题的女性研究，到第四次世妇会前后将女性作为议题的研究，直至 90 年代末，由高等院校发起形成有组织的妇女与社会性别学的学科建设，女性学在国内经历了一个较为艰难的成长过程。

伴随着女性学的兴起与成长，学者对女性学学科边界与学科合法性的关注、思考、探究与争论就从未停止过。如学者提出："90 年代末期在既有学科和跨学科研究的基础上，女性研究进入了以建立独立的女性学学科为主旨的发展阶段。学界比较多地开始探讨'女性学'作为一个独立学科存在的必要和依据，探讨学科的研究对象、范畴、方法，以及知识系统和理论体系等问题"[5]；"女性学研究具有多学科交叉的学科特色，新世纪以来，在社会学研究这一大的发展环境影响之下，这些特征得到了进一步的

加强与凸显。从这个意义上来说，女性学与其说是一个独立的学科，不如说是一种研究的视角"[6]；"在'以学科为中心'的结构环境中，如果没有一个在体制上有保障的跨学科教学和科研单位，女性学的发展依然会步履维艰。在以学科建制为基础的现代高等教育体制中实施女性学的跨学科建制需要审慎地对待"[7]，等等。由于中国女性学学科在很大程度上借鉴了西方女性主义的知识理论体系，在学科上隶属于社会学一级学科，其主要关注女性在社会宏观结构体制中所获取的资源、机会、利益、权力，以及与男性、社会的互动关系、机制等，从思维方式、研究范式到理论框架都较容易受到其他学科的质疑。

作为新兴学科的女性学，在自身发展的过程中是否仍应遵循传统的学科边界意识去确立自己的学科范式？去遭受来自其他学科学者的诸多质疑？单纯参照以往学科体系的传统构建模式去思考女性学学科危机的应对途径，似乎存在较大的局限性。

当代英国学者杰索普（Bob Jossop）提出了"后学科"（post-disciplinary）的概念。吉登斯（Anthony Giddens）指出，最好是以问题为中心，而非以学科为分界。人们不应当感到有某种义务或责任局限于某一特定的领域，或者被视为是某一个学科的学者。这种不受限于传统学科分界，而以问题为导向，将学科之间的关系重新组织起来，混合了不同学科知识的研究即后学科研究。沃勒斯坦提出了"一体化的学科方法"（unidisciplinary），认为学科制度化存在局限性，表现在两个层次上：第一个层次是科学与人文之间的分野；第二个层次是社会科学内部的分歧。此外，他认为，跨学科运动也存在着严重局限。跨学科研究尽管展示了一个整合社会科学的美好前景，但在方法论上并没有真正突破，其原因在于跨学科这个词预设了学科分化的合法性。基于对学科制度化和跨学科运动的批判，沃勒斯坦提出了"一体化学科方法"。该研究不是以承认社会科学边界合法性为前提的跨学科研究，而是各学科的整合与统一[8]。无论是杰索普的"后学科性"，吉登斯的"问题导向"的学科研究，还是沃勒斯坦的"一体化学科方法"，都有一个重要的预设前提，那就是处于社会转型中的学科应该发生变化，而且许多正在发生变化。我们应该摒弃传统的学科视角，采用一种更开放的态度，运用更复杂多元的学科方法，才能应对和解决人类社会现实的问题。

当代女性学的界限已经变得越来越模糊，主要表现为女性学和社会科学各学科之间的联系越来越密切。女性生存与发展的问题已经成为众多学科共同关注和研究的议题，在这种情况下，女性学的学科边界变得日益不确定，女性学正逐步成为一个边界不断扩大的专门化的研究领域，多学科的渗透使得其研究范式也日益多元且丰富，这一现象不局限于中国，更是一个世界性的现象。从学科发展角度考察，近30年来，我国的女性学研究大致分为三个阶段。20世纪80年代是第一阶段，女性学研究侧重在传统学科内进行，比如在心理、文学、历史、教育学传统学科体系中进行。第二阶段，主要针对改革开放出现的许多女性问题进行分领域研究，相继出现了女性生理学、女性心理学、女性历史、女性文学、女性批评等分支学科。随着研究的推进，学界发现，许多女性发展问题很难在单一学科内得到深入研究，需要跨学科的整合与探索。90年代初是第三阶段，女性学开始尝试在若干既有学科内进行交叉和融合，比如对家庭暴力中的女性受害者、农村女性贫困化问题等的研究，由此进入跨学科的发展阶段。

传统科学观认为，依据学科制度化的历史经验，判定一门学科是否独立、成为"学科"有两个基本条件，一个是学科的内在条件，即学科具有逻辑严密的概念范畴、理论体系与研究范式；另一个是学科建制，即学科是否有专属的学术刊物、独立的学术组织、实体的行政编制和稳定的资金支持。性别研究学者在上述方面已经进行了系统和深入的分析。如有学者结合历史与现实中女性学研究者所关注的问题，提出女性学是研究性别平等、和谐的社会、历史、文化作用与机制问题的综合性社会科学[9]。女性学的研究对象经历了从"运动"到"问题"再到"人"的转变，女性学研究的对象是"女人"——"自觉的实践活动着的女人"的见解，已经成为研究界的一种共识[10]。

今天，不少学者对学科独立的判断标准也提出了自己独特的看法。如教育社会学家吴康宁教授就曾提出，真正标定一个学科是否独立的首要条件，是"学科之眼"。他认为，学科之眼本身是自足的，是不依附于其他学科之眼的，它们相互之间具有不可比性。用这些不同的学科之眼所"看到的空间范围"——亦即所形成的"学科视野"——也就具有了不可比性。因此，这就与人们迄今关于学科相对独立之基本条件的一般观点有了不同[11]。

笔者以为，对于当今中国的女性学而言，真正困扰该学科发展的所谓"学科边界"问题，恐怕首先并非其学科建制，即"硬边界"问题，而是女性学的"软边界"，即"学科之眼"问题，也就是女性学学者是否对该学科的独特性具有敏感意识、自觉意识，学科立场是否鲜明等。事实上，女性学学科相区别于其他学科的独特性不能仅仅只是从学科逻辑层面进行探讨，以学科为本位，强调规范性，注重演绎，由学科的逻辑起点出发去建立与起始概念相互连接的下位概念，从而逐步构建起该学科的理论体系。这种具有典型近代科学观色彩的学术逻辑在转型时期的社会科学研究中正日益被问题逻辑所代替。该逻辑注重社会实践中发生的具体问题，致力于收集、归纳和研究这些问题，由此讨论本学科应予关注和解决的问题，由问题构成学科的基本框架。历史学、社会学等都是在对现代社会问题的研究中认识到了固有的学科局限性并对一些现实重大问题进行了更多的关注，进而为有效认识和处理这些新问题展开了对学科重构的思考[12]。因此，女性学的学科独特性应该来源于对社会现实生活中大量与女性相关问题的既有审视、梳理、归纳与总结的结果，问题研究是该学科构建的必要前提。女性学作为关注人的新兴学科，与青年学等其他新兴学科一样，是在某些传统学科的交叉点与边缘部分重合的基础上产生与发展起来的，跨学科性并非其独特性，我们不能仅仅以跨学科作为自己的庇护伞。在传统学科边界和学科范式日益受到撼动的今天，我们更不能简单地认为女性学就是跨学科地研究女性的本质、生存状态与发展规律的一门综合性学科。其他诸多以人作为研究对象的学科往往也关注人的本质、生存状态与发展规律，比如生理学、心理学、教育学等。有学者认为，作为对一个专门领域的研究，女性学是其他学科所无法代替的，虽然有一些其他学科也研究女性，但它们并不是对之进行系统、细致和学科立场的研究。如果仅此为据来反驳前述学科，彰显女性学学科的独特性，似乎显得说服力不足。

在知识发展日益活跃、不断强调创新的时期，国际上学科发展的趋势是淡化学科的界限、重视领域性的学科建设，这是一个重要的改革现象。领域性的学科与传统的知识性学科（如数理化、文史哲等学科）不同，以某个现实的问题或者领域为基础整合不同的知识与理论，形成独特的知识体系，较彻底地模糊或者冲破了学科之间的界限。在这种领域性学科中，逻辑系统、评价标准以及"语法"等都是多元性的。因此，不同的学科分类实际上反映了一种内在的逻辑与标准，即不同知识体系之间的界限的清晰与否以及强弱程度的差异[13]。对于作为领域性学科之一的女性学来说，现实问题本身往往具有更大的优先性，更需要突破传统学科分类与知识界限的内涵，从纷繁复杂的现实问题中抽丝剥茧去探究女性学的实践逻辑，只有这样才能更深入地理解女性学的学科特性，更好地促进女性学的学科建设与发展，未来的路任重道远。

参考文献

[1] 让—弗朗索瓦·利奥塔尔. 后现代状态：关于知识报告 [M]. 车槿山，译. 北京：生活·读书·新知三联书店，1997：14.

[2] 胡春光. 大学学科分化中知识与权力间的生产与重构 [J]. 内蒙古师范大学学报：教育科学版，2009（1）：29.

[3] 阿卜杜勒－拉赫曼·马苏迪. 知识危机的挑战——跨学科性的回归与前景 [J]. 国外社会科学，2012（6）：55—56.

[4] 沃勒斯坦. 知识的不确定性 [M]. 王昺，译. 济南：山东大学出版社，2006：107.

[5] 魏国英. 从女性研究到女性学学科建设——高校女性学发展脉络 [J]. 山东女子学院学报，2012（6）：76.

[6] 杨永忠，周庆. 女性学的学科地位及其发展 [J]. 山东女子学院学报，2011（4）：70.

[7] 王珺. 中国高校女性学制度化模式分析 [J]. 妇女研究论丛，2009（2）：61.

[8] 郁建兴. 淡化学科边界，强化学术分工 [J]. 浙江社会科学，2007（4）：20—21.

[9] 韩贺南. 女性/性别学科范式再探析——研究对象与知识领域 [J]. 中华女子学院学报，2012（1）：53.

[10] 魏国英. 跨越式发展与本土经验——女性学学科建设的十年回顾 [J]. 妇女研究论丛，2006（1）：34.

[11] 吴康宁. 社会学视野中的教育 [J]. 教育研究与实验，2006（4）：1.

[12] 吴黛舒. 中国教育学学科危机探析 [J]. 教育研究，2006（6）：49.

[13] 谢维和. 谈学科的道理 [J]. 中国大学教学，2012（7）：5.

试析马克思主义妇女理论与马克思主义女性主义之异同

萨胡热 董雪娇 王 晶①

摘 要： 马克思主义妇女理论和马克思主义女性主义都是在马克思主义的思想基础上发展而来的。也正是因为这个原因，很多初学者往往把两者混为一谈，认为马克思主义妇女理论就是马克思主义女性主义。本文为了明确二者的关系，将二者进行比较研究，这样更有利于区分二者，能使我们更加清晰明了。

关键词： 马克思主义妇女理论；马克思主义女性主义；比较研究

马克思主义妇女理论和马克思主义女性主义都是关于妇女解放的理论并且都是以马克思主义理论为基础，它们都关注妇女问题，然而，它们对于妇女受压迫的根源以及妇女解放的途径的阐释，却存在很大差异性。为此，本文试就马克思主义妇女理论和马克思主义女性主义的异同进行梳理与解读，以便能够清晰地看出二者在指导妇女解放与发展中的地位与作用，深化妇女学科理论的建设。

一、马克思主义妇女理论与马克思主义女性主义的基本内涵

马克思主义妇女理论是运用了辩证唯物主义和历史唯物主义的一种世界观和方法论。从广义上说它是马克思主义理论体系中的一个重要组成部分，丰富和完善了马克思主义理论，从狭义上来说它是由马克思、恩格斯共同创立的，在无产阶级的革命实践中由马克思主义者继承并逐步形成和发展起来的理论体系；而马克思主义女性主义从广义说是一种原则或观点，又是一种分析问题的方法和视角，从狭义说它是女性主义者运用了马

---

① 萨胡热，女，东北师范大学政法学院 2011 级研究生，研究方向为性别社会学；董雪娇，女，东北师范大学政法学院 2011 级研究生，研究方向为性别社会学；王晶，女，东北师范大学政法学院教授、博士生导师，研究方向为马克思主义妇女理论研究。

克思主义的理论来分析女性在资本主义制度下受压迫的根源并且为妇女的
解放指明新的方向的一种理论体系。

（一）马克思主义妇女理论的历史渊源及基本内涵

马克思主义妇女理论产生于19世纪中叶的欧洲，那时资产阶级已经取
得了统治地位，资本主义一方面创造了巨大的生产力，同时也不断地制造
着剥削和贫困。随着资本主义大工业的发展，生产社会化和资本主义私人
占有之间的矛盾日益突出，无产阶级和广大劳动妇女受资本家的剥削更为
严重，这就为马克思主义妇女理论的产生提供了客观的条件。在剥削和受
压迫中，广大的劳动妇女是备受其害的一个阶层，恩格斯在《英国工人阶
级状况》中，通过大量的事实材料论证了资本主义制度下的大量使用廉价
女工所带来的恶果。"资产阶级的这种厌恶的贪婪造成了这样一大串疾病！
妇女不能生育，孩子畸形发展，男人虚弱无力，四肢残缺不全，整代整代
的人都毁灭了，他们疲惫而且衰弱，而所有这些都不过是为了填满资产阶
级的钱袋。"[1]马克思和恩格斯正是通过对资本主义现实矛盾的分析，探寻
了人类历史发展的两性不平等，形成了马克思主义妇女理论的学说。

马克思没有完整的有关妇女理论学说，但是在其著作中有关于妇女的
理论阐释。其最早论述是在19世纪中叶，马克思于1844年发表的《1844
年经济哲学手稿》中，从社会历史生活中人的异化劳动的分析中，表达了
妇女解放的思想。马克思提出，人类社会的两性关系原本是平等的，但是
由于人类劳动的异化现象，两性关系也发生了变化，变成支配和从属的关
系。他指出"把妇女当作共同淫欲的俘获物和婢女来对待，这里表现了人
在对待自身方面的无限退化，因为这种关系的秘密在男人对妇女的关系
上……人对人的直接的、自然的、必然的关系就是男人对妇女的关系"[2]。
劳动异化的起源是私有制，所以只有消灭私有制，才能消除性别差异和压
迫，恢复人与人之间平等的关系。其后同年9—11月期间马克思和恩格斯
第一次合作写的《神圣家族》，是批判青年黑格尔派主观唯物主义和论述
唯物主义的著作。在此书中马克思借以批判鲁道夫所"体现的批判"来论
述关于妇女的理论。马克思认为鲁道夫"还未能了解妇女在现代社会中一
般状况的非人性，他完全忠实于他以前的论述"，他主要是认为鲁道夫关
于妇女的批判是虚幻的、不现实的，马克思认为"要想站起来仅仅在思想
中站起来，用任何观念都不能解脱的那种枷锁依然套在现实的、感性的头

上，那是不行的"[3]，认为妇女解放运动不能脱离现实。

在 1845 年《德意志意识形态》中也探讨了有关家庭、意识形态和社会再生产之间的关系的几个方面，还注意到了家庭这个意识形态上的观念和在不同阶级中家庭的实际历史情况之间的矛盾。马克思从"人是一切社会关系的总和"这一前提出发，探讨了家庭、意识形态和社会再生产之间的相互关系，提出了考察妇女问题的基本观点。1848 年 2 月 21 日发表了著名的《共产党宣言》，其中提出了"每个了解一点历史的人也都知道，没有妇女的酵素就不可能有伟大的社会变革"[4]的主张。它从人类历史的进程出发，阐述了实现共产主义的历史必然性和人类解放的历史必然性，认为妇女的解放是人类共同的事业，也只有妇女得到了真正的解放，人类的另一半——男人才可能真正的解放。《共产党宣言》既是无产阶级的宣言又是妇女的宣言，只有彻底地消除私有制，人类才有可能真正的解放。马克思逝世后，恩格斯根据马克思《摩尔根〈古代社会〉一书摘要》，于1884 年 3 月发表了《家庭、私有制和国家的起源》，此书中系统地论述了妇女受压迫以及解决途径等问题。恩格斯指出人类从原始公有制向私有制过渡之日，便是妇女遭受剥削之时。他认为有没有工作能力是决定她是否能够得到解放的手段："只要妇女仍然被排除与社会的生产劳动之外，而只限于从事家庭私人劳动，那么妇女解放，妇女同男子的平等，现在和将来都是不可能的。妇女的解放，只有在妇女可以大量地、社会规模地参加生产，才有可能。"[5]恩格斯又指出："妇女解放的第一个先决条件就是一切女性重新回到公共的劳动中去，而要达到这一点，又要求个体家庭不再成为社会的经济单位。"[6]这是马克思和恩格斯最有代表性的关于妇女问题的论述。这些都是马克思主义妇女理论产生的理论基础并且标志着马克思主义妇女理论的形成。

19 世纪中叶以来，随着马克思主义的逐步传播和发展，马克思、恩格斯关于妇女解放的理论在各国，尤其是德国和俄国社会主义运动中都得到关注和发展，出现了一批从事国际社会主义妇女运动者，他们为马克思主义妇女理论的发展做出了巨大的贡献。

德国是马克思主义的发祥地，是马克思主义妇女理论的发源地，在这种环境下，1879 年，恩格斯的学生奥古斯特·倍倍尔（August Bebel）创作了第一部完整的马克思主义妇女理论专著《妇女与社会》，他开篇就写道："妇女同工人一样，都是被压迫者。压迫的形式在各个时代和每个国家都是不同的，但是压迫却始终存在。"[7]此书是从历史与理论的结合上论证了妇女解放的基本思想，一方面，他继承和发展了法国空想社会主义者傅立叶的理论观点，在傅立叶看来，某一时代的社会进步和变迁是同妇女走向自由的程度相适应的，而社会秩序的衰落是同妇女自由减少的程度相适应的。另一方面，他还通过理论分析，实际调查和研究，提出了实现妇女解放的正确道路。他认为劳动妇女的解放是与整个无产阶级革命斗争的胜利不可分割的，并且妇女争取解放的斗争只有同无产阶级的革命斗争结合在一起，才能取得胜利。倍倍尔在书中总结道："一切社会的从属和被压迫是起因于经济的从属。妇女已久处于这种经济从属的地位。"[8]他和马克思、恩格斯一样都认为妇女解放和阶级有着密切的联系。"妇女完全解放，男女完全平等是我们文明发展的目的之一，地球上没有任何势力能够阻止这一目的的实现。但是，这一目的只有在消灭人对人的统治，也就是消灭资本家对工人的统治的变革中才能实现。只有那个时候，人类才能获得最充分的发展。人们几千年来所梦想和渴望的'黄金时代'终将到来。阶级统治将永远消亡，而男人对妇女的统治也将随之告终。"[9]还有德国社会主义事业的创始人克拉拉·蔡特金（Clara Zetkin），她在马克思、恩格斯的妇女理论和倍倍尔的影响下第一个举起了无产阶级妇女解放的旗帜，在将马克思主义妇女解放的理论运用于社会主义实践中，形成了初具规模的、有一定世界影响的无产阶级妇女运动，并在此过程中宣传和扩大了马克思主义妇女理论的传播。

继德国之后，俄国社会主义妇女运动也取得了伟大的胜利。列宁和斯大林有着重要的贡献，是他们把马克思主义妇女理论由科学理论变成了现实，并在实践中丰富和发展了马克思主义妇女理论。列宁在《全俄国女工第一次代表大会上的演说》中讲道："在一切文明的甚至是最先进的国家里，妇女都处在被称为家庭奴隶的地位。在任何一个资本主义国家里，甚至是在最自由的共和国里，妇女都没有完全平等的权利。苏维埃共和国的任务首先就是取消对妇女权利的各项限制法令，任何地方都没有这样充分地实现劳动妇女的平等和自由。"[10]这是一个实践的壮举。同时斯大林也在多次讲话中号召广大妇女参加到社会主义建设中，比如他在1932年的一次讲话中说："妇女在集体农庄中是一支巨大的力量。埋没这支力量就是犯罪。"[11]在苏联的集体农庄，采取劳动日制度，"在劳动日制度下，男女一律平等。谁做的劳动日多，谁挣的钱也多"；"集体农庄的劳动日制度使妇女获得了解放并使他们成为独立的人"[12]。由于列宁和斯大林对妇女解放的高度重视，以及苏维埃政权的努力及广大妇女对社会活动的积极参与，马克思主义妇女理论终于从科学理论走向了实践。

经过了 1917 年的十月革命和 1919 年的五四运动到了 20 世纪 90 年代的中国，在 1990 年 3 月 7 日的三八国际劳动妇女节八十周年纪念大会上，江泽民同志回顾了我国妇女的解放历程，指出"妇女要解放，男女要平等，已经成为国际社会不可逆转的历史潮流"。中国共产党用以指导妇女运动的理论，是马克思主义基本原理及其妇女理论。在这个讲话中，江泽民同志首次对马克思主义妇女理论做了科学的概括和总结。马克思主义妇女观的科学含义是"运用辩证唯物主义和历史唯物主义的世界观、方法论，对妇女社会地位的演变、妇女的社会作用、妇女的社会权利和妇女争取解放的途径等基本问题做出的科学分析和概括"。它的主要内容如下。

第一，妇女被压迫是人类历史发展一定阶段上的社会现象，是私有制和阶级对立的产物。在远古时代人类两性曾是平等的。恩格斯在《家庭私有制的起源》一书中就表述说在远古时代，不论男女只要有劳动能力都要参加公共劳动，甚至出现了女性的地位高于男性的母系氏族社会，但是随着原始公社的解体，生产资料私有制和剥削制度的确立，男女两性关系发生了巨大的转变。在第一次社会大分工时就分裂为两个阶级：主人和奴隶、剥削者和被剥削者。而妇女就属于奴隶和被剥削者中。正如恩格斯所指出的那样："母权制的被推翻，乃是女性的具有世界历史意义的失败。丈夫在家中也掌握了权柄，而妻子则被贬低、被奴役，变成丈夫淫欲的奴隶，变成单纯的生孩子的工具了。"[13] 倍倍尔也指出："私有制占统治地位就注定了妇女遭受男人压迫。此后随之而来的是轻视，甚至蔑视妇女的时代。"[14] 可见，妇女受压迫并不是从来就有的，它是由于社会大分工、私有制的出现才导致的男女两性的不平等。

第二，妇女解放的程度是衡量普遍解放的天然尺度。妇女解放必须伴随着全体被压迫、被剥削人民的社会解放而得到实现。这是恩格斯在其名著《反杜林论》中，转述 19 世纪法国伟大的空想社会主义者傅立叶的一句名言。马克思和恩格斯非常赞同傅立叶的这种思想，认为傅立叶揭露了妇女解放的秘密即妇女解放与社会发展、全人类的解放有着密切的关系。人的解放必然包含着妇女的解放，因为人类社会是由男女两性共同组成的，解放女性也就意味着解放了男性解放了全人类。正如倍倍尔在《妇女与社会主义》中谈道"如果没有两性相互间的独立和平等，那么人类的解放就不可能"[15]。我们知道马克思所追求的是一种人的自由全面发展，而在这其中也包括了妇女的解放，也就是说男性与女性共同的解放。这也说明妇女解放只能是人类解放的一个目标和手段。因此，制约人的解放的一切客观因素对妇女解放进程都将产生影响。妇女解放的问题不仅仅是妇女自己的问题，应该说是全人类的共同事业。而妇女解放的程度是社会文明的再现，是衡量普遍解放的尺度，随着社会历史的进步，妇女解放终会看到曙光。

第三，参加社会劳动是妇女解放的一个重要先决条件。自母权制过渡到父权制，私有制的确立促成了使妇女处于压迫地位的社会分工。妇女从事的家庭私人劳动得不到社会的认可，这种私人劳动使妇女停留在社会劳动之外。而男性在社会劳动中占有绝对的统治地位，占有生产资料和劳动产品。男性经济上的独立性使得他们在家庭中也享有统治地位，造成了妇女在家庭中受奴役，在社会中又无法取得认同，从此陷入受压迫的处境。妇女陷入了限制自身发展的恶性环境之中，所以恩格斯认为："只要妇女仍然被排除于社会的生产劳动之外而只限于从事家庭的私人劳动，那么妇女的解放，妇女同男子的平等，现在和将来都是不可能的。妇女的解放，只有在妇女可以大量地、社会规模地参加生产，而家务劳动只占她们极少工夫的时候，才有可能。"[16]马克思、恩格斯认为，妇女只有参加社会劳动，才能获得真正意义的解放。

第四，妇女解放是一个长期的历史过程。由法律上的男女平等到事实上的男女平等，任务仍然十分艰巨。在人类社会诞生之初，妇女与男子享受平等的社会地位，随着私有制的产生和阶级社会的确立，妇女在经济上对男性产生的依附性，造成了在各个方面受制于男性，从此，丧失了妇女应有的权力与地位。妇女受压迫地位的形成是随着社会生产的发展而产生的，男女两性的不平等成为人类历史中长期存在的社会现象。消灭这种不平等现象也需要一定的历史过程，也是随着社会生产的发展而达到男女平等，在社会的发展过程中解决妇女问题。马克思指出："人类始终只提出自己能够解决的任务，因为只要仔细考察就可以发现，任务本身，只有在解决它的物质条件已经存在或者至少是在生成过程中的时候才会产生。"[17]马克思认为，任何问题的解决都是有条件的，只有在各方面条件都具备的情况下，才有可能解决问题。妇女处于不平等地位直到现今经历了一个相对长的历史时期，妇女解放是一个复杂的社会问题，它涉及社会方方面面的发展。不仅是社会生产关系的变革，生产力的发展，就能实现男女平等。所以，妇女解放是一个长期的历史过程。

第五，妇女在创造人类文明、推动社会发展中具有伟大的作用。尊重妇女，保护妇女，是社会进步的一个重要标志，是文明社会应有的法律规范和道德风尚。在人类社会的发展史上，妇女与男性共同创造了人类文明，推动着人类社会的不断发展。私有制产生以后，妇女一直处于被压迫、受奴役的状态，但是妇女对于人类社会的伟大贡献和重要意义却一直存在。妇女对于延续种族的特殊贡献在人类社会的很长一段时间被社会所忽视，马克思、恩格斯强调了妇女的生育价值对于人类的特殊贡献，恩格斯在《家庭、私有制和国家的起源》中提到，历史的发展"归根结底是直接生活的生产和再生产。但是，生产本身又有两种。一方面是生活资料即食物、衣服、住房以及为此所必需的工具的生产；另一方面是人自身的生产，即种的繁衍。一定历史时代和一定地区内的人们生活于其下的社会制度，受着两种制约：一方面受劳动的发展阶段的制约，另一方面受家庭的发展阶段的制约"[18]。受此影响倍倍尔也指出："生儿育女的妇女对国家做出的贡献决不小于用自己的生命抗击侵略成性的敌人来保卫家园的男子。"[19]马克思、恩格斯、倍倍尔把妇女的生育作用看作与社会生产同等重要的地位，充分地肯定了妇女的生育价值和社会意义。毛泽东也说："中国的妇女是一种伟大的人力资源，必须发掘这种资源，为建设一个伟大的社会主义国家而奋斗。"[20]

江泽民同志所阐述的马克思主义妇女理论是马克思主义妇女理论与中国妇女运动实践相结合的产物，是对中国妇女运动实践的科学总结，是对马克思主义妇女理论的高度概括，这在马克思主义妇女思想史上具有里程碑意义。在新纪元的中国，我们要依据中国国情，在实践中坚持和发展马克思主义妇女理论，构建有中国特色的社会主义妇女理论，携起手来勇敢地接受挑战，实现男女平等，促进男女和谐发展，实现人的自由而全面发展。

（二）马克思主义女性主义的历史渊源及基本内涵

马克思主义女性主义产生于20世纪60年代第二次妇女运动浪潮。资本主义社会的经济在衰退动荡和繁荣稳定的交替中走向全球化，不可避免地影响着女性的地位。社会政治运动在轰轰烈烈和衰退式微的转换中趋向平稳，女性解放向何处去的问题日益凸显。这些变化造就了当代女性受压迫问题的新语境，马克思主义女性主义正是在这种语境中产生和发展起的。

然而关于马克思主义女性主义向来是有很多的争议的。马克思主义女性主义和社会主义女性主义因价值取向基本一致，因此有些学者将二者划分为一个流派，称为社会主义/马克思主义女性主义，如戴雪红在《女性主义对资本主义的批判：立场、观点和方法》就把它们划分为一派，并且说二者的界限是比较模糊的；还有些学者认为二者不能混为一谈，如李银河在《女性权利的崛起》中单独把社会主义女性主义划分为一派，说明社会主义女性的产生是对马克思主义女性主义的批判认为二者是对基本的压迫的形式的不同；还有（美国）罗斯玛丽·帕特南·童（Rosemarie Put-nam Tong）著、艾晓明等译的《女性主义思潮导论》中就明确表示"要将马克思主义女性主义思想和社会主义女性主义思想区分开来，并非不可能，但实际进行时却相当困难。这些年来我已确信，这两个思想流派的差异更多的是在重点不同，而不是在内容实质的不一样"[21]，然而关于女性主义的马克思主义和马克思主义的女性主义二者最根本的区别就是研究视角和立场不同，女性主义的马克思主义是采用性别分析方法或女性主义的精神分析方法，但是在政治立场上其首先是一个马克思主义者，持有马克思主义阶级革命的立场；而马克思主义女性主义是采用历史唯物主义的方法分析性别问题或有可能谈及阶级压迫和性别压迫，但是在政治立场上其首先是一个女性主义者，这就是二者最根本的区别。笔者在这里选取的就是后者——马克思主义女性主义。

然而对于马克思主义女性主义的界定国内学者说法不一，概括起来有以下几个观点。第一，女性学者杜洁指出：马克思主义女性主义"以马克思主义理论为基础，对马克思列宁主义以后的妇女问题给出马克思主义的回答"。它用"历史唯物主义观点解释妇女的从属地位及所受的压迫"，并把关注点放在妇女的工作以及妇女对历史、社会的贡献上。[22]第二，李银河在《女性权利的崛起》中并没有完全定义马克思主义女性主义的含义，她是把社会主义女性主义和马克思主义女性主义做了个简单的比较，从而我们从中提炼出关于马克思主义女性主义的观点。她指出"社会主义女权主义与马克思女权主义比较接近，因而常有人把这两个理论流派列在一起。然而，相比之下，社会主义女权主义经济决定的因素较少，虽然它不否认妇女解放同社会主义的目标一致。此外，与马克思女权主义所坚持的阶级压迫是更基本的压迫形式不同，社会主义女权主义认为男权的压迫同阶级压迫一样重要，二者都是最基本的压迫形式"[23]。第三，艾晓明在《女性主义思潮导论》中概括了马克思主义女性主义，"马克思主义的女性主义者直接师承了马克思、恩格斯和其他 19 世纪思想家；她们也倾向于认同妇女受压迫的终极原因是阶级歧视，而不是性别歧视，并且认为妇女受压迫并不是个人蓄意行动的结果，而是个人生活于其中的政治、社会和经济制度的产物。"[24]第四，戴雪红在《女性主义对资本主义的批判：立场、观点和方法》中把社会主义女性主义和马克思主义女性主义等同起来，认为二者的概念是模糊的。她指出："马克思主义女性主义是继承了马克思主义，用马克思主义的阶级分析方法来对性别压迫进行研究，它赞同马克思用阶级来看问题并且发展了马克思重视实践的传统，提倡理论和实践相结合。"[25]

马克思主义女性主义是在审视马克思主义的基础上产生的。早期的马克思主义女性主义是以马克思主义的经济决定论和阶级压迫为唯一标准来分析女性受压迫的根源，与马克思主义的妇女理论有一定的相似之处，但是研究的侧重点不同，前者是把妇女解放置于人类解放中的一个次要地位，后者是把女性的解放置于社会发展的主流层面，其目标直接指向妇女解放，而且把马克思主义关于经济决定论、异化理论、两种再生产理论运用于家务劳动和劳动市场中，从而构建了关于家务劳动的价值理论和劳动力市场的性别分工体系理论。如波伏娃（Simon de Beauvoir）于 1949 年在法国出版的《第二性》。她首先从生物学的角度探讨了雌雄两性的性生活，驳斥了将女性等同于子宫或卵巢的本质主义观；接着，又介绍了精神分析学的妇女观，质疑了弗洛伊德的恋父情结，指出他的观点是以男性为中心的"性一元"论，是必须进行批判的；而后，她考察了恩格斯在《家庭、私有制和国家的起源》中关于妇女的论述，肯定了马克思主义对妇女发展理论做的贡献，但是她也指出了马克思主义妇女理论的局限性"经济一元论"等相关理论；最后她提出"身体、性生活以及技术资源，只有从人的生存的全方位去认识，对他才是具体存在"的观点，构建了不但是经济人而且是社会人的女性形象。这之后就开辟了马克思主义女性主义的学说观点。

继波伏娃之后，在 1975 年另一位马克思主义女性主义学者盖尔·卢宾（Gayle Rubin）在其著作《走向妇女人类学》中对马克思主义政治经济学、弗洛伊德（Sigmund Freud）精神分析学和列维·施特劳斯（Claude Levis Strauss）的结构人类学进行了审视，在借鉴这三大理论的基础上，提出了"性/性别制度"这个重要的观点。在这个观点中，她认为男人通过交换女人进行联姻而扩大家庭势力则女人成了牺牲品。她指出"经济和政治的分析如果不考虑妇女、婚姻和性文化，那是不全面的"，所以要解放妇女，须用文化革命的方式改造人类的性别制度，解决社会再生产领域的分工，让男女双方共同承担养儿育女的工作。以上两位是古典马克思主义女性主义代表的观点。

随着马克思主义女性主义在欧洲的发展很多后来发展起来的马克思主义女性主义学者开始批判早期学者的观点。她们摒弃了正统的马克思主义政治经济学家机械接过马克思、恩格斯关于资本主义性质论述的做法，挑战了马克思主义关于生产、再生产理论和阶级关系的论述，进一步丰富和发展了马克思主义理论。她们的主要贡献就是认为资本主义制度的建立和发展除了要靠公共的"家外劳动"之外还要靠妇女的"家内劳动"的支持，认为"家内劳动"应该社会化。家庭劳动和市场劳动是密切相关的。

这一时期的马克思主义女性主义的主要代表人物是玛格丽特·沃斯通（MaryWallstone Craft）。她于 1969 年在《妇女解放的政治经济学》中应用了马克思关于经济的概念，并且借用马克思主义生产和再生产等理论，把家务劳动定义为生产的一种形式，这在马克思主义女性主义者内部激起了一场长达十年的"家务劳动"的争议。这场论战揭示了被忽视的家务劳动的经济价值并揭露了妇女在经济上处于弱势地位的关键以及把妇女作为劳动力后备军的特殊意义。马克思主义女性主义者查尼·盖尔泰（Charnie Guettel）认为，妇女的从属地位是剥削制度的结果，一旦家务劳动及照顾孩子的工作社会化，两性不平等的物质基础就会消失。以上是对马克思主义女性主义的一个发展过程的展示。

综上所述，将以上几个学者的观点概括起来，笔者认为，马克思主义女性主义就是兴起于 20 世纪 60 年代末的西方女权主义中的一个重要派别，它借鉴马克思的历史唯物主义、阶级、异化等概念分析妇女受压迫的原因，进而对资本主义对妇女的压迫进行抨击，并且还延续和发展了马克思主义经济政治理论的一些概念，例如再生产等相关理论把它运用到家务劳动这个概念上，重新审视了"家务劳动"。认为家务劳动应该社会化并且等同于所谓的阶级工人的劳动，强调了家务劳动的重要性，肯定了妇女在家庭和社会中的重要地位。它不仅丰富了马克思主义关于妇女解放的理论，同时也促进了女权主义自身的理论发展。我们通过上述两大马克思主义女性主义体系和国内学者对马克思主义女性主义的不同界定可以看到她们都有共同的特征，具体表现在以下几个方面：首先，她们认为女权运动与社会主义有必然的联系。妇女运动曾经为社会主义运动做出过巨大的贡献，马克思和恩格斯也曾对妇女运动予以很高的评价。马克思的科学社会主义曾经积极地肯定妇女的地位和妇女运动的伟大作用，并为她们指明了革命的任务。马克思主义女性主义具有二重性，它既可以说是一种女权主义思潮，也可以说是一种社会主义思潮。其次，马克思主义女性主义思潮是一种以女性为主体的思潮，具有明显的性别倾向。它作为一种女性的思潮，不仅在思想观点上代表着女性的利益并为妇女争取权利，而且持有这种观点的人也大多数是女性。因此，女性主义是一种妇女自己的思潮和运动。从现实中可以看到，包括马克思主义女性主义在内的女权主义思潮的主要代表人物都是女性作家、学者和活动家。再次，马克思主义女性主义既是一种理论思潮或流派，也是一种现实的妇女运动。它产生于新女权运动之中，并作为该运动的一种理论而对运动起着推动作用。马克思主义女性主义的代表人物虽然多是一些知识女性和学者，她们从不同的方面和角度对妇女问题进行学术研究，但她们同时也往往是活跃的社会活动家，积极倡导和参与妇女争取自身权利的活动。因此，不能仅仅从思想理论的角度来考察这一思潮，而必须与当时的妇女运动联系起来加以考察。无论我们怎样用不同的方法去界定，我们都不能否认的是马克思主义女性主义是为了继承和发展马克思主义理论，并且为当代的马克思主义女性主义提供了珍贵的材料和实际策略。

二、马克思主义妇女理论与马克思主义女性主义之异同

这将是本文所要阐述的重点之所在。马克思主义妇女理论和马克思主义女性主义二者既有联系又有区别。由于二者有很多细微差异和共性，本文将以主要的观点作为比较研究。

（一）马克思主义妇女理论与马克思主义女性主义的异质性

马克思主义妇女理论与马克思主义女性主义二者都是以马克思主义为理论基石，但是二者在许多方面是有区别的。正如舒拉米斯·费尔斯通（Shulamith Firestone）所言，"一切历史事件的最终原因和最大动力都在于两性的辩证的关系，因此必须发展一种以对两性间问题的认识为基础的历史唯物主义学说。即发展出一个历史唯物主义的女性主义阐释，其中，作为中心概念的是性的阶级而不是经济的阶级"，此观点就明确指出了马克思主义女性主义和马克思主义妇女理论之间的本质区别，即马克思主义妇女理论是运用了马克思主义的阶级来看妇女问题，而马克思主义女性主义是加入了性别的视角来看待妇女问题。

1. 理论关怀不同

既然二者都是以马克思主义为理论基石，所以我们应先了解马克思主义所产生的时代背景，看看三者之间的关系。

马克思主义的产生背景主要是资本主义经济危机的到来致使社会经济动荡，无产阶级在受到严重压迫的情况下找不到出路，缺乏革命的理论和方向，不能形成一支富有战斗力的队伍，因此他们迫切需要理论指导。马克思主义在这样的前提下，为无产阶级指明了方向，从而根本改变了无产阶级始终难以担当历史重任的严峻现实，也从根本上改变了资本主义的绝对统治。马克思主义对资本主义的分析成为女性主义批判资本主义的理论支柱，这是因为马克思主义"敢于正视有组织的社会统治并且认为阶级是真实存在的。它既批判了认为社会不公正是必然的和延续性的观点，又为变革的必要性和可能性提供了理论支持"。

马克思主义妇女理论是近代无产阶级革命和妇女解放运动的产物。19世纪初欧洲资产阶级取得了统治地位，它不但没有使人们走出贫困反而更加剥削人民，使得人们不得不起来反抗，以至于发生了后来的宪章运动、西里西亚工人起义等。正是在这样的背景下，马克思、恩格斯开始力图解开资本主义的面纱，试图找到解放全人类的道路。他们编写了很多著作，在这些著作中他们从不同的角度，用辩证唯物主义和历史唯物主义的研究方法阐述了妇女受歧视受压迫的根源、妇女解放的途径和道路。为马克思主义妇女理论的发展提供了客观的历史条件。

而马克思主义女性主义产生于 20 世纪 60 年代第二次妇女解放运动的

浪潮。它不仅是对马克思主义妇女理论的继承和发展，更多的是对它的挑战和质疑。随着"二战"结束，男人们从战场上归来，妇女们从社会回归到了家庭。贝蒂·弗利丹（Betty Friedan）在《女性的奥秘》一书中写到"妇女做个好家庭主妇是世界上一切工作中最重要的"。全力以赴地塑造起一个以结婚生子为唯一生活目的和幸福源泉的快乐主妇形象，这就是当时的社会背景所影响下的主流思想，而马克思主义女性主义也是在这样的背景下产生的，因此它更多强调的是家务劳动是女性受束缚的原因之一。

2. 代表阶层不同

马克思主义妇女理论所代表的是劳动阶级，尤其是受阶级压迫的劳动妇女。正如马克思在《资本论》所描写的："因为工厂所拥有的技术基础，即用机器代替肌肉力，在现代工场手工业中大多是不存在的；同时，在现代工场手工业中，女工或儿童的身体被丧尽天良地置于毒物等等的侵害之下。"[26] 所以马克思主义妇女理论和马克思主义一样要消灭阶级，这个阶级中就包含女性劳动阶级；而马克思主义女性主义代表的是白人上层阶级女性不是马克思主义妇女理论下那种被资产阶级压迫、剥削的妇女劳动阶级。由于当时是第二次女性主义思潮时期，女性渐渐回归到了家庭已不再受资本主义的剥削，她们所争取的就是和男人平等的权利等等，《女性的奥秘》中所调查的女性都是白人上层的"奥秘"，她们只是希望通过改良而不是彻底的革命来改变自己的命运。

3. 研究视角不同

二者虽然都是以马克思主义理论为研究基础，但是二者的研究视角是不同的。马克思主义妇女理论是从阶级的视角来看待妇女解放的问题。马克思主义妇女理论沿袭了马克思主义的阶级的观点，由于分工和私有制的产生使得社会逐渐分裂为两个对立阶级：剥削者和被剥削者，然而妇女就处于被剥削中的一部分。在原始社会由于阶级对立就使女性成了男性的工具，正如恩格斯指出的那样："母权制的被推翻，乃是女性的具有世界历史意义的失败。丈夫在家中也掌握了权柄，而妻子则被贬低、被奴役，变成丈夫淫欲的工具，变成单纯的生孩子的工具了。"[27] 所以女性要想获得解放，马克思主义妇女理论认为必须要推翻阶级压迫。

马克思主义女性主义是从性别的角度来研究女性。由于它是有女性主义结合了马克思主义，所以她必然是站在女性的立场来说话，而当时的女性主义已经看到了性别的不同必然会导致女性屈从于男性的地位。与马克思主义妇女理论不同，马克思主义女性主义拒绝把性别问题放在次要的位置。正如海蒂·哈特曼（Heidi Hartman）在《马克思主义与女性主义的不幸婚姻》中所阐述的那样："虽然马克思主义的分析为历史发展规律做了本质性的深入分析，尤其是有关资本主义的那部分，但是马克思主义的范畴却无视性别。只有在一种女性主义的专门分析中，才能揭示男女关系的系统特征。"[28]这就足以说明马克思主义女性主义是从性别的立场来研究女性。

4. 妇女受压迫的根源不同

正是因为马克思主义妇女理论和马克思主义女性主义所研究的视角不同，一个是从阶级一个是从性别的视角，所以二者在妇女受压迫的根源上也是不相同的。马克思主义妇女理论认为，由于社会分工的发展，私有制财产的出现，使妇女被排除在社会生产之外，失去对生产的所有权，在社会关系中处于从属的地位。正如马克思、恩格斯所指出的："劳动及其产品的不平等分配，因而也产生了所有制，它的萌芽和原始状态在家庭中已经出现，在那里妻子和孩子是丈夫的奴隶。"[29]并且随着私有制和阶级压迫的产生，剥削阶级的男子占有了大部分的私有财产，掌握了社会上的一切权利，形成了以男性为中心的社会，而造成这种现象正是由于他们占了私有财产。恩格斯指出："这就使丈夫占据一种无需有任何特别的法律特权的统治地位，在家庭中，丈夫是资产者，妻子则相当于无产阶级。"[30]

而马克思主义女性主义则是认为父权制是妇女受压迫的根源，并且它力图从父权制和资本主义的关系中来看女性的压迫问题。在《资本主义、父权制与性别分工》中它提供了一种"唯物主义的父权制和唯物主义的资本主义观"的二元制理论。它认为，父权制是现实生活社会关系中根植于再生产中的具有物质基础的制度，资本主义是根植于生产方式的具有物质基础的制度。一方面是男性联合起来保护自己的利益，限制女性就业；另一方面，资本主义也从女性置身于家务中得到好处。所以马克思主义女性主义是从父权制和资本主义来看待妇女受压迫的。

我们在看到二者的差异性的同时还应该更多看到二者的联系。

（二）马克思主义妇女理论与马克思主义女性主义的同质性

马克思主义妇女理论和马克思主义女性主义都是以马克思主义为理论根源，所以二者必然会有共同性和联系性。就像激进女性主义者盖尔·卢宾指出："如果不了解女权主义第二次浪潮与新左派政治、马克思主义理论框架之间既亲密又冲突的关系，就难以理解女权主义第二次浪潮。马克思主义理论在女权主义那里得到了继承和发展，女权主义思想也承袭了大量的马克思主义的精髓。"[31]

1. 研究对象的一致性

马克思主义妇女理论和马克思主义女性主义都是把女性作为自己研究的对象，并且都关注女性问题。马克思主义妇女解放理论与马克思主义女性主义理论所研究的问题都是关于妇女解放的条件、目的等问题，所服务的对象都是占人类一半的妇女。马克思主义的创始人马克思和恩格斯当年都非常重视妇女运动的发展，并科学评价了妇女的历史地位，马克思曾经有过这样一句名言："没有妇女的酵素就不可能有伟大的社会变革，社会的进步可用女性的社会地位来衡量。"恩格斯在《英国工人阶级状况》一文中，曾饱含激情地描述了当年女工的悲惨生活，在《家庭、私有制与国家的起源》中，他又从人类发展史、社会发展史的角度分析了妇女地位的历史变迁，妇女受压迫的根源与妇女解放的条件。马克思主义女性主义理论研究的问题也是这样。它研究、探讨关于妇女解放、男女平等、妇女参政、受教育等一系列与女性密切相关的问题，为广大女性争取解放提供服务。

2. 对家务劳动的看法相同

在家务劳动问题上，马克思主义妇女理论认为，家务劳动在古代的氏族公社时期属于社会劳动，生产力发展到一定阶段以后，产生了家庭和私有制，家务劳动就变成了妇女在家庭内的工作。在恩格斯的《家庭、私有制和国家的起源》一书中说："如果她们仍然旅行自己对家庭中的私人的服务的义务，那么她们仍然被排除在公共的生产之外，而不能有什么收入了；如果她们愿意参加公共的事业而有独立的收入，那么她们就不能履行家庭中的义务。"所以恩格斯最后说道："妇女解放的第一个先决条件就是一切女性重新回到公共劳动中去。"

而马克思主义女性主义把家务劳动定义为生产的一种形式，认为家务劳动不但创造了使用价值，而且还创造了剩余价值；无偿的家务劳动构成了妇女被压迫的物质基础。她们认为家务劳动应具有社会属性，肯定了家务劳动的价值，这就为提高妇女的家庭地位和为男女平分家务劳动提供了理论的基础。马克思主义女性主义不像恩格斯那么否定家务劳动，而是希望通过对家务的重视使它变得有价值，这样也就提高了女性的地位。

二者都肯定了家务劳动的价值所在并都鼓励女性放下手中的家务到社会上去创造自己的价值并能在此过程中不断地肯定自己、认可自己。

3. 终极目标的一致性

马克思主义妇女理论和马克思主义女性主义的终极目标都是为了解放妇女，是妇女的全面、自由的发展。恩格斯在《共产党宣言》1883年德文版序言中指出："被剥削的被压迫的阶级，如果不同时使整个社会永远摆脱剥削、压迫和阶级斗争，就不能使自己从剥削它压迫它的那个阶级下解放出来。"[32]无产阶级正是基于这样的思想把妇女解放写入了自己的纲领。马克思主义妇女理论由于受马克思主义影响，所以她们也认为人的全面解放内在蕴含着女性解放的价值诉求，也就是说马克思主义所追求的是"人的全面自由发展"，而在这之中就包含了女性的解放，除了是马克思主义的终极目标也是马克思主义妇女理论的终极目标。而马克思主义女性主义更是如此，她们力图致力于女性从性别的压迫中走出来，从家务劳动的束缚中走出来，走向公共领域，去创造自己的价值。

4. 解放妇女的前提一致

马克思主义妇女理论和马克思主义女性主义都认为妇女走向社会参加生产劳动是妇女解放的必要前提。恩格斯指出："妇女解放的第一个先决条件就是一切女性重新回到公共事业中去；而要达到这一点，就要消除个体家庭作为社会的经济单位的属性。"[33]还有"妇女的解放，只有在妇女可以大量地、社会大规模地参加生产，而家务劳动只占她们极少的功夫的时候，才有可能。而这只有依靠现代化大工业才能办到。现代化大工业不仅容许大量的妇女劳动，而且迫切需要这样的劳动，并且它还力求把私人的家务劳动逐渐融化在公共事业中"[34]；马克思主义女性主义也是认为，妇女走向社会、参与社会、争取参政、就业等权利是争取妇女解放的必要条件。"马克思主义女权主义认为，在阶级社会，只有少数中产阶级妇女才能得益于自由女权主义所倡导的各种权利，大多数妇女被解放的先决条件是妇女参加社会劳动，而妇女参加社会生产劳动的前提是家务社会劳动化……妇女的解放只有妇女在大量的参加社会规模的生产才有可能实现妇女的解放。"[35]

三、马克思主义妇女理论与马克思主义女性主义对当代妇女发展的指导意义

在新的时代研究马克思主义妇女理论和马克思主义女性主义理论具有更迫切的理论和现实意义。首先，二者都丰富了马克思主义的理论体系。马克思在论述其学说的时候，虽然强调经济理论的建构，但并没有忽视对妇女理论的建构，而是把妇女的解放融入无产阶级解放进程中；马克思主义女性也如此，把马克思主义理论更多运用到分析性别的问题上来。其次，二者不但为社会性别理论提供思想资源，也为女权主义理论提供理论借鉴。我们说马克思主义妇女理论更多是强调经济的作用外，社会性别也是另一个关键的原因，提供了一种不可或缺的视角。最后，二者对当代中国妇女的发展具有指导的意义。在西方女权主义理论和思潮风起云涌的时代里，中国作为发展中国家，更加重视男女平等和妇女发展，并且要结合中国的实情来发展。只有理论不断地发展和完善，才能更好地指导现实中的妇女工作，有效地解决不同层次妇女的生存和发展问题。但是我们在肯定的同时也不能否认二者所存在的局限性。

马克思主义妇女理论认为全人类的解放必然带来妇女的解放，但是我们不能否认的是它的实践是片面的。马克思、恩格斯对妇女命运的关注是站在消灭资产阶级、建立社会主义和实现共产主义的角度上的。但是，它忽视了一点，那就是人类的解放未必带来妇女的解放，人类的解放只是女性解放的必要条件，而不是充分条件。因此，妇女解放不但需要阶级分析、经济分析的视角，更多的是需要社会性别和其他分析理论的分析视角。

马克思主义女性主义的局限性在于它很少谈及性别压迫，更多地关注资本对作为工人的女性的压迫，忽视男性对女性的压迫。而且它对家庭的概念过于的简单化，认为家庭是私有制的产物，是以牺牲女性的代价进行劳动力再生产的场所。然而，我们应该看到家庭还有很多的功能，如家庭营造了爱、安全、舒适的处所等。

引用《中国妇女发展纲要（2001—2010 年）》的"面对我国改革开放和现代化建设的新形势、新任务，面对经济全球化的发展趋势，我国的妇女发展必须有更高的目标和更快的前进步伐"[36]，可见，我们必须在实践中坚持和发展马克思主义妇女理论和社会性别理论，这对我们建构中国特

色社会主义妇女理论具有很深远的影响。让我们共同挑战，实现男女平等和和谐发展，实现人的自由而全面的发展。

参考文献

[1] 中华全国妇女联合会. 马克思、恩格斯、列宁、斯大林论妇女 [M]. 北京：中国妇女出版社，1990：21.

[2] 马克思. 1844 年经济哲学手稿 [M]. 北京：人民出版社，1985：80.

[3] 马克思，恩格斯. 马克思恩格斯选集（第二卷）[M]. 北京：人民出版社，1995：105.

[4] 马克思，恩格斯. 马克思恩格斯选集（第四卷）[M]. 北京：人民出版社，1995：586.

[5] 同 [4]，162.

[6] 同 [4]，72.

[7] 奥古斯特·倍倍尔. 妇女与社会主义 [M]. 北京：中央编译出版社，1995：149.

[8] 同 [7]，120.

[9] 同 [7]，504.

[10] 同 [1]，169.

[11] 同 [1]，356.

[12] 同 [1]，361—362.

[13] 同 [4]，54.

[14] 同 [7]，25.

[15] 同 [4]，274.

[16] 同 [4]，102.

[17] 同 [3]，33.

[18] 同 [4]，2.

[19] 同 [7]，156.

[20] 毛泽东. 毛泽东文集 [M]. 北京：人民出版社，1999：458.

[21] 罗斯玛丽·帕特南·童. 女性主义思潮导论 [M]. 艾晓明，等，译. 武汉：华中师范大学出版社，2000：141.

[22] 杜洁. 西方马克思主义女性主义 [J]. 妇女研究论丛，1997（4）.

[23] 李银河. 女性权利的崛起 [M]. 北京：文化艺术出版社，2000：102.

[24] 同 [21]，141.

[25] 戴雪红. 女性主义对资本主义的批判：立场、观点和方法 [M]. 北京：光

明日报出版社，2010：146—150.

　　［26］仝华，康沛竹. 马克思主义妇女理论发展史［M］. 北京：北京大学出版社，2004：80—81.

　　［27］马克思，恩格斯. 马克思恩格斯选集（第一卷）［M］. 北京：人民出版社，326.

　　［28］同［4］，54.

　　［29］秦美珠. 女性主义与马克思主义的婚姻幸福吗？——关于西方女性主义与马克思主义结合的反思［J］. 学术交流，2009（4）.

　　［30］同［1］，36.

　　［31］同［4］，72.

　　［32］许诺. 盖尔·卢宾的女性主义——关于"女人交易：'性的政治经济学'"初探［J］. 南方文坛，2001（2）.

　　［33］同［27］，252.

　　［34］同［4］，72.

　　［35］同［4］，162.

理解中国的性别文化： 和谐、 自我和性别分层

苑莉均①

摘　要：本研究试图澄清儒学自我的概念是否有助于女性主义的性别平等观：一般认为因为儒学拥有对社会和谐和等级制度深厚的承诺，不包容平等的社会理想和平民参政，特别是性别平等参政。本文将探讨在关注自我的儒学概念里如何可以丰富女性主义的互惠观念和自我 – 他者关系的概念，以及女性主义的关怀与正义概念如何能克服儒学的排斥妇女。该文将对两种传统的比较研究做出有意义的发掘。

关键词：儒学的自我和互惠；女性主义的自我 – 他者观念；性别平等；权力和关系；和谐

一、导言

儒学文化和女性主义关怀伦理学都强调人们的相互依存和社会定位，仁和关怀，分别作为其道德理论的最根本的价值。双方认为，作为理论和实践的关怀概念可以扩展到公共领域来完成其承诺的所有的人都需要关怀的社会任务。不过，两个理论也有着明显的历史和概念之间的差异。本研究试图澄清儒学自我的概念是否有助于女性主义的性别平等观：一般认为因为儒学拥有对社会和谐和等级制度深厚的承诺，不包容平等的社会理想和平民参政，特别是性别平等参政。本文将探讨在关注自我的儒学概念里如何可以丰富女性主义互惠观念和自我 – 他者关系的概念。该文将对两种传统的比较研究作出有意义的发掘。

儒学传统的复兴向中国女性主义思想家提出了新的挑战。儒学可以帮助妇女实现其社会平等理想？什么是寻求一种平等的社会理想？鉴于当前

① 苑莉均，女，副教授，得克萨斯州立大学哲学系，主要研究中西方伦理学，女性主义哲学等。

中国经济发展越来越出现性别差距，中国妇女的希望何在？作者认为，儒学若有帮助，必须与女性主义结合起来。两者之间的比较反思呈现为迫切需要。有学者指出，农村/城市二分法和收入差距呼应了传统儒文化中统治与被统治者之间的区别，所谓劳心者治人，劳力者治于人[1]。十年"文革"、知青下乡的毛主义试验旨在扭转儒家秩序却以国家的失败告终。儒学再次出现在后毛泽东的现代化，并已重新发展为人文素质的自我发展概念。这一概念强调人的关系和互惠，仁义礼智信和道德自我修养，家庭和睦和社会和谐。事实看来，性别、贫富差距和不公正并非和谐。真实的和谐如何追求？这是中国本土女性主义面对的课题。

本研究将探讨三个论辩，探讨自我概念——儒家的互惠的、关系性自我和女性主义的互惠的观念——如何影响性别公正和平等的社会理想的追求，通过比较研究两个观点对妇女平等追求的促进而理解儒学的潜在积极因素。这三个论辩的讨论必须强调几个重要原则：人与人关系中的权利要素不能忽略；男权制度下性别差异的规范化和机制性；传统性角色论的僵化和偏见；鉴于以上三点，所谓性中立的道德伦理观在现实条件中很难成立。

首先，一个多元文化、学科交叉的和注重情境的方法应作为向导。后现代主义对本质主义的批评提醒我们对男人和女人做泛化概括的危险；其危险就在于泛化结论会排斥无权无势的群体，被压迫的和残疾的人群。考虑男性与女性之间的合作伙伴关系时，我们必须知道是谁和谁仍然获得优先于弱势群体的利益，这一思考的重点是权力功能。没有权力思考的社会现象研究是不完整的。在考虑自我和互惠、男女平等问题的泛化时应当澄清妇女之间的重要差异，不同的妇女在自我实现和他人的关系的平衡中有很多差异。

其次，当今世界性别平等问题已呈现更加复杂和错综。贫困女性化现象在中国很明显，鼓励妇女回家，履行儒学的传统性别角色实现，女性气质的文化表征等肯定会影响妇女的政治权威，并在经济竞争能力的市场就业中败退。政治、经济、文化这三个要素结合在一起，反过来影响妇女不如男人的传统看法和意识形态。作者则认为，性别角色伦理不能脱离女性主义对政治权力的关注，这个根本性的重视揭示了贫困女性化现象的原因。

最后，关于对性/性别平等的政治和伦理方面的考虑之间的联系。儒学的捍卫者的自我概念解释为男性和女性的普遍性，互惠是一种自我修养特征。但是有一个前提条件是实现自我的政治权威，或者说，"个人的就是政治的"[2]。没有政治权力，妇女无法建立权威发展自己的需要和利益。权威阶层倾向于沉默妇女的声音，如果这些声音与当政者的目标相冲突。儒家思想的核心"仁"与"互惠"表达了理想的人类五种主要关系与和谐，但因为没有代表弱势群体声音和对妇女声音的排除使得实际执行时不可能实现和谐。

本文最后将探讨如何在儒学自我的概念上克服它的妇女排除。儒学最早总结了人类美德——仁的重要性：人的最重要的美德是仁，在任何时候都要遵守。如果对妇女的解放和平等认同，仍然在遵循仁德。仁和礼、忠和恕（同情的理解或宽恕）不应该是相互排斥的，而是和谐合作。仁的至高无上将不允许妇女只受命于屈从，但儒学的互惠理想又如何应对性别公正论的挑战而克服排斥妇女。下列的论辩和原则试图回答这些综述的问题。

二、儒学的自我和互惠与女性主义的质疑

《论语》论及做人的基本德行，"子曰，入则孝，出则悌，谨而信，汎爱众，而亲仁。行有余力，则以学文"。杨伯峻注解说："后生小子，在父母跟前，就孝顺父母；离开自己房子，便敬爱兄长；寡言少语，说则诚实可信，博爱大众，亲近有仁德的人。这样躬行实践之后，有剩余力量，就再去学习文献。"[3]克林评论说，这一孝悌和敬爱的仁德发展为超越家庭关系、对社会负有的责任感；他论证，仁作为人格完美的最高修养状态可与罗尔斯的公平正义感相毗邻[4]。早期的孔孟哲学或儒学提倡仁、义、礼、信、智；以仁或博爱至上，礼为根基，孝为前提。在家孝敬父母和在外忠信同事和首领是一致的，对博爱的认同即为对人际关系的理解同情："以己不欲，勿施于人"这个心理原则在《论语》中多次反复地强调和解析。儒学认为自我依存在人类的五大关系（君臣、父子、夫妇、兄弟和朋友）的互动之中，没有家庭和社群的互动和谐也就没有这一关系中的自我；"君君，臣臣，父父，子子"[5]。这一体现社会等级制的和谐关系成为社会安定和巩固发展的基础，对古代奴隶制的瓦解和封建制度的创立具有积极的意义。当然，以孝道的伦理理论建构而成的家族国家化或国家家族化走

向极端就会陷入困境。

朱岚对封建孝道的神圣化和神秘化作了揭示：董仲舒的《春秋繁露》以天地阴阳五行比附孝道，"如以天尊地卑论证君、父、夫尊，而臣，子，妻卑"[6]；董从神学角度对"三纲五常"作了全面、系统的论述，三纲指君为臣纲，父为子纲，夫为妻纲；五常指五伦关系，君臣、父子、夫妇、兄弟和朋友这五种人与人关系是人生中不能逃避的，因而必须去积极履行和调整。五常将五伦关系视为理想的和长久的，而个人必须对自己的位分尽义务，不管尽义的对象怎样，都不能改变尽义的原则。这是单方面的道德义务，"即，为人子止于孝，为人臣止于忠"[7]。儒学的孝、礼、仁经董仲舒的理论发展，变成绝对的道德范畴，一种理想的，绝对的道德律令。但这不过是一种外在的强制性的社会规范。绝对律令的孝道和《礼记》中规定的女子的三从四德形成互相的呼应和神秘的证明。显而易见，传统的只针对妇女的三从四德必然导向对妇女的压迫和歧视，与此同时强化了男性特有的权力优势。另一方面，压制妇女的必然结果似乎和早期的仁慈博爱的互惠或中立的道德原理并不符合。很多中外学者对这个问题忧心忡忡而不能回避：早在19世纪初五四时期，胡适正确地指出贞操问题所反映的道德偏颇：认为贞操问题是只针对女子的道德。这是"责人不责己的偏颇"[8]；他提出这与孔子所倡导的"以己不欲，勿施于人"的圣人之道并不相符合[9]。胡适指出的圣人之道隐含着孔子哲学本身不是单一的男性伦理观；尽管如此，胡适当时没有对此观点深入探究。

美国的儒学学者艾麦斯（Roger T. Ames）和豪尔（David Hall）在《逝者的民主：杜威和孔夫子》一书里强调儒学的互惠原则可提供关于性别平等的见解。他们认为，平等应指向素质而非量质，即指自我的道德修养或和人的复杂的社会角色相一致。他们批评个体论的平等追求量的平等；而儒学的平等观寻求关系的性质和长久的互惠："集体性质的施益者和受益者的角色随着时间而调整；因而儒学可给与重要的、大部分尚未使用过的克服性别不平等的文献资料。"[10]然而看不到很强的证据来支持这一结论。似乎相同的见解出现在女性主义关怀伦理学的著述里。凯蒂（Eva Feder Kittay）在《爱的劳动》一书里指出，女儿对母亲的关怀不是交换的互惠，"而是一组互相依存的义务"[11]；母亲年老生病时，现在轮到女儿特殊唯一的责任来完成这些义务。凯蒂很正确地指出了我们都是某个母亲的孩子，在互相依赖的意义上我们都是平等的；因此，关怀应视作优先的价值观。在这一见解上儒学的互惠和女性主义的关怀互惠是一致的，即都强调人与人的互相依赖关系和关爱的优先价值。但是，这两个视角对于社会阶层论的见解则是具有冲突的：艾麦斯和豪尔指明儒学理论中人的角色概念将不允许任何自然性的平等[12]，因而宋代的新儒学家朱熹提出"妻子要让自己屈从他人的意志，她的正直就在于不跟随自己的意志"[13]。朱熹从对"自然性的平等"的否定走到了对丈夫和妻子的意志的平等的否定。这种贬抑女子意志的性歧视显然和女性主义的反性歧视的性平等的政治承诺相对立。这里可以看出，女性主义伦理观的目的在于争取性别平等和消除性歧视以及一切形式的歧视；为了达到此目的，女性主义在从事人与人关系的研究时必须注意政治权力的关系。儒学对人与人关系的伦理研究则是理想化和不过问政治和权力性质的。但是，当深入研究两性关系与和谐发展的伦理问题时，"我们知道，两性谐调发展的丰富内涵还有待揭示，但其根本前提是男女平等则是无疑义的"[14]。男女平等的讨论必然要揭示人与人的政治和权力关系；回避政治和权力的社会现象研究只是片面和残缺不全的。

三、女性主义的自我 – 他人和互惠观

1949 年，波伏娃（Simon de Beauvoir）的《第二性》问世。全书应用丰富的历史和现实的细节分析来充实两个概念；其一是自我与他人的对立，其二是爱与支配的关系。这两个概念展示出波伏娃的中心议题，即生活在父权制社会的妇女是其他人（the other）。她不是与生俱在的，而是社会塑造的妇女。这一议题成为20世纪后半期西方女性主义的最基本的讨论和经典问题。波伏娃的哲学特征就在于她的伦理定位，定位在对妇女从属状况的分析。她所创造的妇女作为其他人的概念成为女性主义理论的核心因素。这一概念是从分析萨特的存在主义个体自由选择哲学而创立的。

萨特论证说每个人都在完全自由地对自我做选择和完成这些选择：虽然不存在人的本质，我们却绝对自由地创造着自我并对自己所创造的一切承担责任，所以说我们都是主体，是自己生活的作者；当一人经验了自己正被他人盯看的时候，此人就意识到别人也是自由的[15]；照此说来，每个人的自由在被作为对象盯看时受到威胁，而通过意识到别人也会作为对象被盯看，这一威胁便消解了。波伏娃总结这是"建立一个互惠的要求"[16]

波伏娃注意到妇女不能造出这些互惠的要求[17]；其原因是，男人倾向于将女人对象化，而女人反过来不把男人对象化，相反地却接受了和内在化了男人的观点，即女人是由身体和不变的品行定义的。因此，男人是规范而女人成了非主体的他者；成为他者具有三个方面：其一是妇女大部分时间用于生育和养育后代，而男人忙碌于捕猎，男人创造价值而被女人所接受；其二是当女人接受男人造出的对象化观点时，女人就允许此观点流行于西方文化，而作为对象化的女人也就不去实施选择的自由了；其三是假如女人实施选择的自由，她们会被判定违反妇女的本质而遭男人的愤恨，因此女人为了受益最好是和男人的观点相勾结。很显然"这里，波伏娃将压迫定义为被欺骗和被诱惑而不实施自己的自由"[18]缺失了"互惠的要求"就是妇女受压迫的根源。

波伏娃的上述自由概念与萨特的自由观显然不同，雷诺尔德（Jack Reynolds）解释这一差别就在于波伏娃一方面承认本体论或绝对的自由，但也考虑实践的自由：假如妇女长时期丧失实践的自由而不能构思世界中的变化，这个事实会撞击她们的本体论的自由，"换句话说，假如长期经受压迫，人们的本体论的自由实际上被修改和消减了"[19]。波伏娃创造性地发现了妇女丧失互惠的根本原因在于社会构成性的对女子的压迫，但她还揭示出妇女对自身的受压迫也有一部分责任。

波伏娃帮助我们澄清妇女通过互惠可能受到压迫。本文认为儒学的互惠概念对男子和女子具有不同的意义，对所有人特别是受压迫和弱势群体来说也不是相同的规则[20]。接下来的问题是：我们是否需要抛弃儒学的以社群成员的互相依赖性为基础的互惠伦理原则？回答当然是否定的。《关怀伦理学》一书的作者赫尔德（Virginia Held）指出："关怀关系需要相互性，而培养相互性的方式是在人类生活相互依存的各种背景之中。注意相互依存、而不是唯一的或主要是思想方面的独立的个人和他们的个人情况，是关怀伦理学的一个核心方面。关心之人将在相互依赖的个人、政治、经济和全球的背景中培养相互依存性。"[21]这里可看到，女性主义和儒学的伦理学互相给力，强调了关系的自我之精髓，以及理想化的无强制或压迫的自我——他者关系概念。《论语》："子绝四——毋意，毋必，毋固，毋我。"注释说孔子一点也没有毛病——不悬空揣侧，不绝对肯定，不拘泥固执，不唯我独是[22]。这说明孔子的心扉是敞开的；他不会允许严厉的性歧视或压迫妇女观。

尽管《论语》说明孔子的治学态度和早期儒学的自我、互惠概念的开放性，这并不能进一步说明儒学的社会角色和性角色观念可与女性主义对性角色论的立场趋向一致。艾麦斯和豪尔所谓"儒学可给与重要的、大部分尚未使用过的克服性别不平等的文献资料"缺乏支持的证据；他们给出的实例是父与子的关系：子必孝而从父，子成年之后也要求自己的儿子尽孝和屈从，如此父子关系世代延续而家族稳定社会平安；在他们看来，儿子尽孝的义务可由日后当父的优先性得到平衡，同样，中年时期的施惠者在老年时将得到回报[23]。这一观点的道理在于追求和谐，其代价是模糊了人与人关系的权力性质：他们已看到父与子在权威转换上有平衡的改变，却没有对权力功能本身做考察，或者说看不清权力和政治对社会性别差异的影响。在这方面女性主义的关怀伦理学是截然不同的。赫尔德在《关怀伦理学》一书中声明：

> 在政治和经济背景下，作为慈善和动机的关怀不能理解权力关系，它可以轻易破坏关怀的价值。在公共以及个人背景下，实际权力的差异是不可避免的，我们很深刻地认识到这一点，而不是掩盖它们背后的自由的平等虚构。但是，当我们把重点放在关系，我们可以来看看如何塑造良好的关系，以便权力的差异将不会有害，并使弱势群体赋权。良好的关怀关系不仅涉及相互承认的道德平等，并且要实践关怀，避免微妙以及公然胁迫的情况下的不尊重和不体谅[24]。

本文认为，儒学和女性主义都承诺关系的自我概念和平等的互惠观，但在是否继续分析关系的权力性质方面极为不同，特别体现在两方对性角色论的辨析立场方面。

四、性角色论与其社会权力建构

金迈尔（Michael S. Kimmel）在《性别化的社会》一书里阐述了性角色论与其社会权力建构。他从社会学的五个方面论证了两者的复杂合并。首先，性角色和其他社会角色很不一样：性角色不同于教师、姐妹或朋友等的社会角色，因为性角色更加深刻和不可改变；比如女教师和男教师在许多社会互动中很不同。看不到这些差异就会将性角色视同为其他角色而减轻了它在我们生活总体中具有的权力。其二，性角色论创造了单一化的关于女性和男性气质的规范定义；而两性气质在文化、历史上，在一种文化中的男性之间和他们的生命进程里都有所不同，单一化的规范定义是很僵化的。单一规范的定义不能对同性恋的性角色作解释，只好指出同性恋者自身有问题。单一规范的定义是错误的普遍性定义；而性角色论只解释此理论需要去解释的，忽视它不能解释的。其三，社会学家对性角色论提出批评：性角色论者是由男性来构建男性气质，男性气质指的是什么都往往参照女性气质，就是说什么不是女性的才是男性的，这样一来单一规范的定义又加上两性对立。其四，性角色论的最大问题是它将性别非政治化了：性角色概念注重个人的气质而不是社会结构；性角色论含义为"女角色"和"男角色"互为补充，即差异而"平等"，如斯塔赛（Stacey）和桑尼（Thone）指出"这些脱离政治的论述从人的经验中剥光了历史和政治的处境，而且忽视了权力和冲突的问题"[25]。科奈尔（Connell）称性角色论是"霸权"定义[26]。其五，性角色论的最终问题在于它不能正确理解社会的动态变化。社会与政治运动不仅仅扩展个人机遇以便打破性角色论的桎梏，还要重新分配社会中的权力，要求资源的重新定位和消除嵌入社会机制的不平等和性角色论的僵化成见。作者还指出：权力不是人的所属物，而是群体和社会生活的特性。作者引用阿兰特来说明这一点："权力不是个人所属物却属于一个成员共处的群体。当说到某人'有权力'时，我们指的是群体中的一些人们以行动来赋权这个人。"[27]

将权力和政治问题纳入性角色论的分析有助于澄清女性受压迫的根源，也有助于理解目前市场经济改革出现的许多相应的家庭、社会关系的变化。谭深对农村劳动力外出决策模式作了性别分析。她的问题是："中国的家族主义传统是不是固定不变？父系制下的性别分工是否是永远合理的？"[28]从调查结果发现，劳动力外出的原因很多，很难辨明是出于家庭利益最大化的决策、还是出于主体的自我决策，但可以肯定"单纯的家庭目标和经济目标并不能完全解释这种复杂性"。谭深指出："在家庭需要做'决策'时，如果没有一个平等的协商机制，有的成员的意见就会比另一些成员的更重要，这就是发生在家庭中的权力关系。"[29]中国的妇女研究者对性角色、性分工的思考同样说明权力政治概念在性别关系的研究中不可忽视。

李银河指出巴特勒（Judith Butler）在反对性别两分结构的问题方面是权威理论家：巴特勒认为"男女两性的界限是不清楚的，生理学统计表明，世界上有 6%—10% 的人天生就处在两性之间，他们的生理性别是不确定的"。李提议，"我们应当将性别问题上的立场区分为战略和策略两个层面"，也就是说，短期策略上，"强调男女两性的同一性，以争取现实生活之中两性的平等权利"；而在长期战略方向上，"逐步消除男性与女性的性别身份，保留个人的差异，为丰富多彩的个性的实现创造充分的条件"[30]。此建议对推动性别平等进程是有益的思考，也使我们加深认识对性角色或性身份论的清理的艰巨性。

孟宪范提出重新认识、重新定位家庭在国家发展中的作用。她指出："一方面，家庭的核心价值——关爱、互惠乃至牺牲需要维护。而另一方面，在嗜血的资本面前，这一价值又是极易受到损害的。"[31]这一认识与以上赫尔德的所引相似，即关怀有时在关系中会损害关怀的价值。性角色论中两性对立的关系就说明这个道理：所谓中立的互惠并不是中立的而总是有益于强权者的，家庭内的、群体内的、社会内的，或国与国之间的现实都存在着权力功能的神秘作用和影响。具体处境中的具体状况才告知真正的受损害者总是弱小无权的群体。

既然实际权力的差异是不可避免的，我们不应掩盖它们背后的自由的平等虚构；女性主义关怀伦理学在保持关怀价值的同时对权力的功能颇有认识。赫尔德引进艾伦的权利分析来深化关怀价值观。"艾米·艾伦考察了女性主义者一直在研究的三个权力概念。他们认识到权力作为资源，权力作为统治，权力作为赋权。她发现第一个是不合理的，因为它表明权力可以被占有，分配和再分配，第二和第三是不能令人满意，因为这些概念都强调只有多方面的权力关系的一个方面，而女性主义者正试图理解多方面。"[32]多方面研究权力和政治对关系的自我和互惠概念在性别关系中的渗透性影响才可能正确地分析和消除性别不平等的社会成因和现象从而趋向和谐的社会发展。

五、结论

女性主义的关怀伦理学在方法论方面根本不同于传统的西方主流派伦理理论研究：她的特点是完全承诺反对一切形式的对妇女、对少数族裔和少数民族、对残疾人群体等的所有歧视；正如 2000 年 9 月联合国妇女特别大会通过的《千年发展目标》里目标 3 所规定"促进性别平等并赋予妇女权力"[33]。她的方法论特点是反对一些隐含的本质论霸权、普遍性抽象伦理原则的和传统权威的霸权；试图多方位研究权力关系如何强化了对妇女的压迫是很艰巨的承诺，但也使妇女研究学科日益发展壮大并呈现鲜明的标志。传统的儒学伦理学远离这一鲜明的特征但孔子的仁和互惠概念与女性主义伦理学中的这些概念颇有一致的理论要点，可以互相借鉴和启发，与此同时允许进一步开发这些要点和权力功能的交错影响，以便趋向多种真实的性别平等、和谐的关系而消除一性的永恒屈从。

虽然儒学和女性主义关怀伦理学在自我观念和互惠的关系理念上可以互相学习和深化理论要点，两方对性别角色论的立场和观点有本质的不同承诺。孔子的《论语》作为儒学的基石其听众为男性和精英阶层而几乎不讨论女子的生存生计[34]。可以论定孔子的儒学基本上是排斥妇女的；孔孟之后的儒学逐渐地包括《礼记》中的专门论述妇女的三从四德，后来的三纲五常、《女诫》和《七出》等，都建立在性别不平等的僵化偏见的基础之上而导致妇女的心身受压迫的奴役状况。回到孔子的《论语》今读，如何发挥传统文化中的精髓即人与人的真诚关怀而弃其糟粕即排斥妇女对权力的挑战，这已成为妇女研究中的指导核心，而女性主义关怀伦理学和儒学相比的重要区别即在于此，就是赫尔德提出的兼顾关怀与正义或平等的方法论；离开兼顾而只讲仁爱的儒学不能帮助我们分析妇女和一切弱势群体的受压迫原因，也不会引导我们趋向和谐。总之，儒学的自我的理想主义必须融入女性主义的实际权力批评才可能应对当今全球性的日益复杂化的性别平等的社会理念。

参考文献

［1］Tamara J A. Rural Women in Urban China：Gender，Migration and Social change［M］. New York：M. E. Sharpe，Armonk，2006：5.

［2］Shaw S M，LEEJ. Women' voices；Feminist Visions ：Classic and Contemporary readings［M］. Fifth Edition，New York：McGraw Hill，2012：4.

［3］杨伯峻. 论语译注［M］. 北京：中华书局，1980：5.

［4］Cline E M. Two Senses of Justice：Confucianism，Rawls，and Comparative Political Philosophy［G］//Dao：A Journal of Comparative Philosophy. Vol NO. 4，Dec. 2007：361—381.

［5］同［3］，128.

［6］朱岚. 中国传统孝道的历史考察［M］. 台北：兰台出版公司，2003：141.

［7］同［6］，143.

［8］韩贺南. 平等与差异的双重建构——五四妇女解放思潮研究［M］. 长春：吉林大学出版社，2005：113.

［9］胡适. 胡适文选（第六辑：论贞节问题）［M］. 1986［1918］：49—50.

［10］Ames R T, Hall D. The Democracy of the Dead：Dewey, Confucius, and The Hope for Democracy in China［M］. Chicago：Open Court, 1999：198, 161.

［11］Kittay E F. Love's Labor：Essays on Women, Equality, and Dependency［M］. New York：Routledge, 1999：67.

［12］同［10］，160.

［13］Raphals L. Sharing the Light：Representation of Women and Virtue in Early China［M］. Albany：State University of New York Press, 1998：255.

［14］孟宪范. 女性的生存状况与社会心态［M］. 北京：中国社会科学出版社，2010：3.

［15］Sartre J－P. Beijing and Nothingness：An Essay on Phenomenological Ontology［M］. 1943.

［16］Reynolds J. Understanding Existentialism［M］. Stocksfield：Acumen Publishing, 2006：94.

［17］Stone A. An Introduction to Feminist Philosophy［M］. Malden MD：Polity Press, 2007：194.

［18］同［16］，194.

［19］同［16］，196.

［20］Reynolds J. Understanding Existentialism［M］. Stocksfield：Acumen Publishing, 2006：144.

［21］Yuan L. Reconceiving Women's Equality In China：A critical Examination of Models of Sex Equality［M］. Lanham, MD：Lexington Books, 2005：6.

［22］Held V. The Ethics of Care：Personal, Political, and Global［M］. New York：Oxford University Press, 2006：53.

［23］同［3］，87.

［24］同［10］，161.

［25］同［21］，56.

［26］Kimmel M S. The Gendered society［M］. 2nd ed. New York：Oxford University Press, 2004：97.

［27］同［25］，98.

［28］同［25］，96—98, 101.

［29］郑必俊，陶洁. 中国女性的过去、现在和未来［M］. 北京：北京大学出版社，2005：269.

［30］同［28］.

［31］同［14］，298—299.

［32］谭琳，孟宪范. 他们眼中的性别问题——妇女/性别研究的多学科视野［M］. 北京：社会科学文献出版社，2009：63.

［33］同［21］，150.

［34］Burn S M. Women Across Cultures：A global Perspective［M］. New York：The McGraw Hill，2011：136.

［35］同［20］，5—6.

女性学学科建设要解决的几个根本问题

于光君①

摘　要：女性学作为一门新兴学科必须要解决这样几个根本问题，一是确
立自己独特的研究对象；二是形成自己的研究方法；三是解决好
来自西方语境的女性学的本土化问题。

关键词：女性学；研究对象；研究方法；本土化

女性学有没有自己的学科范式？这是女性学学科建设与发展必须回答
的问题，如果说女性学没有学科范式，那么女性学之所以是女性学的根据
是什么？一个没有学科范式的学科怎么能得到学界认同？不得到学界认同
怎么能从学术上得到发展？没有范式的学科怎样进行教学与传承？科学哲
学家库恩认为，共同范式的形成是一个学术团体形成的标志，也是一门学
科成熟的标志，一个学者是否被学术共同体或学科专家所认可，取决于他
的学术研究所遵循的范式。如果女性学有自己的学科范式，那么女性学的
学科范式是什么？笔者认为，女性学有自己的学科范式。要解决女性学的
学科范式问题必须明确女性学的研究对象、研究方法，实现女性学真正的
本土化。

一、女性学的研究对象

关于女性学的研究对象，现有的文献资料有很多种表述，这里不一一
列举，但这些表述基本上没有摆脱传统学科的思维定势，带有很强的社会
学思维的特色，不能把女性学与社会学区分开来。笔者认为，界定女性学
的研究对象，关键是应该首先搞清楚女性主义（女权主义）与女性学的关
系。单纯从字面上就可以看出女性主义（女权主义）和女性学的区别，女

① 于光君，男，社会学博士，中华女子学院性别与社会发展学院女性学系副教
授，研究方向为社会学理论与方法、性别文化等。

性主义（女权主义）是一种运动、思想和流派，而女性学是一门学科。女性主义（女权主义）是西方妇女解放运动的产物，旨在批判父权制对女性的压迫，它的预设是男女不平等，所以颠覆性和批判性是女性主义（女权主义）的特质。女性学学科是就女性主义提出的问题进行系统科学研究的一门学科，是女性主义（女权主义）思想和流派在学术上的延伸，女性学作为一门学科应该是没有男女不平等这种预设的，但它可以通过实证研究来证实或证伪男女不平等的假设，描述现实生活中不同领域和不同条件下丰富多样的男女两性关系状况，为男女平等基本国策的实现提供实证的和理论的根据。女性学这个学科舞台上可以有女性主义，也可以有非女性主义，只有允许不同的思想和流派并存，才能真正促进女性学的发展。但人们往往不自觉地把女性主义和女性学二者等同起来，以至于把颠覆性和批判性当作是女性学的学科特质。我们不能否认女性学作为一门学科仍然有着女性主义的气质，但二者有联系不等于二者就是同一个事物。女性学在自己的学科建设中与其他相近学科是一种批判性合作与发展的关系，应该批判性地借鉴相近学科，特别是社会学的概念、理论与方法。

　　由于一些基本的理论问题没有廓清，在女性学的学科建设中也出现了一种泛女性学的现象，认为凡是关涉女性问题的都是女性学的研究问题，凡是带女字头的现象都是女性学的研究对象。其实，这是一种不太正确的认识，产生这种错误认识的原因是没有搞清女性学的研究对象，没有真正理解女性学的深刻内涵。从某种程度上说，这种认识也不利于女性学的学科建设。我们可以提出这样的问题，社会学可以研究女性群体与女性问题吗？那么社会学研究女性群体与女性问题与女性学研究女性群体与女性问题的区别在哪里？对前者的回答是肯定的，对后者的回答可能比较有难度。不能回答这个问题就不能把女性学与社会学区分开来，所以女性学必须首先回答这个问题。

　　也不能把跨学科看作是女性学的与众不同之处，女性学作为一门学科不能表述为"跨学科的学科"，因为这不符合语言的逻辑，也不符合学科的逻辑结构，而这种表述也阻碍了我们对女性学研究对象的追问和探讨。经验研究是社会科学研究的共同特质，而经验是流动的、不可分割的，社会科学都是从自己的学科角度来研究和探讨自己学科范式内的经验世界，都有盲人摸象之嫌，所以，为了全面科学地研究经验世界，跨学科的研究成为社会科学的一种研究诉求和研究趋势，而不是女性学独特的学科诉求。另外，在社会生活中由于生理性别的自然差异，男性和女性存在着生活经验的差异，对同样一些社会现象是否成为问题男女的感受是不一样的，基于此，笔者认为女性学是一门社会科学，其研究对象应该是基于女性经验而提出和产生的问题，并且对传统社会科学学科中压抑女性经验的现象进行批判性分析，以使社会科学学科体现和反映男女两性的经验，实现男性经验与女性经验的通约。

二、女性学的研究方法

一门学科成熟的标志是有自己独特的研究对象和研究方法，女性学作为一门新兴的学科必须有自己独特的研究对象和研究方法，作为一门社会科学，女性学的研究方法必须遵循社会科学研究方法的一般准则，作为一门新兴的社会科学，女性学必须有不同于社会学、教育学等学科的研究方法。女性学目前没有自己独特的研究方法，给女性学专业的学生开设方法课使用的是社会学研究方法的教材，在研究方法方面接受的是社会学研究方法的训练。因为从女性学在学科目录中的位置来看，女性学属于法学门类，社会学下面的一个分支学科，所以在女性学的方法课程不成熟的情况下，只能采用社会学研究方法的教材。如果女性学在研究对象和研究方法方面和社会学及其他社会科学学科没有区别的话，那么女性学作为一门学科存在的必要性和合法性就会受到质疑，更谈不上进一步发展的问题。所以，女性学研究方法课程的建设对于女性学专业和学科建设至关重要。

在确定了女性学独特的研究对象，明确了女性学研究的边界，把女性学与其他社会科学学科区分开来后，传统的社会科学研究方法不能满足女性学的学科发展需要，与其相近的社会学、教育学等学科的研究方法也不能解决女性学所提出的研究问题。所以，在批判借鉴其他学科研究方法的基础上，建设女性学研究方法课程成为女性学学科发展的需要。需要说明的一点是，女性学研究方法不同于女性主义研究方法，当然，女性主义研究方法对传统社会科学研究方法的批判分析为女性学研究方法的建设提供了基础。

从女性学研究方法这门课程的知识结构上说，也分为方法论、研究方式和具体的资料收集与分析方法三个层次，有所不同的是，女性学研究方法对传统的方法论、研究方式和具体的收集与分析资料的方法这三个层次的知识进行性别分析，对传统的社会科学的研究方法进行批判性反思，解决传统社会科学学科的研究方法压抑和忽视女性经验的问题。

从女性学研究方法这门课程的内容上说，女性学研究方法比其他社会科学学科的研究方法增加了性别分析、性别预算、性别统计等内容。性别分析、性别预算、性别统计不只是一种分析的视角，更应该是一种可以进行实际操作的分析方法，应该成为女性学独特的研究方法，纳入女性学研究方法课程中，让学生学会进行科学的性别分析、性别预算和性别统计。

从研究方法的逻辑上说，女性学既重视演绎逻辑的研究方法的训练，又重视归纳逻辑的研究方法的训练。但女性学研究方法比较重视归纳法，重视实地研究，通过扎根理论研究得出新的研究结论，或检验研究假设。

三、女性学的本土化

中国人有没有性别观念？为什么说来自西方的性别观念是科学的，而中国的性别观念是不科学的？笔者认为，这是女性学本土化要回答和解决的核心问题。女性学必须本土化，这是一个毫无疑问的问题，但女性学怎样才能实现本土化，这是一个需要大家共同努力、共同探索的问题。女性学要实现本土化，必须解决两个问题，一是实现女性学与中国传统文化的对话，对话的目的是正确理解和解读中国传统文化，批判地吸收中国传统文化中有利于实现性别和谐的性别文化，改变以往把中国传统文化误解为在性别文化方面一无是处而加以批判不加以继承的状况。二是女性学的发展必须立足于中国社会生活的实际，做到从实求知，避免带着男女不平等的抽象预设只做书斋里的文章的状况。来自西方社会文化语境中的女性学要实现在中国的本土化，必须扎根于中国社会。

（一）实现与中国传统文化的对话

女性学本土化已经不是一个新鲜的话题，肇始于西方社会文化语境中的女性学如何解决中国社会的女性问题，是学界一直在探索的问题。在女性学看来是问题的问题，而在一般的社会科学学科看来可能不是问题，或者被女性学认为是很严重的问题，而中国的女性却认为是很正常的现象，为什么会出现这种现象呢？原因在于中国社会的社会结构与社会文化不同于西方社会的社会结构与社会文化。正如费孝通先生所说，中国是差序格局的社会，西方是团体格局的社会。从历史起源看，中国文化源于农耕文明，缘起于古希腊的西方文化源于海洋文明。所以，中西方的性别文化必然存在差异，性别文化的差异也影响着人们的世界观和方法论。我们的问题是，为什么中国人一定要带上西方的眼睛来看中国的问题，而不能用我们自己的眼睛来看我们自己的问题？当然我们并不否认来自于西方文化语境中的女性学所带给我们的启示，我们所不赞同的是完全借用西方的理论框架来认识中国社会的女性问题。

因此，要了解中国的社会就必须了解中国的传统文化。中国传统的性别文化是中国传统文化的一部分，只有真正了解了中国的传统文化，才能正确理解中国传统的性别文化。而有一些女性学学者总是把中国传统文化理解为是以父权制为核心的、压制女性的文化，中国历史上的女性是生活在备受摧残和压迫的社会中的，而且女性遭受性别与阶级的双重压迫。总之，现在的女性学是把中国的传统文化当作批判的靶子，一概否定。这种认识既不是科学的，又违背女性主义所倡导的精神和理念。近代以来，由于对西方以科学、民主、自由为核心的文化的倡导，中国传统文化成为批判的靶子自有它本身的逻辑，因此，为了批判的需要，对个别词句断章取义、故意扭曲成了一种必然，这使得传统文化被污名化、简单化。例如，仔细阅读朱熹的文章，发现"存天理，灭人欲"本来不是对女性讲的，但是数年来却一直被断章取义地当作中国古代对妇女压抑的证据而传承，而没有读过朱熹原文的人也不加怀疑地相信这种错误和歪曲的解读，以至于成为女性学者批判中国传统文化的佐证之一，这是由于女性学没有实现与中国传统文化进行对话的结果。

所以，从女性学学科建设的角度讲，应该把文史哲等能体现和代表中国传统文化的课程纳入到女性学课程体系中。问题是，女性学学科的课程容量有限，在四年的学习中不可能学习这么多的课程，那怎么解决这个问题呢？笔者认为，一是可以通过鼓励学生选修相关课程的方式解决这个问题；二是教会学生学会自己补课，在老师的指导下，通过课外阅读补足自己在文史哲等方面的欠缺，综合提高学生的素质。只有形成合理的知识结构，才不至于把偏见当成创新，才能正确地分析问题，解决问题。

（二）女性学发展必须立足于中国社会生活的实际

女性学学科要得到发展，必须扎根于中国社会生活，深入到社会生活当中去做大量的实证研究，了解中国女性发展的实际需求，发现中国女性真正需要解决的问题是什么，通过什么途径、采用什么方法才能切实解决中国女性面临的问题，改善女性的生活状况，促进女性的发展，实现性别和谐和社会和谐。如果只是在中国的书斋里演绎着来自西方语境中的关于女性学的抽象概念，把自己演绎的结论强加给中国的女性，以为中国的女性必须按照这个标准生活才是科学的，那么，女性学就会成为无源之水。

总而言之，不希望把学生培养成女权主义者，但也不反对学生成为女权主义者，只希望女性学专业的学生是能被社会所接纳，并为社会的进步做出贡献的优秀女性人才，这是女性学学科建设的最终目的。

参考文献

［1］费孝通. 乡土中国　生育制度［M］. 北京：北京大学出版社，1998.

［2］苏均平. 学科与学科建设［M］. 上海：第二军医大学出版社，2004.

［3］梁传杰. 学科建设理论与实务［M］. 武汉：武汉理工大学出版社，2009.

［4］彭体春. 女性学学科方法论的本土化［J］. 妇女研究论丛，2007（2）.

马克思主义女性主义与社会主义女性主义的异同分析

董雪姣　萨胡热　王　晶①

摘　要：马克思主义女性主义与社会主义女性主义都是女性主义中的重要
流派，对于二者的界定，学术界观点各不相同，尤其是名称上的
相近令二者的区别更加模糊。因为马克思主义女性主义与社会主
义女性主义之间的各种联系，想要将它们完全分开是不可能的。
尽可能将两者进行对比分析是很有必要的。

关键词：马克思主义女性主义；社会主义女性主义；同质性；异质性

马克思主义女性主义是将马克思主义和女权主义结合在一起，用历史
唯物主义的观点来解释妇女的从属地位以及所受的压迫，承认马克思恩格
斯关于经济因素对妇女受压迫地位的影响分析，但是又对传统的马克思主
义的妇女解放思想进行了补充、批判和修正的女性主义理论。有些学者在
很多场合用马克思主义女性主义涵盖社会主义女性主义。也有学者认为，
社会主义女性主义是马克思主义女性主义者对于马克思主义阶级分析中的
性属盲点不满的结果，并且在无优劣之分的情况下结合了经济阶级分析和
性别压迫分析的批评理论[1]。那么，马克思主义女性主义与社会主义女性
主义有何异同呢？它们的同质性与异质性都有哪些特征？本文就此问题谈
点粗浅认识。

基于种种马克思主义女性主义与社会主义女性主义的联系，将二者尽
量较清晰地进行区分是十分有必要的。

一、马克思主义女性主义与社会主义女性主义的含义

由于马克思主义与社会主义的同质性，所以，一般层面上，我们通常

---

①　董雪姣，女，东北师范大学政法学院 2011 级研究生，研究方向为性别社会学；
萨胡热，女，东北师范大学政法学院 2011 级研究生，研究方向为性别社会学；王晶，
女，东北师范大学政法学院教授、博士生导师，研究方向为马克思主义妇女理论研究。

把马克思主义女性主义和社会主义女性主义整合为一个流派。但是，如果从两种思潮的起源上看，它们各自有着不同的内涵。

（一）马克思主义女性主义

中国学者杜洁指出，马克思主义女性主义"以马克思主义理论为基础，对马克思列宁以后的妇女问题给出马克思主义的回答"[2]。马克思主义女性主义继承了马克思主义妇女观，但其主要是对马克思主义妇女理论的质疑、修正和补充。马克思主义女性主义创造性地选择、运用马克思主义的"社会再生产"、"劳动价值"、"异化理论"及"人的全面发展理论"，深刻地揭露了当代资本主义社会中妇女受压迫、受剥削的状况，尤其是马克思主义的批判与解放的中心论点直接为女性主义所承接。马克思主义女性主义吸取了马克思主义妇女理论中的一些精髓，认为阶级是妇女受压迫的根源；赞同一切女性重新回到公共劳动中去；认为妇女所做的家务保育工作应包括在社会生产领域内。

马克思主义女性主义理论重要的指导原则来源于马克思主义妇女观，马克思主义女性主义承袭了大量马克思主义的精髓，且极力指出社会意识形态本质和结果不仅仅是资产阶级的，而且充满男性中心主义，并从历史和社会找原因，指明了女性屈从地位是由形成家庭、私有财产和国家的剧烈的社会变革产生的，是不会永远存在的。

它反对马克思主义的性别盲点和早期激进女性主义的阶级盲点，将马克思主义与激进女性主义结合起来。它的两个目标是马克思主义的消灭阶级压迫和激进女性主义的消灭性别压迫。正如朱丽叶·米切尔（Juliet Mitchell）所说，旨在推翻阶级社会的马克思主义革命必须与旨在消灭性/社会性别制度的女性主义革命相结合[3]。它同样看重物质和经济力量，除了阶级和种族压迫之外，还关注男权制，主张消灭私有制以改变种族、阶级和性别关系，关注家庭，改变性别的劳动分工，要求父亲分担家务。

马克思主义妇女观正确解释了性别不平等的起源，提出了男女平等的目标，指明了妇女解放的道路，为马克思主义女性主义提供了坚实的理论基础。可以说，马克思主义的阶级分析理论、劳动分工理论、异化理论为马克思主义女性主义提供了理解妇女所受压迫的必要概念和重要的指导原则。马克思主义女性主义继承发扬了马克思主义批评、怀疑的精神，彻底动摇了以男权为中心的文化传统，为妇女解放运动做出了积极贡献。马克思主义女性主义追求的最终目标是女性全面自由的发展，即女性能够和男性一样成为真正意义上的人的存在，在能动地改造社会、改造文化的过程中充分发展自己，使其社会价值和生命价值得到最大程度的确认和张扬。马克思主义女性主义者试图打破传统文化或主流文化对女性的塑造，不仅仅要消灭对妇女的压迫，而且要寻求女性的真正主体性，寻求一个没有性别压迫的社会。

（二）社会主义女性主义

从 19 世纪初到 19 世纪 60 年代，女性运动中活跃着另一个大流派，就是社会主义女性主义。它认为，女性问题将在工人运动、社会民主运动和马克思主义运动中得到根本的解决。女性解放最主要的途径是通过进入社会主义劳动市场，"阶级统治将永远消亡，而男性对女性的统治也将随之告终"。社会主义女性主义的理论基础是历史唯物论，其基本论点是物质生活塑造人的意识。经济制度决定上层建筑。它强调资产阶级对无产阶级的阶级压迫，看重物质和经济力量。关注男女不平等的经济原因和资本主义问题。社会主义女性主义认为，必须改变整个社会结构，真正的性别平等才有可能。

社会主义女性主义主张将女性主义的斗争融入反对资本主义的斗争，其主要理论依据是：当今世界上男人控制女人的状况，加强了资本主义对社会的控制力量；如果抛开女性主义，对资本主义和男权的斗争都不可能成功。社会主义女性主义认为女性在生活的一切方面系统地处于不利地位，这不是个人能力的原因造成的，而是历史和社会的原因造成的；因此，要改变女性的不利地位也不能仅仅靠个人的努力和所谓"公平竞争"，而是要为女性争取特别的保护性立法，以及各种救助弱势群体的特殊措施，以此争得同男子平等的地位。社会主义女性主义的一个主要现实斗争要求就是男女同工同酬。社会主义女性主义认为，在资本主义社会中，四种结构——生产、生殖、性和儿童教化——在家庭中结合在一起，相互依存，是女性受压迫的物质基础。只有推翻资本主义制度，并且将男权制的心理加以转变，才能使女性得到真正的解放[4]。

恩格斯的《家庭、私有制和国家的起源》是社会主义女性主义常常引用的经典著作。它认为，女性受压迫的根源是私有财产制度这一经济秩序的社会组织。女性是资本主义社会中的劳动后备军。它主张女性主义与阶级斗争相结合。由于女性在男权制下受到的压迫和剥削来自私有财产制，改变资本主义和男权制体系这两个制度的一方，就会导致另一方的改变。社会主义女性主义认为，把"阶级"仅用来区分与生产资料有关的不同社会群体过于狭窄，女性也是一个阶级；它试图用"异化"的概念来解释女性受压迫的现实，并认为使女性摆脱压迫的道路就是克服女性的异化和消除劳动的性别分工；它的最终目标是使社会上男女阶级的划分归于消失；它解放女性的战略是性别特性的变革和生育的变革。因此，社会主义女性主义从根本上说是反对强调男女两性区别的。它主张不应当有一个独立于全体政治之外的女性主义政治，并认为独立的女性主义政治必定是一种错误的普遍概括。它更反对女同性恋的分离主义，认为这种分离主义的基础是男女两性的生理区别。

社会主义女性主义最关注的问题有：女性参加社会劳动的问题；家内劳动不被当作工作的问题；女性的劳动报酬低于男性的问题。并且认为要想解决这些问题，达到男女平等，都要通过推翻资本主义、建立社会主义才能实现。

二、马克思主义女性主义与社会主义女性主义的异同

由于马克思主义女性主义与社会主义女性主义有着千丝万缕的联系，社会主义女性主义的思想又显然受到马克思主义的巨大影响，要想将二者区分开，那么比较研究是必不可少的。

（一）马克思主义女性主义与社会主义女性主义的同质性

1. 对女性压迫起源的观点相同

马克思主义女性主义认为，女性受压迫起源于私有财产制的经济结构，女性之受压迫与资本剥削劳动具有相同的形式，因此阶级压迫是更基本的压迫形式。它把分析的重点放在女性的有酬劳动与无酬劳动（包括家务劳动、义务劳动，在一些国家还应当把农业劳动包括进来）上，并把它同资本主义的经济体制联系起来，认为女性是廉价劳动力。女性所受的压迫是阶级压迫的一个例证。如不推翻资本主义的经济制度和私有财产观念，女性的地位就不会得到改善。社会主义女性主义也有类似的主张。社会主义女性主义认为女性被压迫的根源有很多探索之路，早期马克思主义

以生产资料私有制和阶级压迫模式来解释女性被压迫的根源。在《路易·波拿巴的雾月18日》中马克思写道，"既然数百万家庭的经济条件使他们的生活方式、利益和教育程度与其他阶级的生活方式、利益和教育程度各不相同并互相敌对，所以他们就形成了一个阶级。"[5] 李银河在《女性权利的崛起》中提到社会主义女性主义认为男权的压迫同阶级压迫一样重要，二者都是最基本的压迫形式[6]。

2. 承认母权制社会存在的观点相同

恩格斯在《家庭、私有制与国家的起源》中曾提出，母权的丧失是女性的历史性失败，这就表明了他认为历史上曾经有过一个母权和女权得到伸张的时期，目前的男权社会并非从来如此的自然秩序。恩格斯说："确定原始的母权制氏族是一切文明民族的男权制氏族以前的阶段的这个重新发现，对于原始历史所具有的意义，正如达尔文的进化理论对于生物学和马克思的剩余价值理论对于政治经济学的意义一样。"关于母权制社会是不是普遍存在过，学界至今有争议，但它至少在某些社会中存在过这一点是确凿无疑的。恩格斯说过："社会的进步可以用女性（丑的也包括在内）的社会地位来衡量。"社会主义女性主义对此观点表示赞赏并同样否认现代家庭是一种"自然的秩序"，而认为它是历史的，变化的。社会主义女性主义认为资本主义制度与传统的男权制是女性在家庭中受压迫的根本原因，女性在生产资料私有制社会，丧失了自己的经济权利，从而丧失了在社会与家庭里的主体地位，沦为他者[7]。

3. 对于女性解放的先决条件观点相同

马克思主义女性主义把女性进入劳动市场参加社会劳动看作是历史的进步，这一论点对社会主义女性主义有影响。恩格斯曾指出："女性解放的第一个先决条件就是一切女性重新回到公共的劳动中去。"他还说过："我深信，只有在消除了资本主义对男女双方的剥削并把私人的家务劳动变成一种公共的行业以后，男女的真正平等才能实现。""女性的解放，只有在女性可以大量地、社会规模地参加生产，而家务劳动只占她们极少的工夫的时候，才有可能。"同时社会主义女性主义认为基于私有制的社会形态，包括奴隶社会、封建社会与资本主义社会，是男女不平等的根本原因。女性在男权制受到的压迫均来自私有制，所以女性的解放必须与阶级斗争相结合。

基于上述原因，社会主义女性主义有时被人们视为同马克思主义女性主义大同小异。其实，社会主义女性主义对正统马克思主义是有批评的，其主要观点是认为马克思主义缺乏关于性别的理论和关于人类心理发展的理论，忽视女性问题，忽视所有非经济性的压迫。虽然马克思主义将女性的状况视为社会进步的天然尺度，但在马克思那个时代，很多人持有这种观点，因此仅仅讲这样一点点，不能成为马克思主义关注女性问题的证据。

（二）马克思主义女性主义与社会主义女性主义的异质性

1. 关于基本压迫形式的观念不同

与马克思主义女性主义所坚持的阶级压迫是更基本的压迫形式的观念不同，社会主义女性主义将男权压迫与阶级压迫的重要性等同，认为二者都是基本的压迫形式[8]。面对普遍存在的妇女被压迫问题，社会主义女性主义提出了自己关于妇女解放的方案。显然，对女性被压迫的原因归纳的不同决定了女性获得解放的方式不同，如恩格斯将妇女被压迫的原因归于私有制的产生，即归于女性在经济生活中的劣势地位，而妇女获得解放就必须打破私有制的枷锁，就要打破压抑妇女的家庭制度。但不是所有社会主义女性主义都将女性被压迫的地位看作是私有制的结果，她们认为男权制/父权制有其独立性，除了经济方面的原因之外，还有诸如生理的、文化的、制度的乃至集体无意识等方面的原因。所以，这些社会主义女性主义认为，妇女的解放不能仅仅局限在经济上的独立，还要解除社会文化、集体无意识中潜藏的很深的性别歧视现象，因此，她们不太信任革命式的解放方案，她们更加坚持社会渐进的改良方案[9]。

2. 对于阶级分析范畴的观点不同

舒拉米斯·费尔斯通（Shulamith Firestone）认为阶级分析是个杰作，但也有其局限：虽然在线性意义上它是正确的，却不能深入。费尔斯通借鉴了辩证的历史唯物主义指出，"性别的不平等比阶级的不平等更为基本"。她认为性别差异是一种男性同志的复杂体系。女性主义革命的最终目的必须是消除男性的特权。她强调一旦性别差异得以消除，人类两性之间的生殖差异将不再具有文化上的意义。

社会主义者的态度与马克思主义者相比更为激进。艾里斯·杨（Iris Yang）强调只要社会主义女性主义者继续以"阶级"观念作为她们阐述的中心范畴，就不能对压迫妇女的具体情况作出充分的说明。朱丽叶·米切尔在《妇女地位》一书中提出，妇女的地位与作用是由女人在生产、生育、儿童的社会化和性关系中所扮演的多重角色共同决定的。父权制意识形态对妇女的地位和作用的束缚并不亚于资本主义经济制度。即使马克思主义革命推翻了作为资本主义经济单位的家庭，它也不能使妇女获得平等的地位。这是因为父权制意识已经深入到男人和女人的思想中，妇女仍摆脱不了屈从于男人的命运，除非进行"精神革命"[10]。

3. 对于婚姻的看法不同

社会主义女性主义者认为，总的来说，马克思主义女性主义对无产阶级的婚姻持有过于浪漫的看法——由于没有了经济上的考虑，婚姻成为爱与性吸引力的自由选择的结果，男人不会粗暴地对待女人，因为这种暴力行为的经济基础已不复存在；妻子一旦对丈夫不满也可以自由地离异，因为把两个人联系在一起的经济、财产因素均不存在了。社会主义女性主义者批评马克思主义女性主义忽视了女性低收入的根源及其后果；忽视了丈夫从妻子身上获取性和家内服务的意义，无论他们的婚姻是否以爱情为基础。家庭和性关系就像其他形式的社会机制一样，都属于历史的范畴，不是永不改变的；而改变它们不能靠诉诸理性或某些抽象的正义原则，只能靠生产力和生产关系的改变。

三、马克思主义女性主义与社会主义女性主义为女性学科建设提供了理论基础

女性主义学科建设离不开马克思主义女性主义及社会主义女性主义作为理论指导。

女性主义循着马克思主义的思路，并对它作了女性主义的改造。一个最主要的改造是提出了下列论点：男权制是先于资本主义制度就存在的，因此推翻资本主义只是结束男性对女性压迫的必要条件，而不是充分条件。在对马克思主义妇女解放思想的吸纳和借鉴过程中，马克思主义女性主义结合当时的社会现实逐步形成了统一论和结合两种流派的争鸣局面。马克思主义女性主义在这一过程中也形成了自己的理论突破点：在关于妇女受压迫的根源问题上指出父权制和阶级同为妇女受压迫的根源、重新评价女性在私人领域中的家务劳动、从消灭私有制的角度出发探讨妇女与社会劳动的关系问题。女性主义在西方社会取得了不少重要的影响，当中包

括女性投票权；较为平等的工资；提出离婚的主动权与"无过失离婚"的出现；安全堕胎与结扎的权利；获得大学教育的权利等。对照马克思主义女权主义理论，全面客观地评价中国妇女解放运动，分析和评估中国男女平等及妇女发展的进程、面临的机遇和挑战，将有助于各级政府、非政府组织和社会公众客观、准确地把握中国妇女发展现状，运用马克思主义理论加强指导中国妇女运动，关注妇女发展状况，促进妇女解放的进程，乃至人类解放。

女性主义学科建设过程中不可否认受到了来自女性主义各个流派的多种影响，常常会影响到研究的思维路径、概念范畴、框架体系的确立等多方面。在这种情况下，把握好学科建设的理论基础是使女性学学科的知识理论系统走入规范化的必要条件。

参考文献

［1］蒋欣欣. 西方马克思主义女性主义［J］. 求索，2004（08）：127—130.

［2］杜洁. 西方马克思主义女性主义［J］. 妇女研究论丛，1997（04）：45—49，30.

［3］Juliet Mitchell. Psychoanalysis and Feminism［M］. New York：Vintage Book，1974：412.

［4］李银河. 女性主义［M］. 济南：山东人民出版社，2005：38—100.

［5］约瑟芬·多诺万. 女权主义的知识分子传统［M］. 赵育春，译 南京：江苏人民出版社，2003.

［6］李银河. 女性权利的崛起［M］. 北京：文化艺术出版社，2003：162.

［7］谭永. 论社会主义女性主义的婚姻观［J］. 理论月刊，2011（05）：102—104.

［8］同［6］，162.

［9］同［7］，102—104.

［10］同［1］，127—130.

中　篇

女性学学科史与跨学科研究

从女性研究到女性学学科建设
——高校女性学发展脉络

魏国英①

摘　要：20 世纪 80 年代中期起步的新时期高校女性研究，从传统既有学
科的女性分支研究到独立的女性学学科建设，走过了"自下而
上"的启动和"自上而下"的推进，"从外到内"的开拓和"从
多到一"的整合，继承发展马克思主义妇女理论和批判借鉴西
方女性主义理论的探索之路，形成了有别于西方女性学的成长路
径和本土特色。这既是高校女性研究不断深化的结晶，也是我国
女性学学科持续发展的财富。

关键词：高校；女性研究；女性学；发展脉络；本土特色

如果以女性研究课程进入高校课堂，女性研究与教学机构在高校设立
为起点的话，那么新时期我国高校的女性研究可以说发轫于 20 世纪 80 年
代中期。其后的 20 多年，高校女性研究得到长足进步，经历了从传统既有
学科的女性研究到独立的女性学学科建设的发展历程，形成了有别于西方
女性学的成长路径和本土特色。

一、发展脉络

改革开放以来，我国高校的女性研究不断发展。在既有传统学科女性
研究和女性分支学科研究不断深入的基础上，独立的女性学学科开始建
设，并逐步形成了各学科的女性分支研究和独立的女性学学科建设相互支
撑、共同推进的局面。从女性学学科建设的视角，高校的女性研究与女性
学学科建设，大体可以分为两个阶段，即起步期和发展期。

---

①　魏国英，女，北京大学中外妇女问题研究中心常务副主任、编审，主要研究
领域为女性学基本理论、当代中国妇女发展问题。

1. 起步期（20 世纪 80 年代中到 90 年代末）

20 世纪 80 年代中期至 90 年代后期，我国高校的女性研究起步并推进，开启了女性学学科建设之路。梳理起来，这一时期大致有以下几个特点。

其一，女性研究与教学机构在大学问世，学术研讨趋于活跃。20 世纪 70 年代末我国进入了改革开放时期。新中国成立后一直承担着妇女运动指导和组织职责的全国妇联捷足先登，在其隶属的妇女干部学校系统率先开始了新时期的妇女研究与教学工作。1978 年，全国妇联恢复工作；1979 年，全国妇联妇女干部学校①恢复建制，成立了妇女运动业务教研室。1984 年，全国妇联妇女干部学校升格为妇女管理干部学院，该教研室更名为妇女运动系，下设妇女理论、妇女历史和妇女工作三个教研室。此后，各省的妇女干部学校也相继将妇女理论和现实问题研究与教学纳入视野。

普通高等院校的女性研究于 20 世纪 80 年代悄然兴起。其时，随着高校教师走出国门，被聘"外教"进入校园，一些热心女性研究和妇女发展事业的教师，开始关注西方女性研究的理论与方法，自发组建起交流探讨的学术沙龙，进而成立妇女研究机构。1987 年，郑州大学妇女学研究中心率先问世。紧随其后，1989 年和 1990 年，杭州大学与北京大学也相继成立了妇女研究中心。20 世纪 90 年代，以筹备第四次世界妇女大会为契机，高校妇女研究机构迅速增加。据统计，1993 年至 1995 年 5 月的两年多时间内，高校的妇女研究机构由原来的 3 家发展到 22 家[1]；据中国妇女研究会资料显示，到 2000 年年底，高校又新成立了 17 家妇女研究机构。高校妇女研究机构的诞生，使分散在各院系热心女性研究的教师走到了一起，推进了各学科的女性研究和女性分支学科研究。

20 世纪 80 年代中期至 1995 年"世妇会"召开前后，各高校妇女研究机构纷纷组织学术交流和研讨。学者们针对妇女发展的现实和理论问题，从各自的学术背景和学科领域出发，发表了不少新颖的见解，引起了社会各界的广泛关注。譬如，北京大学中外妇女问题研究中心在 1992 年、1993 年和 1994 年的 3 年中，连续召开了第一、第二、第三届国际学术研讨会，

────────────

①　全国妇联妇女干部学校成立于 1949 年；1984 年经原国家教委批准升格为成人高校，更名为全国妇联管理干部学院；1987 年更名为中国妇女管理干部学院；1995 年，国家教委同意全国妇联将学校更名为中华女子学院。

议题涉及"妇女的社会参与和发展"、"妇女法与妇女的权益保护"、"妇女教育与女童入学"、"妇女的性别研究"等多个领域，收到学术论文百余篇，吸引世界各国和全国各地各高校的 300 余位学者和妇女工作者参与其中，得到国内外妇女研究学界的普遍关注和一致好评。

其二，各学科女性理论研究不断推进，女性学被关注。20 世纪 80 年代起步的新时期女性理论研究，很快形成了蓬勃发展的局面，到 1990 年已出版了上百种女性研究图书[2]，涉及众多人文社会学科领域，显现出女性研究学科化的端倪。1982 年，"妇女学"语词①见诸报端。在 1984 年和 1986 年全国妇联召开的两次全国妇女理论研讨会上，"妇女学"概念被进一步引证和论述。1986 年，中国妇女出版社出版了日本学者富士谷笃子主编的《女性学入门》，该书将英文"Women's Studies"翻译为"女性学"[3]，对我国妇女理论研究的学科化有所启示。1987 年，湖南省妇联妇女干部学校和湖南省委党校妇女理论教研室编写出版了一本以"妇女学"命名的著述《妇女学概论》，成为湖南妇女干部学校开设的妇女理论课程的教材。1989 年，段火梅等主编的《妇女学原理》和武汉大学罗萍主编的《新女性学》先后问世。同时，《女性人类学》、《女性人才学概论》、《女性心理学》等传统学科的女性分支学科理论著述也相继出版。

其三，女性研究课程进入大学课堂，进入知识传授阶段。凭借着得天独厚的学科和师资优势，北京大学率先开出女性研究课程。1984 年，北大英语系聘请的外籍教师开出了"西方女性研究"讲座。1987 年，北大英语系教授陶洁和外教共同开设了"西方女性研究"讲座课，拉开了女性研究课程进入高校课堂的序幕。此后，女性研究讲座课、专题课和选修课在北大应运而生。到 1990 年，北京大学相关院系已开出诸如"中国古代妇女与传统文化"、"19 世纪英国女性文学"、"女性主义文学批评"、"中国古代妇女史专题"、"唐宋妇女史专题"、"中国古代妇女与传统文化"、"妇女心理学"、"中国妇女人口与文化"、"妇女研究统计"、"婚姻与家庭"、"中国妇女运动史"、"英美女作家作品选读"[4]等十几门女性研究的课程。与此同时，一些高校也相继开设了女性研究课程。譬如，1991 年，武汉大学罗萍开设了"新女性学"，1992 年，浙江大学童芍素等开设了"女性学

---

① 1982 年 11 月 26 日，邓伟志在《解放日报》上发表了《妇女问题杂议》，文中采用了"妇女学"的概念。

概论"，1994 年，华中师范大学祝平燕开设了"妇女理论与妇女问题研究"，1995 年，云南民族学院杨国才等开设了"女性学概论"、"女性研究"[5]。这一时期，高校女性研究机构的建立，女性理论研究的推进，女性与性别研究课程的开设，凝聚了师资队伍，壮大了研究力量，为女性学学科的建设奠定了基础。

2. 发展期（20 世纪 90 年代末至今）

20 世纪 90 年代末，我国高校的女性学步入发展期。这期间，有两个时点在学科发展历程中占据重要位置。第一个重要时点是 1998 年。这一年，北京大学设立了女性学硕士专业方向并开始招收研究生。这是我国高校女性学进入建设发展期的一个重要标志。

1995 年，第四次世界妇女大会在北京召开，提升了国人对男女平等和妇女发展的关注度，为推动我国高校的女性研究和教学进入新阶段提供了新的契机。北京大学自 80 年代开始并不断推进的女性研究和教学，得到了广大师生和教育主管部门的首肯。1998 年，经国务院学位办批准，北京大学在社会学下设立女性学硕士专业方向，"女性学"被赫然列入了北京大学研究生招生目录，于同年开始单独招生，成为我国第一个设立"女性学"的高校。这一突破性进展，标志着我国女性学学位教育正式进入了高等教育序列，堂堂正正地走入了大学校园；同时表明，高校的女性研究取得了显著成果，为学科建设作了必要的理论准备。"一石激起千层浪"，很快，一些高校纷纷效仿北大的举措，在相关学科下开设女性学硕士研究方向。例如，东北师范大学、云南民族大学、天津师范大学、南开大学、厦门大学等高校先后在社会学、民族学、历史学、文学、管理学等学科下开设了女性与性别研究的硕士方向。

第二个重要时点是 2006 年。这一年，教育部批准中华女子学院设立女性学本科专业并每年招生 30 人；北京大学的女性学硕士专业方向经教育部审核批准为硕士专业；全国妇联与社科院、党校、高校"四位一体"共建21 个妇女/性别研究与培训基地，北京大学、复旦大学、武汉大学、南开大学、厦门大学等 11 所普通高校参与共建。这一系列重要举措的推出和实施，标志着高校女性学学科步入了新的发展期。

这一时期，在国家政策的支持鼓励下，在师生们的共同努力下，高校女性学的建设取得明显进步。首先，不少高校开设了女性与性别研究的通识课、选修课和必修课，女性学专业课程体系初步形成。20 世纪末以来，首都师范大学、北京大学、武汉大学等不少高校开设了诸如"女性学导论"、"社会性别导论"、"社会性别与女性发展"等女性/性别研究的全校本科通选课程。一些高校在相关院系和专业开设女性与性别研究的选修课和必修课。譬如，北京师范大学、中央民族大学、东北师范大学、天津师范大学、南开大学等高校在教育学院、社会学系、历史系、中文系等院系开设了"女性教育学"、"性别研究方法"、"女性学"、"女性学史"、"女性人类学"、"妇女史"、"女性主义文学与批评"、"少数民族女性文学"等选修或必修课程。1998 年后，北京大学女性学硕士专业开设系列专业必修课，包括"女性学研究"、"妇女发展史"、"性别与发展"、"西方女性学原著选读"、"性别研究前沿"等，涉及"女性学理论与方法"，"妇女史"、"妇女运动史和女性学说史"，"性别与经济发展"、"性别与社会发展和性别与人口发展"，"西方女性主义的理论与方法"等系统的知识和理论。2006 年起，中华女子学院女性学系为女性学专业本科生开设了较为完整的专业课，其中包括"女性学概论"、"妇女生活史"、"妇女运动史"、"女性学理论"、"性别与发展"等必修课，"妇女与人权"、"女性心理学"、"性与社会"、"性别与公共政策"、"成才女性个案研究"等限选课，"社会性别研究"、"女性社会学"、"传统文化与中国妇女"、"婚姻与家庭"等选修课。

其次，一批女性学教材相继出版发行。据不完全统计，自 2000 年至 2010 年的 10 年间，高校编辑出版的原理性教材有 10 余种。如 2000 年魏国英主编的《女性学概论》（北京大学出版社），2001 年啜大鹏主编的《女性学》（中国文联出版社），2002 年罗慧兰主编的《女性学》（中国国际广播出版社），2004 年骆晓戈主编的《女性学》（湖南大学出版社），2005 年韩贺南、张健主编的《女性学导论》（教育科学出版社），2005 年周乐诗主编的《女性学教程》（时事出版社），2006 年叶文振主编的《女性学导论》（厦门大学出版社），2007 年祝平燕、周天枢、宋岩主编的《女性学导论》（武汉大学出版社），2009 年骆晓戈主编的《女性学（第二版）》（湖南大学出版社），2009 年黄蓉生、任一明主编的《现代女性学概论》（西南师范大学出版社）等。这些教材的编写和出版发行，为推动高校女性研究学科化和女性研究课程的规范化提供了必要的基础条件。

再次，高校女性与性别研究机构增多，师资队伍壮大。据不完全统计，至 2010 年我国已有 60 余所普通高校成立了女性与性别研究机构，在高校网站上能搜索到的机构就有 50 个。北京传媒大学、东北师范大学等高校的妇女研究机构，已成为有固定编制和经费投入的实体建制。一些高校初步形成了专兼职结合的女性学教学与研究队伍。据统计，1999—2008年，以女性或性别为主题的博士硕士学位论文有 2038 篇。

最后，高校女性研究学术刊物出版发行。为加强学术交流，展示学术成果，扩大学科影响，不少高校编辑出版女性研究学刊。从 1992 年起，北京大学中外妇女问题研究中心开始编辑出版内部发行刊物《妇女研究动态》，至今已编发了近 20 年，编印出版了 44 期，被国家图书馆收集收藏。新世纪以来，首都师范大学、武汉大学先后编辑并公开出版了以书代刊的季刊或年刊《中国女性主义》（广西师范大学出版社出版）、《中国女性文化》（社科文献出版社出版）、《女性论坛》（武汉大学出版社出版）等学术刊物。

二、本土特色

高校的女性研究和女性学的学科建设，是在改革开放新时期我国国情中成长发展的，其动力、路径和态势不可避免地带有鲜明的本土特征。

（一）"自下而上、自上而下"的推进

新时期我国高校女性研究和教学是"自下而上"启动的。20 世纪 80年代中期，西方女性主义思潮的涌入和我国妇女解放与发展面临的新问题，使得高校有研究兴趣的女教师自发投入了女性研究和教学当中。继而，一些共同感兴趣的教师聚在一起，在学校的支持下组建了高校的女性研究机构。各机构不断交流合作，诞生了以推进女性学学科建设为宗旨的高校协作组等民间学术团体。正是高校教师的智慧和力量，点燃了我国新时期高校女性研究和学科建设的火焰。90 年代中期以后，国家"自上而下"的政策支持，为高校女性研究和教学营造良好的发展环境，推进了女性学的学科建设。1994 年 2 月，在《中华人民共和国执行〈到 2000 年提高妇女地位内罗毕前瞻性战略〉国家报告》中明确指出："2000 年前逐步在大学开设妇女学选修课。" 2001 年，国务院颁布的《中国妇女发展纲要（2001—2010 年）》进一步提出："要在课程、教学内容和教育方法改革中，把社会性别意识纳入教师培训课程之中，在高等教育相关专业中开设

妇女学、马克思主义妇女观、社会性别与发展等课程，增强教育者和受教育者的社会性别意识。"2011 年，在国务院颁布的《中国妇女发展纲要（2011—2020）》中，将"高等学校女性学课程普及程度提高"列为"妇女与教育"10 项"主要目标"的第 6 项；在"策略措施"第 11 条中，更加明确地指出："加强妇女理论研究和高等学校女性学学科建设。在国家社科基金等科研基金中增加社会性别和妇女发展的相关项目和课题，推动妇女理论研究。提高女性学学科等级，鼓励高等学校开设女性学专业或女性学课程，培养女性学专业人才。"我国高校的女性研究和女性学学科建设，正是在高校教师"自下而上"的启动和国家政策"自上而下"的推进下不断发展的。这种"上下结合"的学科发展路径，既适应了新时期我国人文社会学科"百舸争流"的趋势，也有效地推动女性研究和女性学成为新兴学术的增长点。

（二）"从外到内、从多到一"的开拓

近 20 年，我国高校女性学是在"从外到内、从多到一"的不断开拓与整合中前进的。所谓"从外到内"，有两层含义。一是我国高校的女性学是从既有学科的女性研究、跨学科的女性研究，逐步进入到独立的女性学学科建设的。如上所述，20 世纪 80 年代，我国高校在诸如心理学、历史学、文学、教育学、人类学等传统学科领域，先后开始了以女性特质特征为出发点的女性研究，并相继产生了女性心理学、妇女史学、女性文学与女性批评、女性教育学、女性人类学等分支学科。随着研究的推进，学界发现许多女性生存发展问题，很难在某一个既有学科内得到完满解答，需要跨学科的研究和探索。于是，90 年代初许多女性研究课题开始注重在若干既有学科中进行融合和交叉。譬如，对"女性与中国传统文化"、"转型期中国妇女发展"等问题的研究，就是若干学科的女性研究者共同完成的。由此，女性研究进入了跨学科的发展阶段。1995 年第四次世界妇女大会在北京召开后，随着我国妇女理论研究的不断深入和中西方学术交流的不断加强，女性学界逐步认同"女性学（亦称'妇女学'）作为一门独立学科"的观点，认为"女性学学科的问世是世界妇女运动和妇女理论发展的必然结果"，中国"女性学学科的创立是发展妇女运动、深化中国女性研究的客观要求"，呼吁"妇女研究要学科化"[6]，因为"如果没有妇女学学科建设，妇女研究就总像一盘散沙，在科学领域中没有自己的家园"[7]。

因此 90 年代末期在既有学科和跨学科研究的基础上，女性研究进入了以建立独立的女性学学科为主旨的发展阶段。学界比较多地开始探讨"女性学"作为一个独立学科存在的必要和依据，探讨学科的研究对象、范畴、方法以及知识系统和理论体系等问题。当然，这种描述只是从一个侧面反映高校女性研究的某种直线型的发展进程。其实，女性研究在这三个领域——既有学科、跨学科和独立的女性学学科——的研究是紧密相连、互为依托、互为补充的，只是在某一时间段某一领域的研究受到更多地关注，进展比较突出而已。

此外就是女性研究的对象经历了从"妇女运动"、"妇女问题"到"女性"的演变。我国的女性研究与妇女运动相伴而生，在 20 世纪相当长的一段时间内，女性研究的焦点是"妇女运动"。改革开放刚刚起步的1979 年，全国妇联妇女干部学校恢复建制后首先创建的就是"妇女运动教研室"，继而变为"妇女运动系"。到 80 年代后期，随着改革开放的不断深入，妇女的生存和发展面临新的境况和困惑，女性研究开始更多的关注"妇女问题"，即事实上的和现实中的妇女解放和发展以及男女平等问题。1990 年成立的北京大学妇女研究机构就是以"中外妇女问题研究"命名的。90 年代末期，随着女性研究学科化的推进，学界普遍认为，女性研究应从"人"的角度，即作为人的一半来研究女性及女性问题，女性学研究的对象是有性别的"女人"，即"自觉的实践活动着的女人"；而女性学则是一门关于作为整体的女性的本质、特征、存在形态及其发展规律的科学[8]。这一见解，逐渐成为研究界的一种共识。当然，运动、问题和人，都在女性研究视野之内，但从"人"切入揭示女性作为人的本质属性和有别于男性的自身特征，显然是女性研究和女性学的逻辑起点。这种描述也只是有助于我们了解高校女性研究和女性学成长发展的进程。究其实质，无论是妇女运动、妇女问题，还是女性，都在女性学和女性研究的范畴之内，三者是互为表里的统一体。

所谓"从多到一"，则是指高校女性学在基本理论架构和研究方法的探究上，经历了从借鉴多学科的理论和方法，到注重多学科理论方法的交叉和融合，逐步向独立的女性学理论和方法"转换"和开拓的。毫无疑问，多学科的理论和方法为女性学的生长发育提供了丰厚的底蕴和沃土，而独立的女性学理论和方法的确立则是女性学在学科之林安身立命之本。

（三）继承发展和批判借鉴的探索

创建本土的女性学理论框架，是我国高校女性学学科建设面临的首要课题。20多年，高校女性学界在继承发展马克思主义妇女理论和借鉴吸纳西方女性主义理论中奋力前行，努力形成以唯物史观为指导、以构建男女和谐发展为宗旨的女性学理论框架。

改革开放初期，在不断涌入的多元女性主义思想理论冲击下，如何确立和坚守我国女性学的理论基础引起女性学界广泛讨论。经过比较和鉴别，坚持"马克思主义的辩证唯物论和历史唯物论为中国女性学的理论根基和方法论指南"，成为学界的普遍共识。因为"劳动妇女的解放与发展仍然是我国妇女运动与妇女理论研究关注的重心。这种价值取向决定了中国女性学只能以为全世界劳动群众解放服务的马克思主义为其理论根基"。"在中国女性学学科建设和学术研究中，马克思主义妇女观处于独特的地位：既是重要的指导原则，又是重要的理论内容"[9]，因为马克思主义妇女观是"最科学、最进步、最文明的妇女观，是马克思主义理论体系的重要组成部分"[10]。同时，面对飞速前进的人类社会和妇女实践，学者们也清醒地认识到，在始终坚持马克思主义妇女理论的立场、观点和方法的同时，也要坚持"体现马克思主义与时俱进的理论品质"[11]。因此，在高校女性学建设中，学界不断探索运用马克思主义世界观和方法论解释和处理当代中国妇女问题的新视角和新方法，努力构建起在马克思主义妇女理论指导下的中国特色社会主义妇女理论体系，并在不断实现马克思主义妇女理论民族化、本土化的过程中丰富和发展马克思主义妇女理论。

毋庸置疑，20世纪60年代以来，西方女性与性别研究的观念、理论和方法以及累积的学术成果，为新时期我国高校女性研究和女性学学科建设提供了多方位的参照，减少了我们起步阶段的艰难和困惑。但是，在经历了引进、学习和借鉴之后，学界普遍认识到，包括社会性别理论在内的西方女权主义理论和方法是在特定时代和地域产生的，不可避免地带有原产地的特征。"对西方女权主义理论不能照抄照搬，而应吸收其精华，扬弃其缺点。"即使是"对其精华，也要经过加工改造，消化吸收，不可生吞活剥"[12]。只有在准确把握全球妇女理论发展态势与西方女权主义基本理念的前提下，在清晰了解我国国情和本土妇女经验的基础上，经过"去粗取精"、"去伪存真"的辨析和转化，西方女性研究理念和方法才有可能成为"为我所用"的知识和经验，才能有效地为建设我国的妇女学服务。我国社会主义初级阶段的基本国情和妇女解放发展的独特历程，决定了我国建设和发展的女性学与西方女性学有着鲜明差异。如果说，西方的女性学更多地带有女权运动的色彩，对当代学术具有很强的批判力度的话，那么，我国建设和发展的女性学，则带有更多的构建男女和谐发展的意愿，对学术和学科的繁荣与进步具有很强的建设性。

三、未来之路

展望未来，我国高校的女性研究和女性学学科建设需要在已有成果的基础上，有所创新和突破，构建更加科学完善的中国特色的女性学理论体系，开创出符合国情的可持续的学科发展之路。

不可否认，我国女性学研究进步很快，产生了不少颇有见地的著述，涌现出一批有一定影响的学者。但是，从总体上说，我国高校的女性学研究，在五花八门、多元共生的西方女性学说的冲击和挑战面前，缺乏有力地回应能力和整合消化能力。面对我国社会转型引发的新异、复杂的女性生存发展困境，缺乏提炼、提升、概括到理论高度的能力。追根溯源，是缺乏系统的一以贯之的哲学思想和方法论的支撑，缺乏自己的对各种女性问题都有阐释和解说能力的知识和理论系统。而要建立这样的知识系统和理论体系，进行"综合创新"则是必由之路。

"综合"，就是要在国内外各种女性主义和各既有学科中的女性分支学科的理论资源中，提炼和抽取出具有元价值、具有再生能力、切合女性本体的因子，经过转化开发，使之成为恒久的鲜活的理论元素，并有机地溶解在一个新的理论框架和形态之中；"创新"，则是从当代中外女性发展的实际问题出发，采用透彻的融贯一致的哲学思想和方法论指导，创立出新的概念和理论范畴，形成自己的符合实际也符合逻辑的理论系统。这个系统建构是开放承继的，又是独立新鲜的；是理论生产的结晶，又是理论再生产的源泉。它既具有解释女性问题的理论穿透力，又具有辐射相关社会现象的理论张力。这一理论体系是指引我国妇女不断解放和发展的理论依据，也是对世界妇女理论的丰富和发展。

20多年，我国高校的女性研究和女性学学科建设已初步形成了并行发展、互动共生的态势。实践证明，各学科女性研究的丰硕成果和有效方法，为女性学学科建设提供了充分而必要的材料；女性学在整合、转化和提升这些理论元素中不断推进发展。建设科学的女性学，离不开各学科女性研究理论创新的支撑，各学科女性研究的持续发展，也需要女性学理论和方法的营养。因之，我们应继续推进和完善各学科女性分支研究和女性学研究既"整合"又"自治"的发展模式。这里的所谓"整合"，就是在各院/系中推进相关的妇女研究并培养有性别视角的大学生和研究生；这里的所谓"自治"，则是指要努力建立与其他的院/系同等地位的女性研究院/系。也就是说，一方面要深化各学科的女性分支研究，推动其成为该学科重要的研究领域；另一方面，要建设独立的女性学学科，培养女性学专业学生。近年来，一些高校在社会学、历史学、教育学、文学、人口学等学科中设置了女性社会学、妇女史、女性教育学、女性人口学等硕士、博士专业方向，《女性社会学》[13] 等教材也已问世。中华女子学院和北京大学在设立女性学系和女性研究硕士专业上已先行一步。各个高校应根据自身学科特点和师资状况，或设立女性研究院/系，推动女性学学科建设和各学科女性分支研究齐头并进；或重点推进一个或若干个学科的女性研究，形成特色鲜明的女性研究领域。全国高校应积极行动起来，扬长避短，优势互补，共同推进中国特色女性学和女性研究的不断深入发展。

实现这一愿景，还需要国家和教育主管部门积极推进女性学学科制度建设，落实《中国妇女发展纲要（2011—2020 年）》提出的"加强高等学校女性学学科建设"和"提高女性学学科等级"的目标，将女性学纳入高等教育体制内，使其成为独立的二级学科，以改变目前高校妇女研究机构多为虚体建制，没有固定编制、没有专职人员、没有固定经费的"三无"局面。只有这样，才能在高校里集结起专门、集中、有力的教学科研队伍，才能产出有影响力的理论成果。

事实上，学科制度建设和理论创新是互为依托的。理论创新是学科建设的方向和灵魂，没有理论创新就谈不上学科的进展。反之，学科制度建设则是理论创新成果沉淀累积的体制化形式和渠道，没有学科制度建设，就难以巩固和实践理论创新的成果。不过我们可以预期，尽管高校女性学和女性研究前进道路上还会有这样那样的问题和困难，但她的建设是会不断走向成熟的。

参考文献

［1］杜芳琴. "运命"与"使命"：高校妇女研究中心的历程和前景［J］. 浙江学刊，2000（3）.

［2］张云梅. 妇女理论图书十年出版概述［G］//北京市妇女联合会. 中国妇女理论研究十年（1981—1990）. 北京：中国妇女出版社，1992：585.

［3］富士谷笃子. 女性学入门［M］. 张萍，译. 北京：中国妇女出版社，1986.

［4］高校开设女性学/妇女研究课程一览［G］//魏国英，王春梅. 女性学：理论与方法. 长春：吉林人民出版社，2002：287—288.

［5］同［4］，302，300，297，301.

［6］啜大鹏. 试论创建女性学学科的必要性和重要性［J］. 首都师范大学学报：社会科学版，1999（5）.

［7］李小江. 妇女研究的缘起、发展及现状——兼谈妇女学学科建设问题［J］. 陕西师范大学学报：哲社版，1998（4）.

［8］魏国英. 女性学概论［M］. 北京：北京大学出版社，2000：8.

［9］魏国英，康沛竹. 马克思主义妇女观与中国女性学基本理论建设［J］. 妇女研究论丛，2002（4）：42，40，43.

［10］许鸿翔，周敏. 关于建设中国妇女学的理论思考［G］//孙晓梅. 中国妇女学学科与课程建设的理论探讨. 北京：中国妇女出版社，2001：194.

［11］赵玉兰. 关于加强有中国特色社会主义妇女基本理论建设的几点思考［J］. 妇女研究论丛，2002（2）：6.

［12］同［11］，200.

［13］王金玲. 女性社会学［M］. 北京：高等教育出版社，2005.

女性主义哲学研究的新进展 （2006—2010 年）

肖　巍　朱晓佳①

摘　要：该文介绍了女性主义哲学近五年来的研究状况。国内学者从对西
　　　　方经典原著的翻译开始，逐渐过渡到对女性主义哲学问题进行深
　　　　入研究，在伦理学和政治哲学等方面提出了自己独立的主张。由
　　　　此，女性主义哲学学科的建设体现出其重要性和意义。女性主义
　　　　哲学日新月异发展的同时，要时刻牢记自己的使命，把女性的彻
　　　　底解放视为己任，从哲学层面打破思想的牢笼，建立一个新的哲
　　　　学时代，为建立一个更为公正和谐的社会而不断地努力。
关键词：女性主义哲学；伦理学；性别差异；学科建设

女性主义已成为当今时代的一种颇具影响力的哲学价值观和方法论，
它以"性别"为分析范畴来重读、解构和重建哲学，批判和检讨许多导致
人类自身及自然危机的固有价值观体系，为协调和解决各种冲突，创造更
为开放、更为平等、更为自由的哲学思维空间，培育新的时代精神做出独
特的贡献。近几十年来，女性主义哲学在西方社会得到飞速发展，已有大
量著述问世。女性主义对于传统伦理思想史的反思，对于妇女及女性主义
伦理学贡献的梳理、挖掘和研究已经在人类思想发展史上带来一场深刻的
革命。自 1995 年第四届世界妇女大会在中国召开以来，国内许多学者开始
进入女性主义哲学领域翻译、介绍、梳理和研究西方学者的成果，并完成
一些具有本土特色的论著。经过十余年来的开拓发展，女性主义哲学研究
已经在我国初具规模，而且越发地进入到主流哲学中，成为一种新兴的学
术力量。

国内女性主义哲学研究不断拓展，成果丰硕。在中国学术期刊网络总

---

① 肖巍，女，清华大学哲学系教授，博士生导师，主要研究领域为伦理学和性
别研究；朱晓佳，女，清华大学哲学系博士生，中华女子学院女性学系教师，主要研
究领域为伦理学和性别研究。

库中，以"女性主义"为关键词进行搜索，2006—2010 年共有文章 3700 余篇，以"女性主义哲学"为主题搜索的结果为 180 余篇，比过去 10 年（1995—2005 年）增长了 28.6%。而且，女性主义哲学研究的领域也不断拓展，不仅仅局限于诸如马克思主义哲学、伦理学等学科，还增加了许多新领域和新视角，诸如女性主义生态学、政治哲学、宗教学，以及精神分析学和教育学等等。

一、女性主义哲学研究的主要内容

这 5 年期间，国内女性主义哲学研究的主要内容可以概括为两大部分：一是对西方经典原著的翻译和解读；二是对女性主义哲学基础问题的深入研究。

（一）对西方经典原著的翻译和解读

近几十年来，女性主义哲学在西方社会的迅速发展也引起国内学术界的关注。北京大学出版社专门组织翻译了当代女性主义哲学经典著作剑桥《女性主义哲学指南》，并在 2010 年出版中译本[1]。该书共分 13 章，从古希腊哲学的理性主义开始考察西方哲学思想史和当代西方哲学中的女性主义思维，包括古代哲学中的女性主义、精神哲学中的女性主义、女性主义与精神分析、语言哲学中的女性主义、形而上学中的女性主义、认识论中的女性主义、科学哲学中的女性主义、政治哲学中的女性主义、伦理学中的女性主义和哲学史的女性主义，从一个宏大的、全方位的哲学场景中展现当代西方女性主义哲学研究的最新成果，对国内相关研究和高校哲学专业教学具有重要的参考作用。一些国内学者也开始了对西方女性主义哲学研究成果的筛选编辑工作，如 2007 年，武汉大学出版社出版《女性身份研究读本》一书，该书汇集 20 篇英文文献，分为三大部分：第一部分"精神分析理论体系中的性别身份"，选择弗洛伊德（Sigmund Freud）、拉康（Jacques Lacan）等人的 5 篇经典文章；第二部分"女性主义框架中的性别身份"，选择了后现代法国著名学者伊丽格瑞（Lucy Irigaray）、西苏（Helene Cixous）、克里斯蒂娃（Julia Kristera）等人的 7 篇文章；第三部分"多元文化语境下的性别身份"，也选择了朱迪斯·巴特勒（Judith Butler）、朱丽叶·米切尔（Juliet Mitchell）等人的 8 篇文章。从这些有代表性的文献中，我们可以看到西方哲学关于性别身份问题的主要观点及其演变，尤其是女性主义哲学对于性别身份、女性身份等问题的研究成果。同时值得庆幸的是，国内也出版了一批国外著名女性主义哲学家代表著的中译本，如美国女性主义哲学家朱迪斯·巴特勒的经典著作《性别麻烦：女性主义与身份的颠覆》（后文简称为《性别麻烦》）[2]和《消解性别》[3]中译本的问世。巴特勒是当代著名女性主义哲学家，在女性主义批评、性别研究、当代政治哲学和伦理学等领域成就卓著，在《性别麻烦》一书中，她从后结构主义的立场，借鉴福柯（Michelle Foucault）的谱系学方法讨论主体形成的条件，强调主体的构成假定了性与性别是制度、话语和实践影响的结果，而不是它们的原因，换句话说，一个人作为主体并不能创造或者导致制度、话语和实践，相反主体是由后者决定的。因而，性和性别本身都不是预先存在的，而是通过主体的表演形成的。性别是一种没有原型的模仿，事实上，它是一种作为模仿本身的影响和结果产生原型的模仿，如异性恋的性别是通过模仿策略产生的，它所模仿的是异性恋身份的幻影，也就是作为模仿结果所产生的东西。异性恋身份的真实性是通过模仿的表演性构成的，然而，长期以来这种模仿却把自身建构成一种起源和所有原型的基础。这些观点使巴特勒成为酷儿理论的代表，而《性别麻烦》也被称为酷儿理论的"圣经"。在宗教学领域，国内也翻译出版了被称为北美宗教心理学奠基人的女性主义哲学家奈奥米·R. 高登博格（Naomi R. Goldenberg）的两本著作：《身体的复活——女性主义、宗教与精神分析》[4]与《神之变——女性主义和传统宗教》[5]。前者是一部个人陈述，讲述从抽象思维到以人体、人类亲缘关系为基础探讨哲学的心路历程。作者认为，女性主义应该对所有偏见、所有刻板印象，以及所有在男性世界里存在的强制性的人类分离现象作一次彻底检查，应鼓励多元身份，以便缓解国家、种族和宗教之间的紧张气氛。后者则从精神和宗教角度思考性别正当性问题，阐明并解释彻底脱离所有家长式宗教的意义。这两本著作的引进使国内读者能够更好地了解北美女性主义哲学及宗教心理学的研究成果。

与此同时，国内学者对于女性主义政治哲学的引进和解读也有了长足的发展，最可喜的是，经过一些学者的辛勤努力，当代美国著名女性主义政治学家南茜·弗雷泽（Nancy Fraser）的一些重要著作中译本得以问世，这积极促进了国内学术界对于弗雷泽思想的关注和研究[6][7][8]。在西方社会，弗雷泽的地位和影响也引发一系列学术讨论和争议，并有一些讨论文集出版，国内学术界也关注到这一倾向，翻译出版了《伤害＋侮辱——争论中的再分配、承认和代表权》一书[9]，使读者能够更为全面系统地把握弗雷泽思想的产生和发展过程，以及它对于女性主义政治哲学和女性主义运动发展，对于社会变革的积极影响和独特贡献。此外，在这一时期，国内也翻译出版了美国著名女性主义法学家凯瑟琳·A. 麦金农（Catharine A. Mackinnon）的《迈向女性主义的国家理论》[10]，以及《公民身份：女性主义的视角》[11]等著作。与此同时，对女性主义生态伦理学的翻译和引进工作也得到关注[12]。

（二）对女性主义哲学基础问题的深入研究

2006—2010 年 5 年间，国内学术界对于女性主义哲学的研究呈现深入发展的态势，也有越来越多的年轻学者成为这一研究的新生力量。

1. 哲学方法论与认识论

在哲学社会科学研究中，尤其是女性主义和女性主义哲学研究中，方法论具有至关重要的意义。我们正生存在一个复杂、混乱和相互冲突的无序世界中，"如果我们试图从根本上思考这些混乱，那么就将不得不教导自己如何以一种新的方式去思考、去实践、去联系，以及去认识"[13]。从某种意义上说，如果把女性主义学术研究视为一种学术视角，它的重要贡献便在于方法论上的革命。事实上，国内学者在引进西方女性主义哲学成果时，始终敏感地意识到"方法论"汲取的重要意义，从深层来说，每一相关研究成果都意味着对女性主义和女性主义哲学方法论的引进和利用，而对于女性主义认识论的研究更直接地触及女性主义哲学方法论的本质。一些学者从认识论角度阐释女性主义认识论中的三个基本问题，即平等认知主体问题、优势认知群体问题、女性经验与知识客观性问题，而第一个问题可以演变为：谁有资格或权力在知识创建及知识评价中担任主体？如果知识主体涉及性别，妇女在作为知识主体的资格上还须另外附加条件吗？第二个问题也可以演变成：有认知优势主体存在吗？或对于批判及消除知识领域中的不平等现象而言，妇女是优势主体吗？第三个问题可以呈现为：妇女的特殊经验对于知识构建有怎样的意义？或者说，广泛吸收来自妇女的、非欧美的、非白人男性精英的经验，是否可使认识达到更强的客观性？[14]另一些学者则侧重于研究女性主义认识论的使命及其对知识生产的意义，并对国外学者的最新研究进行评述。她们强调，女性主义认识论旨在以社会性别为视角，从认知主体、客观性、价值中立、理性、二元论等维度对传统西方认识论基础进行重新审读，发现其间所隐藏的男性化特征以及对男性认知优势的肯定。通过批判认知主体的男性资格、客观性与价值中立所蕴含的性别意识形态以及二元论包含的性别统治逻辑，对父权制的形而上学框架产生根本性的冲击，为消除知识领域的性别歧视提供重要的认识前提。同时，女性主义认识论也揭示了在知识生产领域中存在的男性中心主义的固有缺憾，并探讨如何重建客观性，说明人类的知识生产等问题[15][16]。一些学者也尝试性地直接概括女性主义哲学方法论特征：其一相信哲学从来就不是中立的。"个人是政治的"，每一个人类主体都是处于多种权力和身份关系中的差异的、具体的社会存在。由男性主宰的传统哲学并没有提供普遍的视角，而是特权人的某种体验和信仰。这些体验和信仰深入到所有的哲学理论中，不论是美学、认识论还是道德和形而上学。其二主张哲学不应成为理性，尤其是被性别化了的"理性"的一统天下。女性主义相信，以理性或者逻辑制定出来的条理和方法论只不过是人为的规则而已，无法具有普遍的人类有效性，只有人在特定情境中的情感和关系体验才是具体的和真实的。其三汲取后现代主义强调多元、异质和差异的思维成果，强调哲学是差异的和多元的，而不是普遍的和单一的话语[17]。其四强调"差异"和"性别差异"研究的价值与意义。

2. 伦理学

2006—2010 年，国内女性主义伦理学方面的主要成果可以概括为两个方面：其一，对于女性主义关怀伦理学研究的深化；其二，对于应用伦理学理论和问题的关注。

关怀伦理学自 20 世纪 80 年代诞生后，就引起了强烈的反响。在2006—2010 年又迎来了又一次新的热潮。在中国知网中输入主题"关怀伦理"得到的论著有 134 篇之多，文章的内容涉及政治哲学[18]、伦理学、教育、经济[19]、心理学和建筑设计等领域。在总结改革开放 30 年来中国女性主义伦理学研究状况时，有学者指出：从 2005 年开始，国内学者再度掀起对女性主义伦理学和关怀伦理学的研究热潮。这次研究热潮一方面是对第一阶段研究问题的延续、深化、发展，另一方面也是将女性主义伦理学研究本土化的一次尝试。另一些有学者也指出，以关怀伦理为代表的女性主义伦理学对哲学乃至其他学科带来极大影响，但女性主义伦理学在应用后现代主义哲学成果的同时也承负着后者的理论困境和实践难题。因此，从中西哲学比较的视角来看，或许中国文化能为西方女性主义伦理学的发展提供资源，同时为当今世界哲学观念的转变、哲学方向的发展提供具有启发意义的思考[20]。

国内一些年轻学者也试图把儒家"仁"之伦理与关怀伦理进行比较，分析这两种伦理是否能够兼容或者整合为一种全新伦理形式问题，同时也对关怀教育进行探讨，强调关怀教育侧重于从情感进行道德教育，从女性主义视角阐明善恶观与幸福观；采用榜样、对话、实践与认可方法，以道德叙事取代道德说教，将直觉纳入道德教育的实践中。提出关怀伦理和关怀教育的本土化需要注意以下几方面工作：融入传统道德文化的精髓；提升教师的关怀素养；消除道德教育，甚至整个教育领域中的性别歧视；实现道德教育向生活的回归等[21][22]。其他学者则把女性主义伦理学，尤其是关怀伦理学与教育结合起来进行研究[23]。此外，一些学者也试图基于关怀伦理学对整个女性主义伦理学的哲学意义作出评价[24]。

在这 5 年里，国内学者也试图以女性主义哲学方法论为基础，针对中国社会改革开放中出现的各种实践问题，从应用伦理学领域，尤其是生命伦理学和生态伦理学等研究女性主义伦理学。例如邱仁宗教授主编出版了《生命伦理学：女性主义视角》一书。共分四个部分：女性主义与生命伦理学、生物性别与社会性别、遗传学和医学、生殖和性。集中讨论女性主义视角和全球伦理学、生命伦理学的新特点、西方女性主义对中国生命伦理学的意义、女性主义对生命伦理学的介入、女性主义关怀伦理学与生命伦理学，以及中国传统伦理思想对女性人格的构建与反思等问题[25]。此外，由于女性主义哲学关注女性主体体验的特点，国内学者也借鉴当代西方女性主义哲学发展，注重对于"身体"、身心关系和"缘身性"（embodiment）等范畴的研究，例如一些学者认为，身体是当代女性主义哲学关注的一个重要问题。女性主义哲学敏感地意识到身体与主体、与性别之间的密切关系，以及父权制哲学和社会体制如何通过对身体范畴的建构维持性别歧视和不平等的性别关系问题，强调女性主义哲学在与后现代主义哲学一道摒弃笛卡尔以来的身心二元论的同时，也应当力图重建身体范畴，突出身体体验，尤其是女性身体体验的意义，并通过对于身体的回归确立起女性作为身体及其体验主体的地位，围绕着身体探讨一条通向性别平等和解放的路径[26]。同时，一些国内研究者也看到，生态女性主义反对在父权制世界观和二元式思维方式统治下对于女性和自然的各种压迫，倡导建立人与人、人与自然之间的一种新型关系。要建设生态文明，就需要推翻父权制，不仅要结束人对自然的主宰，也要结束男性对女性的压迫。生态女性主义从一个新的视角思考环境问题和生态危机的原因，并为这些问题的解决提供新的思路[27]。

3. "差异"、"性别差异"与平等

在许多西方女性主义学者看来，"差异已经占据当今女性研究项目的中心舞台"[28]，"差异已经代替平等，成为女性主义关注的核心"[29]。把女性呈现为一种"在除了性别之外的多种权力和身份维度中的社会存在已逐渐成为女性主义哲学的核心方案"。而"作为一种女性主义口号，'差异'关系到女性之间的社会差异——例如人种差异，或者性取向差异，或者阶级差异。在女性主义理论中，'差异'已经逐渐地象征由女性并不具有统一社会身份的社会观察所得出的所有复杂性"。女性主义哲学对于差异的讨论主要来自西方社会在20世纪60年代出现的一股政治力量，当时由于女性内部的差异，白人中产阶级的排除性歧视导致女性主义运动的分裂，以及女性主义发展政治哲学发展的要求[30]。国内学者也把研究"性别差异"作为当代哲学、当代女性主义哲学的重要使命[31]。在女性主义哲学对于"差异"和"性别差异"的探讨中，后现代女性主义无疑具有独特的视角，它不仅以其解构方式证明差异的存在，使"女性"不能再作为一个类别概念来运用，动摇了女性的政治联盟，同时也试图从"女性"观点出发，为最终沟通自我与"他者"之间的关系而努力。而且，倘若女性主义哲学要坚持"性别差异"，势必要先对什么是"女性"进行界定，因而，国内一些学者也围绕着女性主义是否应当放弃"女性"概念、应当如何描述"女性"的性别特征、以"性别差异"是否为一个本体论事实等问题进行分析，强调女性主义不应放弃"女性"概念，因为如果一个女性没有"女性"的指称，便会失去自己应有的社会和话语空间，失去主体地位，成为根本不存在的人。放弃"女性"概念将会使女性主义理论和实践面临更大的危险。"女性"是可以通过避开"父权制二元对立思维结构"和"性别本质论"来定义的[32]。另一些学者也从性别"同质性差异"角度探讨女性主义哲学建立的可能性，强调20世纪后半叶兴起的性别建构论正是从男女两性的自然差别在社会中的变化入手去阐明两性差别的社会性，说明男女两性的社会差别是在男女两性自然差别基础上产生的人类社会实践活动的结果，并不能将男女两性的自然差别归结为先天的自然差别[33]。一些学者也考察了伊丽格瑞的性别差异观，强调她是在西方哲学和西方女性主义两大传统之中考察性别差异问题的，她在批判父权社会用单一的男性视角诠释世界，主张女性主体要独立于男性主体存在的同时，也试图建构起尊重性别差异的主体交互性，以及理想的性别关系模式[34]。

二、女性主义哲学学科建设的努力

在主流哲学围绕着"女性主义哲学是否具有作为一门学科的合法性地位"，或者"女性主义哲学是否成立"及"女性主义哲学是哲学吗"等问题争论不休时，女性主义哲学已经以其越发丰厚的成果及其影响开始为自身的学科建设而努力。巴特勒曾对于"女性主义哲学是哲学吗"等提问这样回应道："我的观点是，我们不应该接受这样的问题，因为它是错误的。如果非要提出一个正确的问题，那么这个问题就应该是：'哲学'这个词的复制何以成为可能，使得我们在这样古怪的同义反复中来探询哲学是否为哲学的问题。可能我们应当简单地说，从它的制度和话语发展历程来看，哲学即使曾经等同过自身，现在也不再是这个样子了，而且它的复制已经成为一个不可克服的问题。"[35]或许对于巴特勒来说，当代哲学已经不可避免地呈现出一种"非制度化"倾向，因为它已经不再受控于那些希望定义并保护其领地的人们，而面对着一种被称为"哲学"的事物，出现了一种"非哲学"——它并不遵守那些哲学学科原有的、看似明了的学科规则，以及那些关于逻辑性和清晰性的标准。因而，女性主义哲学的发展动摇和颠覆了人们对于"哲学"的理解，这意味着有一种被称为"女性主义哲学"的理论已超出原有的哲学话语机制而存在，但这并不等于它能够自成体系，或者与自己得以产生的哲学"母体"完全脱离，而是表明当代哲学正在通过"非哲学"的方式迅速发展。

为了呈现发展女性主义哲学的可能性和必要性，一些学者首先探讨了女性主义哲学对于哲学学科发展意义，这主要体现在：第一，以女性主义理论，特别是社会性别视角及"他者"身份，对于传统哲学体系、发展和演变历史、哲学家及哲学流派的思想进行审视和反思，做出一种完全不同于原有哲学的新解读和新诠释。第二，以女性主义理论，特别是社会性别视角及"他者"身份，对于当代哲学发展、一系列与现实有关的新哲学问题进行了具有独创性、开创性的探讨，成为跻身于当代哲学流派、与诸多哲学前沿问题密切相关的一个重要的哲学理论派别。第三，在进行哲学批判和建设的同时，还承担了对女性主义实践与研究进行哲学提升的工作，即对女性主义的认知方式、思维方式、研究方式、话语系统、世界观和方法论进行哲学的、认识论的、价值论的研究、概括与提升[36]。同时，一些学者也在探讨当代女性主义哲学发展所面临的挑战，指出我们首先要关注女性哲学家的缺失，然后便是对传统哲学进行彻底的批判，包括对科学哲学、伦理学和政治哲学等方面的批判，紧接着是建构和发展女性主义哲学。女性主义哲学家在确立女性主义哲学价值的同时，也要尝试探索出女性哲学发言的环境，改变女性主义哲学研究边缘化的现状[37]。

毫无疑问，国内女性主义哲学学科建设需要调动和整合全国相关研究者的群体力量，开展宣传和交流对话工作。同以往分散的、各自为政的研究方式不同，在2006—2010年，国内学术界陆续举办了几次全国性的以女性主义哲学、性别哲学为主题的专业论坛。如2007年7月14日，"性别与哲学对话平台"首届论坛会议在清华大学举行。来自北京、石家庄、南京、武汉、广州、吉林等国内18所著名大学和学术机构，以及一些学术刊物的专家学者共30余人参加论坛。与会者一致认为，在当今世界全球化和多元化文化背景下，在当代中国建设社会主义和谐社会的历史进程中，唤醒性别意识，促进两性在性别与哲学之间的对话，发展性别哲学研究，对于促进全球正义秩序的建构及和谐社会的建设都是至关重要的[38]。2010年9月17—18日，由妇女/社会性别学科发展网络主办、东北师范大学女性研究中心、东北师范大学马克思主义学院哲学系、清华大学哲学系承办的"关于性别研究的思维模式与价值观念论坛"在东北师范大学召开。来自全国12所高校、部分科研单位的教授、专家学者80多人参加了会议。22位专家学者、有关部门领导及博士代表进行了大会发言。大会发言学者中有10位是男性，以东北师范大学马克思主义学院院长、著名哲学家胡海波教授等人为代表，他们的加入改变了女性主义哲学研讨中女学者自说自话的边缘孤独困境，使带有性别哲学对话能够在平等、尊重、活跃的气氛中进行[39]。在全国第八届马克思哲学论坛的一个分论坛上，国内学者也探讨了"性别哲学视野与马克思主义哲学的中国化"问题。与会者认为，"性别哲学视野"的外延既包括当代国外女性主义在哲学、认识论、伦理学、科技哲学等众多领域的研究，也包括中国国内依据本土资源、特别是在中国马克思主义哲学理论背景上展开的性别哲学研究。这一视野对于马克思主义哲学中国化具有重要理论意义，不仅有助于在对传统哲学精华的辨析和汲取，也有助于马克思主义哲学中国化"世界向度"的构建[40]。不仅如此，国内还出版了一些书籍，进行不同性别之间的哲学对话，如《撩开你的面纱：女性主义与哲学的对话》一书以对话的方式，从婚姻制度、独立思考的条件、欺骗话语、权力制度、女性主义策略等各个角度，探讨一系列困扰我们这个时代的棘手问题[41]。此外，在一些全国性的性别研究学科建设的会议上，学者们也纷纷阐释对于国内女性主义哲学学科建设的设想和方案，分析其发展过程中存在的问题。例如 2008 年 11 月 28—30 日，由中国妇女研究会主办、全国妇联妇女研究所承办、浙江省社会科学院妇女/性别研究与培训基地协办的中国妇女研究会年会在北京召开，有 200 余名学者参加会议，会议以"改革开放 30 年中国妇女/性别研究"为主题，集中讨论了"中国妇女/性别学科建设进展"等方面的问题[42]。不仅如此，我国女性主义哲学研究者还积极参与国际对话。2008 年 7 月，国际女哲学家协会第十三届专题研讨会在韩国首尔举行。与会者从哲学角度探讨女性主义和多元文化之间的复杂关系，从本体论、认识论和伦理学角度分析"女性"、"女性主义"和"多元文化"概念，探讨一系列重要的议题：1. 当今多元文化和多元社会中女性的自我认识；2. 女性家庭角色的批判性反思；3. 传统与现代化进程之间的紧张关系，以及它们对不同文化背景下女性生活的影响；4. 全球化进程与各种形式的男女不平等的交汇点，以及新兴的全球或跨国女性主义运动所面临的困境；5. 在把生物医学成就和现代科学技术应用到女性身体时，女性如何保持身体的完整权与自主权；6. 艺术、宗教和各种媒体对女性形象的塑造等[43]。2009 年 12 月 14—15 日，国内也有学者参加了联合国教科文组织在法国巴黎总部召开的"妇女哲学国际网络第一次集会"，与数十位来自不同国家的女性哲学家一同讨论网络本身的组织策略、基础和未来发展，围绕着"男性哲学家如何看待女性哲学家？""谁是妇女，谁是男人，如何不强加任何标准地对他们进行确定？""女性与哲学：联结的含义何在？"以及"当妇女哲学家正确提问时"等问题进行辩论。

三、总结与展望

英国女性主义哲学家米兰达·弗里克等人认为，我们"没有必要去判断哲学中的女性主义是否仍处于襁褓之中"，因为正是这种看起来内部的不统一和参差不齐，才更能体现出女性主义哲学的多元性、异质性、差异性、包容性和开放性[44]。同样的，我们也有理由相信，作为当代哲学研究中最有活力和生机的新领域，女性主义哲学将在应对这些连同更多的挑战中为自身发展及其方法论的完善创造更多的契机和可能性。毫无疑问，女性主义哲学发展不仅对于人类思维方式和伦理价值观变革具有深远的历史意义，也对于社会变革和人类社会的和谐发展具有不可替代的现实意义。在女性主义步入学术世界时，最初考察的是在现实生活中，从经验层面感受到的性别歧视和性别不平等，但在以波伏娃等人为代表的女性主义哲学家把"女性问题"带入哲学世界后，哲学世界和女性本身都已经在潜移默化中发生了巨大改变。以往的哲学在追问"人是什么"、"女人是什么"、"两性关系应当如何"等问题时，提问和回答采纳的都是男性的视角，呈现的是男性的生活体验，与现实中的女性、与她们的生活体验并无真正的关联。然而，当代女性主义哲学把"女性问题"从经验层面提升到哲学形而上的意义上来考察，不仅对人类哲学思维和社会发展做出巨大贡献，也积极推动了女性和女性主义学术的发展。2006—2010 年，中国学者紧跟当代国际女性主义哲学的研究步伐，为使女性主义哲学研究本土化做了大量的尝试和努力，其研究成果也越发地引起哲学领域和社会的关注。总体来看，这期间国内女性主义哲学研究呈现出五个重要特点。其一是出版的译著、专著和论文数量的增加，以及学术研究质量的不断提高。其二是研究领域的不断拓展，主题的不断增加。当人文社会科学对女性主义学术研究深入到学科本质之后，几乎不约而同地要回归到哲学研究上来，这正如伊丽格瑞所言："一个人必须质疑和困扰的实际上是哲学话语，因为它为所有其他话语制定了规则，因为它构成话语的话语。"[45] 其三是本土化的尝试。随着女性主义哲学研究的深入，国内不断有新著问世①。其四是有强烈的"问题意识"并关注对话。这包括与主流哲学的对话，与非女性主义哲学的对话，中西方哲学与马克思主义哲学的对话，历史、现在与未来的对话，理论与实践的对话，不同性别之间的对话，女性与自我的对话，不同代际女性主义哲学研究者之间的对话，不同学科之间的对话以及与国际社会的对话等。其五是研究队伍不断扩大，呈现出年轻化的趋势。在这五个特点之中，或许这其中最为突出的一点是，国内女性主义哲学发展已经步入真正的对话阶段，而这也意味着国内女性主义哲学研究已经取得前所未有的进步。

女性主义哲学的使命可以概括为四个方面：其一，分析批评"父权制"哲学知识论体系，重新思考和建构哲学知识，因为这些体系中存在着消除、压迫、排挤和漠视女性，以及社会边缘人体验和利益的危险；其二，把所有哲学概念框架和体系置于社会历史的背景下分析，要求哲学思考包括多元和差异的体验，哲学观念和知识本身必须是公正的、多层面的，必须通过过程、历史和关系来呈现；其三，打破哲学领域的性别霸权，把女性和边缘人的利益、体验和话语引入哲学；其四，在哲学领域掀起一场观念上的革命，开辟平等和公正的思维空间，追求一个更为理想的人类社会。尽管总体来说，国内女性主义哲学的发展仍处于起步阶段，存在着各种诸如偏重译介、缺乏创新、理论薄弱、地位边缘等不足之处，但也应当看到，国内女性主义哲学研究者已经肩负起在我国现有的社会、文化，以及哲学发展背景下开创和发展女性主义哲学的历史使命。如果说哲学之思在于真实的发问，那么可以说每一个研究者都在努力地以一种真诚的态度去思考、发问和建构；如果说女性主义哲学更为关注女性的体验，那么也可以说生活在现代与后现代恍惚交错时代的女性主义研究者都在讲述着自己的体验故事，并用它们来建构自己的主体、性别和哲学。虽然有评论家对国内女性主义哲学的研究水平和本土化程度提出尖锐的质疑，但我们似乎也应当以一种博大的胸襟和历史发展的视野肯定国内研究者的辛勤和努力，以及在她们讲述的故事里所蕴含的深刻的文化和历史意义，以

①　例如：王宏维. 谁来讲出关于女人的真理：哲学视域下的性别研究［M］. 北京：九州出版社，2010.；肖巍. 在太阳照不到的地方行走［M］. 北京：九州出版社，2007；陈丽平，刘向. 列女传研究［M］. 北京：中国社会科学出版社，2010；等等.

智者的眼光欣赏和期待着这些"火种"能够开启一个无限光明的未来；如果说女性主义哲学是一种知识生产，那么可以说国内研究者已经开始把一片广阔天地作为思想的试验场，从不同的时空中采撷原料加工自己的产品，使中国女性主义哲学能够发展成国际女性主义哲学田野里的一朵奇葩。

众所周知，在人类思维发展中，哲学既是最基础、最坚固和最保守的父权制堡垒，也是最富有创造性的思维空间，它不时地在思维中创造着各种可能性，实现自身从主流到边缘、从边缘到前沿的转换。在女性主义哲学家哈丁看来，女性主义不是一种身份，后殖民主义和女性主义可以被视为从对于社会关系，以及对于这些关系思考方式的变化中（即话语的变化）开辟出来的思索空间。在这一空间里，我们可以表达和争论各种新的、未来的可能性。如今，国内女性主义哲学研究正在奋力地冲创、突破传统哲学思维的框架，突破自我原有思维的边界，为开启哲学的新时代，创造更为公正、理想和和谐的社会而努力。

她——依旧还在路上。

参考文献

[1] 米兰达·弗里克，詹妮弗·霍恩斯比. 女性主义哲学指南 [M]. 肖巍，宋建丽，马晓燕，译. 北京：北京大学出版社，2010.

[2] 朱迪斯·巴特勒. 性别麻烦：女性主义与身份的颠覆 [M]. 宋素凤，译. 北京：生活·读书·新知三联书店，2009.

[3] 朱迪斯·巴特勒. 消解性别 [M]. 郭劼，译. 上海：上海三联书店，2009.

[4] 奈奥米·R. 高登博格. 身体的复活：女性主义、宗教与精神分析 [M]. 李静，高翔，编译. 北京：民族出版社，2008.

[5] 奈奥米·R. 高登博格. 神之变：女性主义和传统宗教 [M]. 李静，高翔，编译. 北京：民族出版社，2007.

[6] 南茜·弗雷泽. 正义的尺度——全球化世界中政治空间的再认识 [M]. 欧阳英，译. 上海：上海人民出版社，2009.

[7] 南茜·弗雷泽，阿克塞尔·霍耐尔. 再分配，还是承认？——个政治哲学对话 [M]. 周穗明，译. 上海：上海人民出版社，2009.

[8] 南茜·弗雷泽. 正义的中断——"后社会主义"状况的批判性反思 [M]. 于海青，译. 上海：上海人民出版社，2009.

[9] 凯文·奥尔森. 伤害+侮辱——争论中的再分配、承认和代表权 [M]. 高静宇，译. 上海：上海人民出版社，2009：86.

　　[10] 凯瑟琳·A. 麦金农. 迈向女性主义的国家理论 [M]. 曲广娣，译. 北京：中国政法大学出版社，2007.

　　[11] 露丝·里斯特. 公民身份：女性主义的视角 [M]. 夏宏，译. 长春：吉林出版集团有限责任公司，2010.

　　[12] 沃伦，张秀芹. 生态女性主义哲学与深层生态学 [J]. 世界哲学，2010（3）.

　　[13] Law J. After Method：Mess in Social Sciences Research [M]. London：Routledge，2004：2.

　　[14] 王宏维. 论女性主义认识论演进中的三个基本问题 [J]. 哲学研究，2009（7）.

　　[15] 王珺. 认识论基础的女性主义批判 [J]. 山西师范大学学报，2008（1）.

　　[16] 文洁华. 对认识论中女性主义视角的进一步反思 [J]. 中山大学学报，2008（1）.

　　[17] 同 [1]，3—4.

　　[18] 宋建丽. 政治视域中的性别正义 [J]. 妇女研究论丛，2008（7）.

　　[19] 崔绍忠. 关怀伦理与女性主义福利经济学研究——对新古典福利经济学的挑战 [J]. 财经问题研究，2008（3）.

　　[20] 宋建丽. 改革开放30年来的中国女性主义伦理学研究 [J]. 伦理学研究，2009（1）.

　　[21] 范伟伟. 关怀伦理学视阈内的道德教育：诺丁斯关怀教育理论研究 [D]. 清华大学，2009.

　　[22] 范伟伟. 儒家“仁”之伦理与关怀伦理可否兼容？——关于这场争论的评述 [J]. 伦理学研究，2009（5）.

　　[23] 肖巍. 女性主义教育观及其实践 [M]. 北京：中国人民大学出版社，2007.

　　[24] 何锡蓉. 女性伦理学的哲学意义 [J]. 社会科学，2006（11）.

　　[25] 邱仁宗. 女性主义生命伦理学 [M]. 北京：中国社会科学出版社，2006.

　　[26] 肖巍. 身体及其体验：女性主义哲学的探讨 [J]. 山西师范大学学报，2010（6）.

　　[27] 幸小勤. 生态女性主义视角下的生态文明观研究 [J]. 重庆大学学报，2009（4）.

　　[28] Zinn M，Dill B T. Theorizing difference from multiracial feminism [J]. Feminist Studies，22（2），Summer 1996：321 – 331，322.

　　[29] Genoves – Fox E. Difference，diversity and divisions in an agenda for the women's

movement［G］//Young G，Dickerson B J. Colour，Class，and Country：Experience of Gender. London：Zed Books，1994：232 - 248，232.

［30］同［1］.

［31］肖巍. 学者的责任与使命——妇女与性别研究笔谈［J］. 山西师范大学学报，2009（1）.

［32］肖巍. 关于"性别差异"的哲学争论［J］. 道德与文明，2007（4）.

［33］郭艳君. 性别：同质性中的差异——兼谈女性哲学建构之可能性［J］. 学习与探索，2009（2）.

［34］刘岩. 差异之美——伊里加蕾的女性主义理论研究［M］. 北京：北京大学出版社，2010.

［35］同［3］，247.

［36］王宏维. 女性主义哲学对哲学学科发展的意义［J］. 中国社会科学院院报，2005（3）.

［37］戴雪红. 性别与哲学——女性主义哲学的当代发展［J］. 山西师范大学学报，2009（5）.

［38］宋建丽，范伟伟，郝志伟. "性别与哲学对话平台"——首届论坛会议综述［J］. 清华哲学年鉴，2007.

［39］王晶，胡晓红. 性别研究的思维模式与价值观念——第四届"性别哲学的对话"研讨会综述［J］. 妇女研究论丛，2008（11）.

［40］王宏维. "性别哲学视野"与马克思主义哲学中国化［N］. 光明日报，2008 - 11 - 18（11）.

［41］荒林，翟振明. 撩开你的面纱：女性主义与哲学的对话［M］. 北京：北京大学出版社，2008.

［42］杨玉静. 改革开放30年中国妇女/性别研究——2008年中国妇女研究会年会综述［J］. 妇女研究论丛，2009（1）.

［43］新馨. 多元文化与女性主义——国际女哲学家协会第十三届专题研讨会［J］. 外国社会科学，2007（6）.

［44］同［1］.

［45］Moi T. Sexual/Texual Politics［M］. London：Routledge，2001：128.

我国妇女立法与妇女法学研究的现状及其特点

李明舜①

摘　要：我国目前妇女立法的主要特点有：保障妇女权益的国家立法与地
　　　　方立法形成良性互动、妇女权益立法顺应并推动了国际社会保障
　　　　妇女人权的历史潮流、社会性别意识逐步纳入立法过程。妇女法
　　　　学学科体系初步形成，从人权的视角研究妇女法和妇女权益成了
　　　　妇女法学研究的亮点。对策性研究仍然是妇女法学研究的重点。
关键词：妇女立法；妇女法学；人权

改革开放 30 多年来，随着依法治国、建设社会主义法治国家进程的不
断推进，我国的妇女立法和妇女法学研究工作都取得了历史性的进步和
发展。

一、我国妇女立法的现状及其特点

改革开放以后，我国的社会主义民主和法制建设进入了一个新的历史
时期，与此相适应，我国的妇女立法也出现了崭新的局面。在改革开放初
期颁布的《宪法》（1982 年）、《选举法》（1979 年）、《刑法》（1979 年）、
《刑事诉讼法》（1979 年）、《婚姻法》（1980 年）、《继承法》（1985 年）、
《民法通则》（1986 年）、《义务教育法》（1986 年）、《民事诉讼法》（1991
年）和《关于严惩拐卖、绑架妇女、儿童的犯罪分子的决定》（1991 年）
等重要法律中，都在自己调整的领域赋予了妇女享有与男子平等的权利，
并给予了妇女相应的特殊保护。这其中需要特别强调的有几点：一是 1982
年颁布的《宪法》在 1954 年宪法的基础上，结合新时期的实际情况，再
一次以国家根本大法的形式确认了妇女与男子法律地位上的完全平等，而

　　① 李明舜，男，中华女子学院党委书记，教授，兼任中国法学会婚姻家庭法学
研究会副会长、秘书长，主要研究领域为妇女人权、妇女法学、婚姻家庭法学等。

且强调了对妇女权益实行特殊保护。宪法的这种指导思想为其他有关保护妇女权益的法律、法规乃至规章、制度的制定提供了法律的依据，指明了方向。二是 1979 年的《刑法》，专门规定了以女性为侵害对象的犯罪，如强奸妇女罪、奸淫幼女罪等，并规定了严厉的刑罚予以制裁，同时强调了对审判时怀孕的妇女不适用死刑。三是 1980 年的《婚姻法》，以其"实行婚姻自由、一夫一妻、男女平等的婚姻制度"，"保护妇女、儿童和老人的合法权益"，"实行计划生育"的基本精神以及"登记结婚后，根据男女双方约定，女方可以成为男方家庭的成员，男方也可以成为女方家庭的成员"、"夫妻在家庭中地位平等"、"离婚时，夫妻的共同财产由双方协议处理，协议不成时，由人民法院根据财产的具体情况，照顾女方和子女权益的原则判决"等规定使广大妇女成为实施婚姻法的受益者。四是 1991 年《关于严惩拐卖、绑架妇女、儿童的犯罪分子的决定》，对打击拐卖、绑架妇女、儿童的犯罪活动，保障妇女儿童的人身安全发挥了重要作用。[1]

1992 年，为了落实宪法的有关规定，完善社会主义法制，同时也为了履行我国参加的有关国际公约的义务，体现社会主义制度的优越性，我国颁布了《中华人民共和国妇女权益保障法》。妇女法通过对妇女的政治权利、文化教育权益、劳动权益、财产权益、人身权利、婚姻家庭权益等各项权益的全面确认和对一些协调性、补充性、程序性、制裁性条款的规定，使之成为一部综合性的、系统性的全面保障妇女权益的基本法。妇女立法作为我国有史以来第一部全面保障妇女权益的法律，它的颁布、实施，不仅是广大妇女政治生活中的一件大事，也是我国社会主义民主与法制建设中的一件大事，标志着我国以《宪法》为根据，以《妇女权益保障法》为主体，包括国家各种单行法律、地方性法规和政府各部门行政法规以及我国已签署的国际社会有关妇女权益问题、人权约法在内的一整套保护妇女权益和促进男女平等的法律体系已经形成。妇女法颁布后，随着改革开放的深入和中国特色社会主义事业的发展，有关保障妇女权益、促进男女平等的法律体系也不断得到完善，之后修订和制定了一系列与妇女权益密切相关的法律，如《劳动法》（1994 年）、《母婴保健法》（1994 年）、《老年人权益保障法》（1996 年）、《刑事诉讼法》（1996 年修改）、《刑法》（1997 年修改）、《婚姻法》（2001 年修改）、《人口和计划生育法》（2001年）、《农村土地承包法》（2002 年）、《妇女权益保障法》（2005 年修改）、《治安管理处罚法》（2005 年）、《义务教育法》（2006 年修改）、《物权法》

（2007 年）、《劳动合同法》（2007 年）、《就业促进法》（2007 年）、《未成年人保护法》（2007 年修改）、《残疾人保障法》（2008 年修改）、《社会保险法》（2010 年）、《刑事诉讼法》（2012 年修改）、《民事诉讼法》（2012年修改）、《女职工劳动保护特别规定》（2012 年）等。

　　这其中需要特别强调的有这样几个方面。一是 1994 年的《母婴保健法》。为了保障母亲和婴儿健康，提高出生人口素质，母婴保健法对婚前保健、孕产期保健、婴幼儿保健作了明确具体的规定。二是 1997 年修改的《中华人民共和国刑法》。它进一步扩大规定了专以妇女为侵害对象的犯罪，如强奸罪，奸淫幼女罪，强制猥亵、侮辱妇女罪，拐卖妇女、儿童罪，收买被拐卖的妇女、儿童罪，聚众阻碍解救被收买的妇女、儿童罪，引诱幼女卖淫罪，嫖宿幼女罪，不解救被拐卖、绑架妇女、儿童罪，阻碍解救被拐卖、绑架妇女、儿童罪等，而且对以妇女为主要对象的犯罪也作了更为具体的规定，如聚众淫乱罪，引诱未成年人聚众淫乱罪，非法进行节育手术罪，组织卖淫罪，强迫卖淫罪，协助组织卖淫罪，引诱、容留、介绍卖淫罪，传播性病罪，组织淫秽表演罪，暴力干涉婚姻自由罪，重婚罪，虐待罪，遗弃罪等。这些规定为打击侵害妇女合法权益的犯罪提供了法律武器。三是 2001 年修改的《婚姻法》。修改后的婚姻法继承了 1950年、1980 年婚姻法关注弱者、保障人权的精神，通过对家庭暴力的禁止、无效婚姻、可撤销婚姻制度的设定、法定离婚理由的具体化、离婚补偿制度和离婚损害赔偿制度的确立、救助措施与法律责任的增加，更多地关注了人的需要，更多地保护了妇女、儿童、老人的合法权益，更多地赋予了妇女权利，从而为更好地保障妇女的婚姻家庭权益提供了法律依据。四是2005 年修改的《中华人民共和国妇女权益保障法》。修改后的妇女法明确规定"实行男女平等是国家的基本国策"，明确了执法主体和政府责任，规范了妇联职责，对妇女政治权利、文化教育权益、劳动和社会保障权益、财产权益、人身权利、婚姻家庭权益作了更有针对性的保护，进一步强化了法律责任，从而使妇女法更加突出了"明确权利，重在保障"、"既有系统性，又有针对性"、"立足现实，兼顾必要和可能"的特点，使妇女法的立法内容和立法技术，更加具有鲜明的中国特色和时代特征。五是2012 年制定的《女职工劳动保护特别规定》的出台对于保护女职工的劳动能力，促进其平等就业和全面发展，维护其体面劳动和人格尊严，进一步调动女职工参与经济建设的积极性和创造性，推进劳动关系和谐和社会稳定具有重要的现实意义。

改革开放以来，我国的妇女立法呈现出以下几个特点。

（一）保障妇女权益的国家立法与地方立法形成了良性互动

在保障妇女权益的规定方面，国家立法与地方立法呈现良好的互动状态。一方面，国家立法为地方立法明确了保障妇女权益的原则和标准，同时为地方规定预留了足够的立法空间；另一方面地方立法加强了法律规定的针对性，弥补了国家法律规定不具体的缺陷，同时为完善国家立法积累了经验。这一点在妇女法的制定和修改以及有关家庭暴力问题的规定上尤为明显。1992 年妇女权益保障法出台以后，全国几乎所有的省、自治区、直辖市都根据本地区妇女的实际情况和需要制定颁布了各自的实施《中华人民共和国妇女权益保障法》办法。这些实施办法，在充分了解本地经济、政治、文化、风俗习惯的基础上，有针对性地解决了本辖区内妇女权益方面存在的突出问题，突出了地方特色。2005 年妇女法修改后，各省、市、自治区又纷纷根据修改后的妇女法修改本地的实施办法，到目前为止，已有 19 个省、市、自治区修改了其实施办法。修改后的这些实施办法不仅超越了修改前的实施办法，而且在很多方面又对妇女法的实施做出了贡献。再如，有关家庭暴力问题。我国有关家庭暴力问题的法律规定始于地方立法。2000 年 3 月，湖南省出台的全国第一部反家庭暴力的地方性法规《湖南省预防和制止家庭暴力的决议》，开启了家庭暴力问题进入法律领域的大门。2001 年修改的《中华人民共和国婚姻法》，则首次以国家法律的形式明确规定了家庭暴力问题，从此家庭暴力这一概念正式成为了一个法律概念。2005 年 8 月修改的《中华人民共和国妇女权益保障法》，则以国家基本法的形式对家庭暴力问题进行了规定，并对婚姻法的规定有了突破。婚姻法、妇女法的规定，反过来又为地方反家庭暴力立法提供了法律依据。上述国家立法与地方立法的良性互动，加快了我国保障妇女权益法律体系的建设。

（二）保障妇女权益的立法顺应并推动了国际社会保障妇女人权的历史潮流

享有充分的人权，实现法律上和事实上的男女平等，是广大妇女和人类长期以来追求的崇高目标。但就当今的世界来看，现代社会不仅未能使妇女实现享有充分人权这一理想，而且也未能使妇女平等地与男子分享现实的权利和利益，男女不平等的现象依然在各个国家、各个领域不同程度地存在。这种情况的存在，不仅严重地阻碍着妇女的全面发展，而且也严重地阻碍着社会的和谐与进步，因此，要求保障妇女人权、促进男女平等已成为当今世界不可阻挡的潮流，国际社会和世界各国都纷纷采取各种措施特别是法律措施以顺应这一历史潮流。从国际社会来看，自 1948 年 12 月 10 日经联合国大会通过的、作为第一个人权问题国际文件的《世界人权宣言》始，人权问题一直备受国际社会关注，妇女人权亦是其中的热点。为此国际社会通过了一系列的公约、宣言，如《禁止贩卖人口及取缔意图盈利使人卖淫公约》（1949 年）、《关于男女同工同酬的公约》（1951 年）、《妇女政治权利公约》（1952 年）、《已婚妇女国籍公约》（1957 年）、《消除对妇女歧视宣言》（1967 年）、《在非常状态和武装冲突中保护妇女和儿童宣言》（1974 年）、《消除对妇女一切形式歧视公约》（1979 年）、《到 2000 年提高妇女地位内罗毕前瞻性战略》（1985 年）、《维也纳宣言和行动纲领》（1993 年）、《消除对妇女暴力宣言》（1993 年）、《北京宣言》和《行动纲领》（1995 年）等。这一系列的国际妇女人权法构成了国际人权法发展的重要部分，它对妇女人权状况的改善作出了积极贡献。我国作为有关保护妇女人权公约的缔约国和签署国，为了践行自己的庄严承诺，采取了各种措施积极落实相关的规定。在通过法律保护妇女人权，促进男女平等方面作出了巨大的努力，取得了举世瞩目的成绩，形成了以《中华人民共和国宪法》为基础，以《中华人民共和国妇女权益保障法》为主体，包括国家各种单行法律法规、地方性法规和政府各部门行政规章在内的一整套保护妇女人权和促进性别平等的法律体系。特别是 2005 年修改后的《中华人民共和国妇女权益保障法》，将男女平等基本国策法律化，这标志着我国的法律在实现公约的要求方面又有了新的进展，达到了一个新的高度。妇女法作为我国有史以来第一部全面保障妇女权益、促进男女平等的法律，是我国人权保障法律体系的重要组成部分，是一部保障妇女人权的基本法律。妇女法的制定和修改，开启了我国妇女人权法律保障的一个新的历史起点，也为世界妇女人权的保护作出了贡献[2]。

（三）社会性别意识逐步纳入立法过程

发端于美国 20 世纪 60 年代的社会性别（Gender）理论，是在女权主义运动的实践中发展起来并对这一运动起着重要指导作用的核心观念体系，并已逐渐发展成为西方学术研究中的一个重要分析范畴。而社会性别分析是一个包含识别和理解社会性别不平等原因的过程，目的在于找出导致妇女不利社会地位的社会、政治、文化等结构性原因，以利于发展有针对性的政策和措施，从根本上改变性别不平等的状况。将社会性别观点纳入联合国各机构的决策主流，已成为联合国的既定政策。联合国经社理事会指出："这是一种战略，将妇女和男子的关注事项和经验作为一个整体，纳入政治、经济和社会等所有领域的政策和方针的设计、落实、监测和评估，使男女都能平等受益，中止不平等现象。最终目标是实现两性平等。"1995 年，在北京召开的第四次世界妇女大会所通过的《北京宣言》和《行动纲领》，处处贯穿和体现着社会性别视角，为中国妇女研究和妇女工作注入了活力，提供了新视角和新方法。社会性别意识纳入决策主流的立法表现主要有以下几个方面。

（1）制定和修改了专以妇女为保护对象的妇女法。从社会性别的视角看，妇女法是一部体现先进性别文化的法律，它的修改是以先进性别文化为基础的。妇女法与先进性别文化之间在目标、核心价值方面是完全一致的。首先，由于妇女法的立法目的就是保障妇女权益，促进男女平等，这部法律的制定和修改本身就是先进文化特别是先进性别文化的全面体现。其次，妇女法所确立的男女平等、非歧视、对妇女权益特殊保护等基本原则，既是先进性别文化的内在要求，也是先进性别文化的集中体现。最后，妇女法所保障的妇女与男子在政治、文化教育、劳动和社会保障、财产、人身、婚姻家庭等各方面享有的平等权利，则更加具体地体现了先进性别文化的要求。同时，妇女法通过对先进性别文化内涵和价值的确认和保障，进一步弘扬和发展了先进性别文化。

（2）宪法和诸多法律都明确规定了男女平等并将其作为基本原则。

（3）男女平等基本国策法律化。2005 年修改妇女法时，明确规定了"实行男女平等是国家的基本国策"。把男女平等作为基本国策并以法律的形式加以确认，这是我们党和政府对新中国成立以来妇女发展问题在认识和实践上的高度概括和总结，是顺应世界进步潮流，向国际社会作出的庄严承诺和对国际妇女运动的贡献。

（4）妇女组织特别是妇联组织参与立法。全国妇联坚持以源头维权为工作重点，深入开展调查研究，主动、及时跟进国家立法和政府决策进程，积极参与涉及妇女利益重大法律法规的制定修改。在 1980 年第二部《婚姻法》和 1992 年《妇女权益保障法》的制定中，全国妇联发挥了重要作用。2001 年在《婚姻法》修订中，全国妇联提出的"坚决遏止重婚纳妾、包二奶"、"禁止家庭暴力"等 5 个重要立法建议均被全国人大采纳。2005 年在《妇女立法》修改中，全国妇联更是得到了立法机关的高度信任，承担了起草和提请审议的基础性工作。此外，全国妇联还积极参与了《未成年人保护法》、《人口与计划生育法》、《土地承包法》、《治安管理处罚法》、《劳动合同法》、《就业促进法》、《物权法》、《社会保险法》、《女职工劳动保护条例》等多部重要法律、法规的起草与修订。

二、我国妇女法学研究的现状及其特点

妇女法学是我国社会主义法学体系中的重要组成部分，是研究妇女权利保障法律的产生、运用和发展规律的科学。作为一门应用法学，我国妇女法学始终与我国的妇女法紧密相连，相生相伴。改革开放 30 多年来，随着妇女法体系的形成与不断完善，我国的妇女法学也取得了很大的成就并呈现了下列特点。

（一）妇女法学的学科体系初步形成

每一个学科都有其特定的研究对象、研究内容和研究方法，建立一个崭新的独具特色的妇女法学学科体系，是妇女法学研究中的首要任务。妇女法学的体系，作为妇女法学所包括的各部分内容之间的内在联系和结构形式，它所要解决的问题是以什么样的结构科学地表述妇女法学的内容，正确解决妇女法学各项内容的内在联系和相互关系，使之成为一个有机整体。目前，我国妇女法体系已基本形成，这在客观上为我们建立妇女法学体系奠定了基础，提供了依据，它将对妇女法学体系的建立和发展产生重大影响，而在事实上，也正是由于妇女法体系的形成，对我国妇女法学的发展产生了划时代的影响。在此之前，虽然在不同的历史时期都出现了有关的妇女法律问题的研究，但量少势微，没有形成规模和气候，而且，研究中缺乏应有性别意识，因而影响有限。随着妇女法的颁布和实施，有关妇女法学的研究也进入了一个新的历史阶段。一方面，在这一时期发表、出版了数以百计的通俗读物和宣传妇女法的文章、著作，如《妇女立法一

百问》、《妇女立法学》等；另一方面也出现了对妇女法学学科建立进行探索或有所涉及的论文和专著，如巫昌祯、陈明侠《妇女法学》，杨大文《妇女立法的回顾与展望》，陈明侠《论我国妇女权益保障》，胡德华《妇女法的立法原则》，马忆南《中国法律与妇女人权》，夏吟兰《试论妇女立法的性质与特点》，郭建梅《论妇女立法的地位和特征》，李明舜《妇女法理论研究中的两个问题》，田军《各国妇女权益宪法保障的比较研究》，朱景哲《我国刑法对妇女儿童合法权益的保护》，等等。此外，中华女子学院、北京大学、内蒙古大学的法律系已经开设或正在酝酿开设妇女法课程，妇女法的培训更是规模巨大。所有这些情况表明，我国的妇女法学的学科体系的建立已初露端倪[3]。伴随着 2005 年妇女法的修改，一批妇女法著作亦应运而生，具有代表性的有顾秀莲《妇女立法学习读本》，莫文秀《中国妇女权益保障的法制化建设》，夏吟兰《妇联组织维护妇女人权职能及其运行状态研究》，林建军《中国妇女法的未来走向》、《妇女法基本问题研究》，李明舜和林建军《妇女人权的理论与实践》、《妇女法研究》，李明舜《新中国成立以来的妇女权益立法保障》、《修改和完善妇女立法实施办法应注意的几个问题》，薛宁兰《社会性别与妇女权利》，刘明辉《社会性别与法律》，马忆南《男女平等的法律辨析》，党日红《多重视角下的妇女立法》，李明舜和左玉迪《妇女立法与妇女利益实现机制的构建》，孙启泉和张雅维《妇女法教程》，等等，这一时期的妇女法学研究著作和论文，无论从数量还是研究深度上都有显著的提高，标志着妇女法学的研究进入了一个新的阶段。

（二）从人权的视角研究妇女法和妇女权益成为妇女法学研究的亮点

人权作为在一定的社会历史条件下，每个人按其本质和尊严享有或应当享有的基本权利，就其主体而言，本不应有性别之分。然而，由于历史上的男女不平等，妇女的权利长期被排斥在人权之外，妇女的人权遭受了极端的漠视和侵害。因而，在倡导保障人权，促进男女平等的今天，与我国保障妇女权益的立法顺应，与国际社会保障妇女人权的历史潮流相适应，从人权的视角研究妇女法和妇女权益就有了其历史的必然性和现实的针对性。

由于妇女法是妇女人权的体现和保障，是妇女人权在我国社会生活中得以实现的基本形式，妇女立法使妇女人权获得了国家强制力的保障，妇女立法确认和保障了妇女的政治权利、文化教育权益、劳动和社会保障权益、财产权益、人身权利、婚姻家庭权益等各项权益。与此同时，妇女人权是对妇女立法进行价值评价的重要标尺，保护妇女人权是妇女立法所要实现的最主要的价值目标。妇女人权是妇女立法的灵魂和精髓，妇女立法对妇女人权的尊重和切实保障是人们对妇女立法信仰的力量源泉。我国的妇女立法，充分体现了宪法规定的"国家尊重和保障人权"的精神。人权精神对妇女立法的影响是巨大的。因此，以妇女立法为主要研究对象的妇女法学，就必须从人权的视角研究妇女立法和妇女权益，这主要体现在：一是妇女法学的研究始终坚持以马克思主义人权观、妇女观、法律观为指导。马克思主义人权观、妇女观、法律观是我国妇女法的立法指导思想，也是我们从事妇女法学研究工作的指导思想。二是妇女法学研究的重点领域主要是妇女法规定的政治权利、文化教育权益、劳动和社会保障权益、财产权益、人身权利、婚姻家庭权益等权益，而这些权益集中概括了人权的基本的核心的内容，是妇女人权的集中体现；三是妇女法学研究特别关注了对贫困、残疾、流动等弱势妇女群体权益保障的研究，充分体现了"以人为本"、关怀弱者的人文关怀。

（三）对策性研究仍然是妇女法学研究的重点

从目前研究现状来看，对策性研究依然是妇女法学研究工作的主流。妇女法学作为一门应用法学，其研究的出发点必然立足于服务妇女权益保障工作的实践，推动妇女法不断完善和全面实施。长期以来，从事妇女法学研究的专家学者以邓小平理论和"三个代表"重要思想为指导，全面落实科学发展观，以构建社会主义和谐社会为大目标和总要求，引领和繁荣妇女法学研究；妇女法学研究始终围绕保障和维护妇女权益的伟大社会实践进行，把妇女关心、中央关注、当前最迫切需要解决的妇女权益领域中的重大理论和现实问题作为研究的重点，并不断根据形势发展和任务的变化确定新的研究方向，妇女法学的理论创新和妇女法律文化创新为保障妇女权益的法律制度创新提供法学理论支持。例如，当前的妇女法学就特别关注了诸如妇女权益保障法的修改以及修改后的实施，针对妇女的家庭暴力防治的法律对策、针对妇女的工作场所性骚扰的防治、女职工劳动保护的特别规定、法律政策的社会性别分析等妇女维权和发展中出现的新情况、新问题，抓住这些妇女维权和发展中出现的重点、热点、难点问题展开调查研究，探索新时期维护妇女权益工作的方法和途径，提出了解决问题的对策，同时重视和善于运用已有的科研成果，使之成为切实可行的建议，并把它转化为实际的工作决策或为决策提供科学依据。

当然，目前的妇女法学研究除了上述可取的优点以外，也还有很多的不足，由于妇女法学研究起步晚，基础较薄弱，整体研究水平不高；如对有关妇女法学发展至关重要的一些基本理论问题还缺乏深入的探讨。这种研究现状，很难适应依法维护妇女权益工作的客观需要，因而，加强妇女法学理论研究已成为当务之急。

参考文献

［1］李明舜. 新中国成立以来的妇女权益立法保障［J］. 中华女子学院学报，2009（06）.

［2］北京市妇联. 1978—2008 年北京性别平等与妇女发展状况［M］. 北京：北京出版社，2009：84—95.

［3］李明舜. 完善中的妇女法与发展中的妇女法学［J］. 中华女子学院学报，1999（1）.

［4］李明舜，林建军. 妇女法研究［M］. 北京：中国社会科学出版社，2008：175—184.

新世纪以来中国女性学学科建设回顾

韩贺南　陈政宏①

摘　要：本文主要回顾了自 20 世纪中叶以来，中国女性学学科制度与建制的发展状况，认为学科范式是制约女性学发展的瓶颈，应该总结女性学半个世纪的积累，着力于女性学学科范式的建设。

关键词：女性学；学科建设；学科范式

一、导语

（一）背景与研究问题

西方女性学自 20 世纪六七十年代产生以来，已经走过了将近半个世纪的历程，中国女性学诞生于 80 年代，也已历经 30 个春秋。西方女性学作为风云激荡的女权运动第二波的延伸，立足于大学讲堂；中国女性学在改革开放之初，为回应社会变革中的性别问题应运而生。时至今日，女性学如何发展，目标是什么？本文以为，最关键的问题是女性学要不要名正言顺地在高等教育体制中安身立命？这一问题不仅是女性学的选择问题，而且是高等教育体制"准入"与否的问题。高等教育的入门证是学科，或者说女性学应以学科的身份进入高等教育体系。经过数十年的发展，女性学已经一脚门里一脚门外地进入高等教育体系了，但要独立于学科之林，仍然面临依据传统学科标准的身份检验。这就是我们常常听到的主流学科的质询，女性学到底是不是一个学科？考量的标尺首先是学科范式，即是否有"学术共同体"所认同的、明确的、不可取代的研究对象、基本理论（概念体系）和研究方法。这就是女性学作为一个学科的依据是什么，学

---

①　韩贺南，女，中华女子学院女性学系教授，硕士生导师，主要研究领域为中国共产党妇女理论；陈政宏，女，中华女子学院图书馆馆员，主要研究领域为妇女/性别研究、女性学理论。

术界域如何划定等问题。

其实，这种考量不仅是学理上的思辨，也是女性学发展实践中面临的现实问题。经过几十年的发展，尤其是 1995 年第四次世界妇女大会之后，一些学科已经基本接受了女性学的基本分析范畴——社会性别（Gender），继而产生的问题是女性学的看家本领是否只是一个"视角"。如果不跟进建构女性学的学科范式，就会面临只作为一个视角被其他学科消融，或者说，非但不能完成解构其他学科性别偏差的使命反而被其他学科"解构"了。诸如，近年来，在人才培养方面常常遇到这样的问题，女性学在其他学科名目下，培养女性学或称性别研究方向的硕士、博士研究生，首先必须按照这一学科的范式给学生以训练，尤其是学位论文的写作，必须遵循这一学科的价值观，问题意识，并运用其基本概念、理论与研究方法，否则学生难以得到学位。这一问题，在学生开题或者毕业论文答辩时表现更为突出，许多人选择放弃女性学而回归主流学科。要解决这一问题，就要有女性学的学科地位，说到底还是要有自己的学科范式，并被学术界认同。关于女性学的学科建设问题，自女性学问世以来从未间断，但每个时期的着力程度和关注问题有所不同。本文对中国知网自 1995 年以来，题名中明确含有"女性学"关键字的期刊文章进行检索，共搜出 140 篇。

仅从这 140 篇文章每一年份的数量分布和关注问题来看，2005 年、2006 年和 2007 年这 3 年，学术成果居多，2007 年为峰值。从对女性学学科建设的关注来看，也是这 3 年成果居多，以 2007 年为最。从文章内容来看，这 3 年对学科建设关注的重点也略有不同。

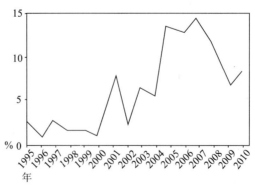

1995—2010 年女性学文章

2005 年主要关注的问题有："学科规范化""从边缘到中心的悖论""学科存在的价值""学科建设的构想"等。2006 年出现了一些学科制度建设的文章，诸如，《论女性学的学术范式与研究方法》和《我国女性学学科制度建设与问题》等，这些文章直接论及学科建设的基本问题，诸如学术范式、基本理论、研究方法等。此外，这一年出现了一些女性学发展历程梳理、研究类的文章，诸如，《跨越式发展与本土经验——女性学学科建设的十年回顾》等。探讨女性学学科建设的成就与面临的问题，试图从经验中提炼、聚焦学科要点问题，推进女性学学科建设的步伐。近年来多有"回顾"类研究成果面世。杜芳琴、王珺的《三十年妇女/性别研究的学科化》全面系统地梳理了"妇女/性别研究作为一门学术性学科怎样在学术界获得身份，并在高等教育中获得建制，成为教育实体的结构，进入课程体系，逐渐纳入高等教育和学术主流"[1]的过程，对妇女/性别研究 30 年来的学科化发展阶段进行了划分，对不同阶段的成就与问题进行了评价与分析，从学理研究、课程建设、机制策略 3 个方面论述了妇女/性别研究学科化的策略与前景。关于学理方面，她们认为，妇女/性别研究如果作为一门独立的学科在"研究对象、公认的专门术语和方法论、概念体系、分析范畴"等方面"远未达到基本的认同"，"也正是源于那种对学科理解的随意性，妇女/性别研究在学科同行中，甚至在本学科许多研究者心中离真正意义上的'学科'还相距甚远，从这种意义上说，中国妇女/性别研究的学理建设还有很长的路要走"[2]。鉴于，近年来的许多关于学科建设的综述类研究专门关注女性学学理建设的研究并不多见，本文着重关注的问题是 1995—2010 年这 15 年女性学在学理建设或称制度建设方面以及相应的社会建制方面，到底走了多远，学科建制状况如何？学科制度和学科建制具有怎样的相互关系？哪些是女性学学科建设亟待解决的瓶颈问题？本文主要对 2000 年以来出版的十几本女性学导论类教材和有关女性学学科建设的学术论文进行了文本研究，主要探讨研究者对女性学研究对象、研究内容的看法及其变化；女性学理论与研究方法的研究现状等问题；着重探究 15 年来学科建制的成就与不足，当前要解决的主要问题与策略。

（二）基本概念的内涵

关于女性学的学科名称，目前尚未形成一致的看法。中国内地 20 世纪

80 年代多称为妇女学，90 年代中期以后多称为女性学，也有学者坚持使用妇女学。2000 年以后出版的导论类教材对这一概念的使用全部使用了女性学的概念。在学术研究以及课程名称方面较为多样，主要有女性研究、妇女研究、女性/性别研究、妇女/社会性别研究、妇女/社会性别学，等等。在概念的使用过程中，有人一以贯之地使用某一概念，有人在不同著作与文章中使用不同的概念，还有人同时使用多种概念，标明两个或几个概念同一含义，诸如，妇女学（妇女/性别研究）等等。杜芳琴教授认为："在中国的妇女/性别研究中，到目前为止，并没有出现一套统一的学术语言和概念体系。主要原因在于妇女/性别研究还处于学科化的初级探索阶段，一切都还有待规范、提高。"[3] 学科的命名与学科的界定有着密切的关联，多为昭示学科的研究对象，由于女性学的特殊性，也由于如上所言，到目前为止，关于它的学术界域尚未形成一致的看法，所以它的学科名称自然是多种多样。这反映了研究者们对这一学科的不同理解。近年来，有许多关于上述概念之间异同辨义的文章，仍是仁者见仁智者见智，莫衷一是。这里不再赘述上述概念的异同，需要说明的是，本文暂用女性学的概念。

学科、学科制度与学科建制是本文的基本概念。本文以为"学科是指对同类问题所进行的专门的科学研究，从而实现知识的新旧更替。学科活动不断导致某学科内现有知识体系的系统化和再系统化"[4]。简单说来，学科是一种知识形式，是对某一对象进行专门研究的系统的知识体系。而知识体系的形成，是研究主体从事研究活动的结果，而研究主体从事研究活动要有一定的组织、制度形式，从这个角度说，学科又是一种组织形式，或称建制。"由于知识存在方式的特殊性，学科不只表现为单一的一种组织形式。学科组织可能是'正式'独立的社会组织，如研究所或某学会；也可能是某正式组织中的机构，如大学中的科系或教研室；还可能是个人"[5]，还"可以以一种虚拟的形式来集约所有符合其学科使命的资源的实体形态，而不必像其他组织那样一定要以清晰的刚性结构来规范它的实体"[6]。简言之，学科是一种知识体系，也是一种创造知识体系的组织形式，前者被称为学科制度，后者被称为学科建制。学科制度是指"不同学科受其研究对象、研究方法、发展背景和理论基础的影响，在学科发展过程中所形成的本学科特有的思维方式和行为特征"[7]，"其目的在于形成一种知识传统或思想传统，或者具体地说是一种研究纲领，以便同行之间相互认同为同行，以便新人被培养成这项学术事业的继承者"[8]。

据此，本文以为学科制度主要是指学科知识形式，包括特有的研究对象、概念体系和研究方法等。所谓学科建制"是学科存在和发展的必要组织保障，它以一定的机构为依据，为学科主体（研究者——笔者注）提供一种基本的社会身份或社会标识范畴，是学科主体的生存依附和生存形式"[9]。本文主要采用费孝通先生对学科机构的分类，即"一是学会，这是群众性组织，不仅包括专业人员，还要包括支持这门学科的人员；二是专业研究机构，它应在这门学科中起带头、协调、交流的作用；三是各大学的学系，这是培养这门学科人才的场所，为了实现教学与研究的相结合，不仅在大学要建立专业和学系，而且要设立与之相联系的研究机构；四是图书资料中心，为教学研究工作服务，收集、储藏、流通学科的研究成果、有关的书籍、报刊及其他资料；五是学科的专门出版机构，包括专业刊物、丛书、教材和通俗读物"[10]。正如有学者所言："学科从来都不是仅仅停留在理论或知识层面上的抽象概念，作为学科发展的必要条件，学科载体包括学科建制和学科制度两个层面。学科建制是学科发展的物质依据，学科制度是学科发展的精神保障，学科建制和学科制度在物质层面和精神层面共同作用于学科的发展。"[11]以下将从学科制度与学科建制两方面来回顾 15 年女性学学科的发展状况。

二、女性学的"制度建设"

（一）女性学的研究对象

学科的首要问题是知识的界域问题。由于女性学肇始于对传统知识体系性别偏差的全面质疑，匡正人类知识体系因女性立场与经验的缺失而带来的知识偏颇，因此其知识领域是非常宽泛的，很难按照传统学科界定的方式确定它的研究对象。此外，兼因女性主义学者对"学科化"普遍存有矛盾心态："一方面在妇女/性别研究的形式过程中，它最初以一种批判主流学科传统和反传统学科划分的立场出现，并试图以自己独特的认识理论和话语形式促使人们对学科本身进行反思，改变人们关于学科的元认识。但是，它又发现这种超然姿态却使其事实上只能处于自说自话的境地，根本无法介入到主流学科的主体群中，影响不了主流学科本质性发展，所以，在实际的运作中，它还是不可避免地寻求学科化和制度化；另一方面，女性主义者无不表现出这样的忧虑：如果妇女/性别研究被传统学科体制所接纳，那么这种学科化和体制化的'妇女/性别研究'在摆脱边缘地位后，又能否保持自己的批判性、自主性和多元性呢?"[12]由于以上原因，15年来对女性学的研究对象问题，鲜有专门讨论与争鸣。

由于导论类教材往往以学科姿态构建知识体系，所以对女性学的研究对象多有论及。即便如此，也有少部分教材回避研究对象的讨论。从2000年以来出版的女性学导论类教材和有关学术论文关于女性学的界定来看，主要有两种观点。一种是人学范畴的女性学。这种观点认为，学科名称本身就昭示了它的研究对象，女性学是关于女性的学问。而何谓"关于女性的学问"，诸家也有不同的表述。最早出版的魏国英主编的《女性学概论》认为：女性学"是一门关于作为整体的女性的本质、特征、存在形态及其发展规律的科学"[13]。稍后出版的啜大鹏主编的《女性学》认为，"女性学也可将其简单概括为关于女性的学问"，"女性学的研究对象是女人"[14]。这两本教材均围绕其学科概念所昭示的知识体系编排研究内容，着力回答"女性主体的本质、特征"、"存在形式"、"发展规律"等问题。这两本著作均以马克思主义的辩证唯物主义和历史唯物主义为理论基础，在确认男女生理的自然差异基础上，强调人的本质是社会性，即社会关系的总和。遵循这一理论逻辑，关于女性的存在与发展问题，二者着重将女性整体的生存与发展置于人类整体生存与发展的历史进程中加以考察，揭示女性的生存与发展和社会经济、政治、文化诸方面的关系，着重分析女性在社会经济、政治、文化等诸方面的地位与作用，强调女性的参与、贡献与地位的提升，批评与男性相比妇女地位的低下以及各种歧视女性的观点和行为。其理论基础主要是马克思主义理论，逻辑框架是压迫—解放—发展的模式。

在2005—2010年出版的女性学导论类教材中，有4本在研究对象的表述上与这两本教材大致相同。叶文振主编的《女性学导论》认为"女性学以女性为研究对象，以女性问题为研究范畴"，"女性学研究对象的核心是女性，研究的关键是女性的本质"，认为"女性的社会属性是女性的重要本质特征"[15]。关于研究范围，该书认为："凡是女性本身及其与女性相关的问题都是女性学的研究范畴。"[16]简单说来该著认为女性学的研究对象是女性，核心问题是女性的本质，研究范围涉及与女性相关的所有问题。祝平燕等主编的《女性学导论》也认为"女性是女性学的元问题，是女性学学科体系的逻辑起点，研究女性首先就要解释女性的本质"[17]。韩贺南、张健主编的《女性学导论》与"以女性为研究对象"，将女性作为元问题的观点略有不同，认为女性学的研究对象是"女性的生存与发展（Existence & Development）现象及其规律"，"将研究范围界定为女性自身与女性有关的所有问题"[18]。很显然，该书在研究对象的表述上，没有论及女性的本质，而在女性学研究范围的阐述上突显了女性自身和与女性有关的所有论题。此外，该书在内容编排上，没有研究女性本质的内容，也没有按照"女性存在与发展规律"来铺陈章节结构，而是基本上按照 1995 年世界妇女大会《行动纲领》中的十二个重大关切领域（议题）编排内容。周天枢等所著的《女性学新论》认为"女性学是一门研究性别关系，揭示女性的生存和发展状况及其规律，促进性别平等和女性全面自由发展的科学"[19]，强调"以女性为主体和对象"，以性别关系为"基本出发点和范畴"。该著在研究对象的表述上，试图综合各种观点，将"女性、女性生存与发展现象及其规律"都作为研究对象，又增加了"性别关系"的内容。但并未对作为该书所认定的女性学研究对象的"性别关系"给予充分论述，又将其作为女性学的基本出发点和范畴。

以上可见，许多女性学导论类教材，将女性学界定为人学范畴的科学，主要体现在研究对象的确认和研究范围的划定上。关于研究对象的认定，有三种观点：一是将女性学的研究对象界定为"女性"；二是淡化了对女性本质的研究，将女性学的研究对象界定为研究女性生存现象及其规律；三是对以上两种观点的综合。

人学范畴的女性学从求证"本质"到关注"议题"，踌躇于"知识论"与"人学"之间，根据传统学科的范式一定要为女性学划定一个范畴，又勉为其难，其思考方式表现出既根植于中国的马克思主义学术传统又借鉴了西方女性学的特点，仍然以马克思主义的人学，人的本质概念为根基；同时可见，议题的拓展又回应了中国女性学始建时期的问题研究。

关于女性学学科界定的第二种观点，或可称为"知识论"的女性学。与第一种观点不同，这种观点认为女性学绝不仅仅将女性为研究对象。女性学概念中"女性"的意义一是女性为研究主体（研究者），更确切地说，女性是知识建构的主体；二是站在女性立场的研究，是女性/性别视角的研究。人学范畴的女性学也是站在女性立场，为了女性的研究，但是与这种观点有所不同。这一观点的认识前提是，人类知识整体上是存在缺陷的。因为它是以男性为主体建构起来的知识大厦，缺乏女性的立场和经验，这样的知识再建构着女性的不平等地位，或者说将性别歧视合理化。所以，这种观点的女性学宏志高远，绝不把研究对象仅仅定位为女性，而是全面改造人类知识性别的偏差，创造新的知识。因而所有知识都是它检视、批评、纠正、创新的对象，与前一种观点仅仅研究女性和女性相关议题大相径庭，或者说研究女性和女性议题，仅仅是它的一小部分内涵，它的内涵广博，包括所有知识。它具有广阔的知识创造空间和无限的生命力。但是，它很难按照传统的学科范式，界定明确的研究对象和研究范围。这种观点在导论类教材中体现为对将女性作为研究对象的忧虑，担心其有"本质论"之嫌，从而跌进"男性文化设下的陷阱"[20]，此外，人学范畴的女性学只能作为"人学的分支"，而难以成为一门独立的学科[21]。另一方面，"知识论"的女性学，即使在导论类教材中也回避界定研究对象，而是阐述女性学的认识论、价值观、跨学科性、学术目标与社会目标等，描述女性学是什么。此外，"知识论"的女性学在诸多学术论中都有阐述，这里不再赘述。

综上所述，关于女性学研究对象的研究，大致经过这样的过程：第一阶段："女性本质"求证阶段。即依据女性学学科名称所昭示的内涵，顾名思义，按照马克思主义、历史唯物主义关于人的研究逻辑求证女性的本质、特征、存在方法与发展规律。第二阶段：学术使命描述阶段。从2005年前后出版的教材来看，研究者不完全认同女性学就是"研究女性的"这一认识，也不满意西方女性学"不守规矩"难以确定学科边界的状况，一些学者深感于西方女性学在学理上凭借认识论开启了女性学的知识大门，试图在两者之间探询女性学的学科界域。因而采用借助西方女性学的认识论，描述女性学学科特点、学术目标、社会目标的方法，诸如阐述女性学的"跨学科性"与"多样性"，女性学全面解构传统知识体系与创造新知识的学术任务，致力于消除性别、阶级、种族等所有形式的压迫与歧视的社会使命等，试图超越将女性作为研究对象的看法，进一步认识女性学的学科界域。第三阶段：学科界定方法探索阶段。从2010年出版的两本教材来看，研究者努力寻找学科界定的方法。试图从女性学创始者的意图、女性学研究者在研究什么、理想的目标指向什么[22]三个维度，继续寻找女性学的研究对象。但依然没有出现相对满意的界定。似乎孕育着一场关于女性学学术界域的讨论。

（二）女性学基本理论与分析范畴

15 年来，关于女性学理论内涵和基本内容的概念研究成果比较鲜见。以下仅从上文所及十几本女性学导论类教材对女性学理论的关注情况，以及在学科界定、知识框架、问题分析等方面所依据的基本理论与分析范畴窥见女性学理论建设之一斑。

首先从教材对女性学理论的关注情况来看，从无到有，呈现出从"隐"到"显"的过程。最早出版的教材，在内容上并未直接编排女性学理论的内容，只能从其他内容的阐释中窥视其理论依据。2005 年后出版的教材多设专章讨论女性学理论。具体说来，2000 年出版的《女性学概论》以马克思辩证唯物主义和历史唯物主义为指导，界定女性学的研究对象和基本内容框架，同时借鉴其他学科的相关理论展开对不同议题的分析。诸如，从马克思主义的辩证唯物主义和历史唯物主义观点——人的本质是社会关系的总和这一认识出发，将女性学界定为研究女性的本质、存在方式与发展规律的科学，又从社会经济、政治、文化等社会关系及其变化中考察女性学的存在方式与发展规律；在相关分析中运用了相关学科的概念和理论，诸如，分析女性的角色，运用社会学的角色概念和理论；女性心理的讨论运用心理学的概念和理论等。2001 年出版社的《女性学》设专章介绍了女权主义流派，主要阐述了西方女性主义流派产生发展的历史脉络和主要派别，分析了它们在妇女解放运动中的地位与作用，并以马克思主义妇女理论为指导，指出了它们的缺陷与局限性。该著认为"西方女权主义看不到妇女受压迫的阶级根源和经济根源。它们的目标只是争取妇女的某些权利，而不是从根本上改变阶级压迫和经济基础"[23]。她们虽然反对男权文化，但又用男权文化和标准来看待自己[24]。此外，这本教材，一方面以马克思辩证唯物主义和历史唯物主义为指导，界定研究对象，构建知识体系，另一方面又试图批判地借鉴西方女权主义理论作为理论基础。可见其对女性学理论的表现初露"隐"、"显"兼具的端倪。诸如，"女性学理论与流派"、"女性学的理论框架"等。

其次，关于女性学理论到底包含哪些内容，多数教材认为主要有三部分理论组成，即马克思主义妇女理论，西方女性主义理论或社会性别理论，性别和谐理论。从教材对这几种理论的阐释来看，还处于初步探索阶段。主要表现在以下几方面。其一，基本概念的内涵尚不清晰。诸如，关于妇女学理论、马克思主义妇女理论、中国化马克思主义妇女理论、马克思主义妇女观等概念的基本内涵到底是什么，尚未形成较为一致的看法。在这几种理论中处于首要地位的马克思主义妇女理论尚且存在这一问题，其他理论诸如女权主义理论、社会性别理论更是如此。其二，对某些理论到底是不是理论还存在争议。诸如，关于社会性别只是分析方法还是理论，看法不一。主要质疑的是它尚未形成概念体系。其三，对每种理论基本观点、基本命题的看法仁者见仁、智者见智，没有形成较为一致的观点。诸如，对马克思主义妇女理论基本观点的阐述，有的着重于辩证唯物主义和历史唯物主义世界观和方法论及其阶级分析方法；有的侧重于其对妇女受压迫根源、条件、解放道路的观点；还有的基本遵循江泽民同志1990 年"三八"国际劳动妇女节讲话中提出的五个基本观点，即"1. 妇女被压迫是人类社会发展到一定阶段的社会现象；2. 妇女解放的程度是衡量普遍解放的天然尺度；3. 参加劳动是妇女解放的一个重要先决条件；4. 妇女解放是一个长期的历史过程；5. 妇女在创造人类文明、推动历史发展中具有伟大的作用"。并增加了男女平等基本国策的内容，而关于男女平等基本国策的内涵与主要内容并未形成一致看法。对西方女权主义理论的阐释，多数教材还只是介绍流派产生的历史脉络、基本主张，尚未提炼出认同度较高的基本概念和理论。

存在上述问题的主要原因，首先是女性学研究对象和方法的不确定性，影响基本理论的建设。女性学理论的概念到底是什么？从学理上来说，女性学理论应该是解释它的研究对象的概念和理论体系。正因为女性学研究对象难以确定，因而它的基本理论到底是什么也需要进一步讨论。其次，女性学缺乏独立的研究方法，也影响学科理论的建构。最后，作为妇女学主要理论资源的妇女理论研究成果不够丰厚，也是原因之一。

尽管如此，从女性学导论类教材来看，女性学理论的建构已经引起研究者的重视，并取得了一定的研究成果。仅就上述教材对女性学理论内容的阐述来看，大致经历着一个从宏观描述，到探讨基本概念及其内在联系，再到着力探讨基本命题及其理论体系的过程。2005 年以后出版的教材更加注重挖掘理论资源，拓展理论建构的方法。诸如，着力从女性主义认识论的角度探索女性学理论的建构方法，梳理马克思主义妇女理论中国化的理论成果，等等。可见，研究者已自觉地、理性地朝着学科建设的目标，对学科理论这一基本要素进行攻关。

关于女性学的基本概念与分析范畴的方法论也是十分重要的问题。对15年来女性学所使用的基本概念和分析范畴进行梳理是个浩大的学术工程，目前这方面的研究成果并不多见。就上文所及十几本导论类教材所使用的概念和分析范畴来看，大致经历了由主要运用马克思主义妇女理论的基本概念和分析范畴，到将社会性别作为基本分析范畴的转变。需要说明的是，在将社会性别作为基本分析范畴的同时，并未抛弃马克思主义传统，而是将其作为相对具体分析方法来说。更高层面的指导原则，或者说，它作为一种世界观和方法论潜隐在研究者的头脑中，作为宏观指导，而社会性别只是具体的分析工具和方法。同时还可以看到女性主义的立场和方法论在许多教材中都有体现。女性主义的用途除上文提到的许多教材将之作为基本理论的一部分外，作为认识论和方法论主要体现在研究的立场和态度方面，从研究问题的选择、研究角度等许多方面都可见其踪迹。

　　上述转变在时间和形式上有如下表现：20世纪末和21世纪初出版的教材，主要以马克思主义妇女理论为基本分析范畴。除上文所及运用马克思主义历史唯物主义观点认识妇女的本质，并从这一"元问题"出发构建女性学的知识体系以外，在教材的一、二、三级标题多见马克思主义妇女理论的基本概念，诸如"生产力"、"物质生产"、"女性地位"、"女性贡献"、"男女平等"、"妇女解放"、"全面自由发展"等。此外在基本分析路径上表现为从压迫—解放，参与—贡献—提高地位的模式。2004年出版的两本教材，表现出较为鲜明的女性主义观点，强调女性的立场与经验。它们明确指出："几千年来，传承文化和掌握话语权的主体是男性……如何用女性的视角看世界？便是女性学所研究的一个核心问题。"[25]2005年以后出版的教材开始用社会性别作为分析范畴和分析工具。有教材开宗明义地指出："针对传统社会研究中常漠视与女性相关的话题和领域，有时甚至采用性别歧视的扭曲方式呈现女性的现象……把'社会性别'（Gender）作为研究社会现象的一个重要的分析框架和解释框架。"[26]此外，在教材内容上也表现出相应的变化，诸如，教材内容框架更加宽泛，由原来的"女性的"变为"女性与"，再变为"性别与"，一、二、三级标题多出现性别平等，父权制、女性赋权、女性增权、性别与发展等概念，话语体系发生了明显的变化。

　　此外，还需要说明的是，关于社会性别的用途，是多种多样的。在上述十几本教材中，只有一本没有专门介绍社会性别概念，其余都有阐释。

关于社会性别概念的使用，有多种说法，诸如：社会性别视角、社会性别分析范畴、社会性别理论、社会性别方法论、社会性别方法，等等。最初一些人只是将社会性别作为认识人的性别的一个概念，即人不仅有自然性别，还有社会性别。这一认识很符合马克思主义历史唯物论关于人的本质的认识，即为：人有自然性和社会性，人的本质是社会性，甚至有人认为这是马克思主义早已阐明的概念。因而，最早出版的教材，多在性别差异、性别角色的阐释中运用这一概念。反映出当时研究者只把它当作符合历史唯物主义观点的一个普通概念。2005年以后出版的教材，对社会性别的认识有一个重大的突破，即为：将它作为分析所有议题的重要范畴，甚至将其视为女性学基本理论的内容之一。较为明显的标志有三个方面：一是前文所述的各章的命名由"女性的"向"女性与"、"性别与"的转变；二是设专门章节介绍社会性别理论；三是具体问题分析中运用女性主义理论和社会性别概念。具体表现为在展开每章内容之前，首先介绍女性主义观点，诸如，女性主义历史观、女性主义健康观，并据此构建本章框架，展开分析。总之，从女性学导论类教材来看，学者们对社会性别的认识经历了从一般概念，到分析范畴再到基本理论的认识过程。

（三）女性学的研究方法

从上文所及十几本女性学导论类教材来看，研究者对女性学研究方法的关注大致经历了三个阶段，即阐释"一般方法论原则"阶段：初步分拣研究方法、探讨基本分析范畴阶段、探讨创建独立研究方法阶段。以上三个阶段的划分，以主要关注问题为依据。其实，每个阶段都不仅仅关注某一问题，而是同时关注指导原则、方法论与具体研究方法等诸多问题，只是侧重点有所不同而已。

关于一般方法论原则的讨论，首先见之于魏国英主编的《女性学概论》。该著从"一般方法论原则"、"研究对象"、"研究手段和方法"三个方面阐述了女性学的方法论和研究方法。作者首先根据学科属性确认方法论原则，认为"从女性学的学科属性分类来说，它是一门社会科学"，"它的最直接的指导思想即方法论原则就应该是历史唯物主义和辩证唯物主义。"[27]关于女性学如何以历史唯物主义和辩证唯物主义为指导原则，作者指出："按照唯物史观的思维模式来分析女性，解剖女性，把女性看成社会的产物、社会的缩影，从女人身上寻找社会历史的因素，也就是说，要从女性与社会的联系和制约中，从生产力和生产关系、从经济基础和上层建筑的基本矛盾及其运动规律中，寻求关于女性的一切问题的答案。"[28]

关于研究观念，该著认为，"许多社会科学的研究观点对女性学都有指导意义。比较而言，理论与实践统一的观念、批判继承的观念、借鉴吸收的观念，对女性学研究更有普遍的指导意义"[29]。关于"研究手段"，该著认为，"现有的自然科学、社会科学各学科的研究手段和方法都可以为其所用。相对而言，考察、调查、考证、统计与分析、演绎、推理、哲学的抽象与提升，使用的更多"[30]。从这一时段出版的女性学导论教材来看，女性学研究基本遵循一般社会科学的方法论原则和研究方法，没有显示出女性学研究方法的独特性。

关于将社会性别作为基本分析框架的讨论出现在 2005 年以后出版的教材之中。韩贺南、张健主编的《女性学导论》设专章讨论了研究方法问题。作者从女性学的学科特点，即跨学科性入手，在分析实证主义方法和解释学方法各自特点的基础上，选择女性学的研究方法，作者着重阐释了解释学方法对实证主义的质疑。解释学方法认为，"研究者本人的主观态度根本不可能不介入研究的过程。研究者本人就是这个研究过程的一个组成部分，社会科学（社会学）根本不可能做到价值中立和客观的研究"[31]，这一看法和女性主义认识论有相似之处。女性主义认为，"女性一向被排除在知识体系外"，"在以往的知识建构和社会问题研究过程中"，"研究的主体——女性，以及女性的生活经验、女性的声音、他们所生活的环境和主流文化对她们的影响"，却都被忽略了，"女性主义就是要对一向以男性为中心所建构起来的'知识'大厦进行了较全面的梳理，并在两性平等对话的基础上，力图开创关注女性的思考空间"[32]。作者认为，质性研究（qualitative），更适合女性研究。这种方法是基于女性主义认识论，"研究人员以访问者或者观察者身份去收集所调查问题的资料的研究方法。研究者采用非结构的问题与参与者进行讨论、并设法解释参与者自己对问题的'叙事'或经验"[33]。作者认为这一方法更有利于凸显女性学的经验，表达女性的声音，更能挖掘现象背后的意义，有利于在理论建构和思维层次上讨论妇女受压迫的根源。所以作者认为，"究竟有没有一种女性主义的研究方法，仍然是一个需要讨论的问题，但女性主义与质性研究的诸多渊源则是十分明显的"[34]。以上可见，作者试图在社会科学研究方法中，根据女性主义的认识论与方法论特点去分检哪些方法更适合女性学研究。此外，本书专门系统地介绍了"'以社会性别'为分析框架的研究过程"，明确提出了"以社会性别为分析框架"的观点。作者在分析研究方法概念结构的基础上，讨论了在何种意义上使用社会性别分析范畴的问题。作者指出：研究方法实际包括两个层面的内容，即方法论和具体研究手段、技巧与工具等。研究方法应该包括研究的计划、策略、手段、工具、步骤等整个过程，运用'社会性别'的概念，是要从理论层面去指导整个研究过程"[35]，作者指出社会性别不是具体的收集资料方法，诸如访谈、问卷、焦点小组等。但是，"方法和理论之间，有着一种必然的联系"[36]，以社会性别概念指导研究过程，虽然运用的研究手段与其他学科看似没有更大差异，但是会得到不同结果。作者旨在说明，女性学以社会性别为分析框架，虽然运用的仍然是其他学科的研究方法，但实际上已经对其进行了改造，因为方法论与具体方法之间没有截然的鸿沟，方法论不同，必然影响到研究方法，研究结果的不同便是铁的证明，这一认识在一定程度上开启了继续探讨创立女性学研究方法的空间。

2006 年以后出版的导论类教材，着重讨论了如何建立独立的女性学研究方法问题，在女性学研究方法的探讨方面又进一步。叶文振主编的《女性学导论》开设专章讨论了女性学的研究方法。作者认为在鼎立女性学的"三足"——女性学理论、女性学研究方法、女性学史学中，女性学的研究方法"涉足较浅"，"学术积累不多"。作者概要梳理了女性学研究方法的研究成果，认为女性学研究方法的发展大致经历了三个阶段：第一阶段，基于女性主义认识论全盘"拒绝和否定了由男性一手建构起来的包括方法论和研究方法在内的知识体系"[37]，试图"对以往的人类知识进行重写和重建，以至于用一个全新的女性知识体系全面替换现有的由男性一手制作的知识架构"[38]，"在具体研究方法的使用上，带有明显的女性研究人员介入式的解释论，质性研究方法完全取代了实证主义的定量研究方法，女性的主观意识、情感和经验在解释女性生存状态的性别问题上的作用得到了前所未有的提升"[39]；第二阶段，"从初始的全盘否定转化为在社会性别研究框架下，有选择地使用与研究目的相一致，并且能够顺利达到研究目的服务的现成的各个学科的研究方法"[40]；第三阶段，"从多学科研究方法的借鉴和选择性使用到对这些方法有意识的改选，并逐渐形成跨学科的或者独立于其他学科的研究方法"[41]。第三个阶段的特点是，改造其他学科的研究方法，并逐渐形成跨学科的女性学独立的研究方法。简言之，女性学研究方法的研究，经历了对传统研究方法从拒绝、否定到选择使用，再到改为创新的过程。女性学研究对其他学科研究方法的选择，既是妥协，又是"进取"。女性学研究必须面对学术现实，走进学术现实。选择现有的研究方法，是对其改造的起点。而女性学改造其他学科的研究方法则开启了女性学创立自己独特的研究方法的可能与空间。

那么，究竟什么是女性学研究方法？作者认为，"女性学的研究方法是社会性别方法论和相应的具体研究方法的统一，女性学研究方法的应用是社会性别哲学思想方式指导下的具体方法的使用。任何把二者割裂开来，或者脱离社会性别哲学思想指导的研究方法都不是真正意义上的女性学研究方法"[42]。作者总结了女性学研究方法的四个特点：第一，"从研究方法层面来看，兼顾方法论的坚持和具体方法论的使用，以坚持社会性别的方法论为优先"；第二，"从收集资料来看，兼顾描述是怎样和解释为什么是这样，以解释为什么这样为重"；第三，"从分析手段来看，兼顾实证或定量分析和解释或质性研究，但以解释主义的质性研究为主"；第四，"从研究方法发展来看，兼顾发展跨学科的研究方法为首"[43]。以上四点集中起来即为，坚持以社会性别分析为框架的前提下，同时采用其他学科的具体研究方法。

以上可见，女性学研究在社会性别框架下，吸收其他学科的研究方法，是在女性学发展到一定阶段上的选择，或者说是权宜之计，暂解无米之炊，或为创建自己独特研究方法的方法。女性学在采用其他学科方法的过程中，必须在跨学科研究的基础上发展出自己独特的研究方法。

三、"学科建制"的发展

关于学科建制的概念，导言中已经论及。这里，主要依据费孝通先生对学科建制内涵的阐释，从以下三个层面论述中国女性学15年来学科建制的变化与发展。

（一）"多足鼎力"的研究机构

15年，女性学研究机构的建立，取得了突破性的进展，主要表现为，全国性研究机构的出现，以及具有独特作用的研究与培训基地和协作组织的产生，从而使女性学的研究与教学在原来主要依据女性/性别研究中心的基础上，形成了"多足鼎力"，合力推动的态势。

各高校女性/性别研究中心是高校女性学研究与教学的主要平台。这里的高校女性/性别研究中心是指高校中的女性/性别研究机构。关于这类机构的名称多种多样。诸如，"妇女学研究中心"、"妇女问题研究中心"、"性别与社会发展研究中心"、"性别研究中心"、"女性/性别研究中心"，等等，本文暂用"女性/性别研究中心"的称谓。

高校女性/性别研究中心，自1987年全国首家——郑州大学妇女学中心问世以来，经1995年世界妇女大会的催生，到1999年迅速增加为34所[44]，截至2007年，据不完全统计，已建立起约70所[45]，其中实体制的仅4所，即中国传媒大学、天津师范大学、东北师范大学和延边大学。近几年来，除了数量上的持续增长之外，这些研究机构在建制上的变动，尤其值得关注。诸如，天津师范大学于2006年在原有妇女研究中心和跨界妇女与社会性别学研究培训基地等组织机构的基础上，成立了"天津师范大学性别与社会发展研究中心"，作为中国内地第一家有正式编制、有国家财政拨款、有设施配置、有办公用房的独立建制的"校管科研机构"，于2008年，又还原回初始状态，而就其变化的深层原因及对学科建制产生的影响，还有待进一步思考与研究。

根据中国妇女研究会网站（http：//www.cwrs.ac.cn/）的显示，中国妇女研究会是中国内地最大最具影响力的全国性女性/性别研究机构。它创立于1999年，到2004年换届时团体会员达到108个，目前，团体会员和理事遍布全国31个省区市，分布在党政部门、妇联组织、各类高校和社科机构，形成了跨地域、跨学科的妇女研究组织网络。中国妇女研究会在推进多学科和跨学科的女性/性别研究与学科建设，发展壮大女性/性别研究的人才队伍，提升女性/性别研究在社会科学研究中的地位等方面发挥了积极的作用。

2005年，中国妇女研究会加强与全国哲学社会科学规划办公室、教育部及中国社会科学院的联系，促进国家社会科学基金课题指南在多个学科领域中明确列入女性/性别研究选题方向，并在国家社会科学基金项目的评审工作中予以倾斜性支持，为各地女性/性别研究学者特别是青年学者的研究工作提供了支持。下面提供1996—2010年女性研究项目立项表，其中2006—2009年，国家社会科学基金项目中，4年累计批准立项的女性/性别研究课题达86项，是1999—2004年6年立项总数的3.07倍（详见表

1）。这些项目有力地推动了全国各地女性/性别研究的开展和众多成果涌现。为了鼓励更多优秀成果的出现，中国妇女研究会于 2006 年还创立了 5 年一届的中国妇女研究优秀成果和优秀组织推选活动，目前已经开展了 2 届，为女性/性别研究成果的交流与展示搭建了平台。

表 1　国家社科基金女性研究项目时间分布（1996—2010 年）

年份	重大项目	重点项目	一般项目	西部项目	青年项目	自筹经费	合计	占同年项目总数比例（%）
1996			5				5	0.49
1997			2				2	0.36
1998			3				3	0.56
1999			3				3	0.37
2000			6				6	0.72
2001		1	2			1	4	0.50
2002			6				6	0.62
2003			5		1		6	0.61
2004			4	1	3		8	0.59
2005	1		2	1	1		5	0.35
2006			9	2	2		13	0.82
2007		1	8		8		17	1.12
2008			19		10		29	18.61
2009			15		12		27	15.70
2010			14		6		20	8.75
合计	1	2	103	4	43	1	154	50.17

　　数据来源：全国哲学社会科学规划办公室（www. npopss‑cn. gov，cn）"立项信息"栏目国家社会科学基金资助项目（1996—2010 年）进行的分期统计。

　　此外，中国妇女研究会"妇女教育专业委员会"自 2003 年正式成立以来，每年在各地召开不同主题的年会，与各地团体会员一起，组织内容丰富、形式多样的研讨活动，编辑出版与女性研究有关的图书，以推动女性学学科建设，并已见成效。2008 年妇女教育专业委员会出版了我国第一本系统研究妇女教育的著作——《中国妇女教育发展报告——改革开放 30

年》蓝皮书。2010 年，"中国妇女研究会妇女教育专业委员会第二届理事会第一次会议"，确立了"三个平台"的任务定位：一是要成为先进性别文化的宣传平台；二是要成为妇女教育理论的交流平台；三是要成为妇女教育国际交流的展示平台。

高校女性学学科建设协作组是有关高校的女性/性别研究中心通力合作，致力于女性学科建设的民间机构。2001 年，北京大学召开"中国高校女性学学科建设研讨会"，与会 24 所高校代表共同探讨了学科理论、课程设置、教材建设、师资队伍建设等问题，期间北京大学、中央民族大学、浙江大学、武汉大学、云南大学与东北师范大学 6 家高校成立了"高校女性学学科建设协作组"，以进一步加强高校间女性学学科建设的交流与合作。此后，2002 年、2004 年及 2006 年，东北师范大学、云南大学及武汉大学先后组织召开了以"高校女性学课程与教学"、"女性发展与女性学学科建设"和"中国高校女性学教育的理论与实践"为主题的第二次、第三次、第四次高校女性学学科建设研讨会。高校女性学学科建设协作组的活动不仅提供了一个交流的平台，加强了高校之间女性学教育理论与实践的沟通、对话及交流，而且增进了学界对女性学进入教育学科主流的信心，对女性学学科建设尤其是女性学学科进入主流教育起到了一定的促进作用。

妇女/性别研究与培训基地是全国妇女研究会为使高校女性/性别研究中心在促进女性/性别教育和培训机制化过程中进一步发挥重要作用搭建的一个平台。于 2006 年成立，其"四位一体"的研究和培训网络体系，在推进女性/性别研究方面，发挥了重要作用。对发展学科建制产生了积极的影响。诸如，中央党校妇女/性别研究与培训基地主要的建设目标之一便是致力于形成一支从事女性/性别研究的师资队伍，将性别研究纳入党校系统科研工作；中国社会科学院妇女/性别研究与培训基地将重点课题研究与学科建设结合起来，积极推动妇女研究逐步融入社会学、人类学、人口学等各学科领域，融入哲学社会科学创新体系。

总而言之，各基地紧紧抓住自身特色与优势，努力推进将女性/性别教育与培训工作纳入所在单位的研究与培训的主流。近年来的探索与实践表明，研究基地的建立在机制创新、资源整合等方面发挥了积极作用，有力地推动了多学科、跨学科、跨部门的女性/性别研究和学科建设。

综观这 15 年来，女性性别研究科研机构的变化与发展，主要有两方面特征。一是"内建制"的突破性进展。所谓"内建制"，是本文为表述方便而使用的词语，主要是指，女性/性别研究与教学的新建制只在妇女界，如妇联系统、各高校女性/性别研究中心等领域产生，而在教育主流建制中，鲜有突破性进展。所谓"内建制"有突破性进展，主要表现为较大的全国性女性/性别研究机构的出现改变了过去地方的、分散的、单打独斗的组织形式，取而代之的是全国的、集中的，有核心凝聚力的机构，从更广范围内带动了女性/性别研究日益规范化、体制化、学科化。二是"曲折性"的发展态势。如上文所及，天津师范大学性别与社会发展研究中心，尽管是实现中国女性学与高等教育体制接轨的重要举措，但却在短短两年时间就退回起点。

（二）曲缓演进的教学平台

大学学习和专业通常是主要教学平台。目前，中国内地只有两个女性学学系，即中华女子学院女性学系和南京师范大学金陵女子学院女性学系；两个女性学专业（不包括其他学科下的女性/性别研究方向），即中华女子学院女性学本科专业和北京大学女性学硕士研究生专业。

女性学本科专业是中华女子学院的一个特色专业，其前身为始建于1984年的妇女运动专业，历经妇女工作专业、社会工作专业变更，2001年成立女性学系，2004年创建女性学专业并开始招收女性学本科辅修专业学生。从2006年9月开始，中华女子学院招收全国第一届女性学本科生。目前，该校已有两届本科毕业生。2008年，中华女子学院女性学专业获批国家级特色专业和北京市特色专业。2011年7月5日，南京师范大学的金陵女子学院正式成立女性学系，致力于从"女性自身角度"和"生活角度"出发，培养"现代高素质高层次女性专门人才，把学生培养成为人格独立、品德高尚、气质优雅，富有科学精神和生活情趣的现代知识女性"。

1998年，经国务院学位办批准，北京大学首次招收女性学方向硕士研究生，2005年，北京大学又在此基础上率先设立了女性学硕士学位点，如今已有9届毕业生，为妇女组织和妇女研究机构等培养和输送了人才。目前，女性学拥有学士、硕士学位的授予权，这是作为一个独立学科在体制上的重要标志。特别值得注意的是，2008年，中华女子学院在成立二级学院的过程中，为了"强强合作"，将女性学并入"社会与法学院"，该系成为该二级学院"四系"（当时为女性学系、法律系、社会工作系，现该二级学院又增设了社会学系）之一。此举对女性学的发展究竟有利还是不利，仍有待观察。

女性学的研究机构除了上述所言少有的大学学系与专业外，"大部队"是高校的女性/性别研究中心与培训基地。据统计，截至 2008 年，各女性/性别研究中心与培训基地面向本专科学生、硕士及博士研究生的各类教学课程总数达 282 门，其中，面向硕士和博士研究生的专业课程 80 门，具有通识性和跨学科性质的课程有 93 门，占 33%[46]。

一般说来，大学的学系和专业应该是培养人才的主要平台，但目前中国内地女性学教育仍以主要依靠大学的女性/性别研究中心推动，而这类机构又多为虚体，这种建制不利于女性学的知识生产和人才培养。所以未来的体制改进，或增加大学学系与专业，或使女性/性别研究中心由"虚"而"实"，仍有待进一步探索。

（三）层出多样的信息资源

女性学的信息资料，经过 15 年的积累，如今，除了传统形式的学术期刊、专业图书馆和信息资料中心之外，还出现了以互联网为载体的资讯方式，及以实物形态呈现的信息资料。

专业学术期刊是"进行国内外学术交流的重要工具，是培养和发现人才的园地，是记载科学成果的载体与文献库"[47]。目前，在中国内地与女性有关的专业刊物中，《妇女研究论丛》最受关注。它致力于反映、探讨社会主义建设过程中，每一个时期妇女发展面临的重大理论问题和现实问题，进而推进妇女事业的发展。其近五年来的一些举措，尤其值得关注。2005 年，该刊为配合第四次世界妇女大会召开 10 周年系列活动，设立"北京 + 10"专栏，出版增刊，回顾 10 年来中国女性/性别理论研究和推动性别平等实践的进展；2006 年，分别推出了"预防和制止对妇女的职场性骚扰专刊"和"分享项目研究成果，促进社会性别主流化"增刊；2007 年至今，通过利用《妇女研究动态》、《妇女研究信息简报》、《妇女研究内参》和"中国妇女研究网"多种形式，为各地团体会员和理事及广大女性/性别研究学者提供信息服务。《中华女子学院学报》，是中国内地少有的以研究和探索妇女问题为主的综合性学术刊物。它运用多学科的知识和方法，多层次、多角度反映女性发展热点问题。人大复印资料《妇女研究》，也是女性学的重要资料来源。它精选公开发行的"内容具有较高的学术价值、应用价值，含有新观点、新材料、新方法或具有一定的代表性，能反映学术研究或实际工作部门的现状、成就及其新发展"的有关女性/性别研究的重要论文。此外，《浙江学刊》、《云南民族大学学报》、《华南师范大学学报》、《山西师范大学学报》等开辟的女性研究专栏均为女性研究者提供了重要的学术平台。还有一些类似的期刊或学术性很强的出版物也堪称女性学的重要信息资料。诸如，王红旗主编的《中国女性文化》是国内外学者发表"原创性论文"、"在场研究对话"、"名作鉴赏"与"专题论坛"等作品的学术园地。

　　除了专业学术期刊以外，各高校图书馆与女性/性别研究资料中心也是女性学资料的重镇。它们汇集传播大量信息，服务于女性学教学与研究，推动女性学学科建设。

　　中华女子学院图书馆，致力于"收藏当代国内有关妇女研究的出版物"，坚持"收集、整理女性及性别研究信息的特色馆藏建设方向"。1997年，中华女子学院图书馆还建立了女性研究特色的集学术新闻、专业论文、图书和多媒体资料为一体的"女性学与性别研究数据库"。目前正在筹建的"中国女性图书馆"——中国内地首家从女性学角度建立的图书馆，将于2011年年底正式挂牌。除了中华女子学院之外，试图将各类图书中有关女性/性别研究的资料遴选、整合而成的专门女性研究资料信息中心，多为各高校女性/性别研究中心建立。诸如，延边大学和北京大学是高校中较早建立信息资料库的女性/性别研究中心。目前，绝大多数的高校女性/性别研究中心都有自己的信息资料库。

　　随着女性/性别研究的深入发展，新的资料形式和信息交流平台层出多样。伴随着新传播媒介的兴起，2004年，天津师范大学妇女研究中心建立了妇女与社会性别研究网站，同年中华女子学院建立了妇女与发展网站，为妇女研究工作者交流研究信息提供服务；2006年，妇女/社会性别学学科发展网络（Network of Women/Gender Studies）成立，将之前的妇女与社会性别研究网站纳为子网站之一；该网络的宗旨之一便是推进学科建设，试图"凝聚已有的妇女/社会性别行动的经验，使之上升为一种知识，并得以在主流知识体系中传播、传承、再生产，让妇女/社会性别学进入教育和社会的主流"。此外，有些女性/性别研究中心除了收藏纸本、电子、音像资料之外，还着重收藏与女性有关的生产、生活的实物。以实物形式呈现信息是女性/性别研究信息资料的特色之一。2010年，中国妇女儿童博物馆在北京正式开馆。它是我国第一家以妇女儿童为主题的国家级博物馆。

综上所述，女性学的信息资源，经过 15 年的积累，有了长足发展，变得日益丰富，形式多样，但是与女性学在知识创造方面的贡献与成就相比，仍显单薄。不仅表现为专业期刊的数量增长缓慢，更为突出的是女性学研究类图书资料并没有专门的分类。尽管《中图法》目前已经修订至第五版并对图书的分类及具体条目几经修改与变化，但女性研究类图书却始终隶属于 C 类社会科学总论和 D 类政治法律，许多问题，仍待研究。

四、基本评价与展望

（一）15 年来女性学学科建设状况的基本看法

以上回顾可见，15 年来女性学在学科制度、学科建制方面都取得一定程度的进展，学科化进程逐步向前推进。

首先，在学理方面着力于各领域的女性/性别研究向理性、自觉地建立女性学独有的学科范式的目标而努力，虽然着力程度远远不够，但仍然取得了一定的成果。

关于女性学研究对象的认识，主要有两种看法，一是"人学"范畴的女性学，二是"知识论"的女性学。在这 15 年的发展过程中，每一种看法都在深入和丰富。"人学"范畴的女性学逐渐拓宽认识视野和知识领域。它以马克思主义理论为基础同时注重吸纳女性主义理论的精华，借鉴社会性别范畴，从而将知识体系由"女性的"拓展为"女性与"、"性别与"，涉及领域由宏观关注政治、经济、文化等几个主要领域，拓展、细化为女性/性别与社会的诸多方面。诸如：性与身体、性别与语言、性别与空间、性别与习俗、性别与环境、性别与和平等。"知识论"的女性学，由着重于以女性的立场观点解构传统的知识体系，生产知识，培养人才，传承知识，规避女性学的知识界域和学术范式，踌躇于主流与边缘之间，到理性认识在传统学科范式的规范下，难以实现女性学的使命，从而开始学科化的努力。研究者着手于清理女性学的"家底"，回顾 30 年来乃至半个世纪，女性学的学术与实践，解析女性学的"范式"，寻找未来路径。

在女性学基本理论建设方面，发生了由只探讨问题到关注基本理论的转变。主要表现为，明确基本理论在学科体系中的重要位置，明确女性学基本理论的内容，基本理论的建构方法等。在研究方法方面，由全盘借鉴其他学科的研究方法为我所用，到圈定哪些方法更适合女性学，再到用女性主义认识论，"社会性别方法论"改造其他学科的研究方法，创立女性学独特的研究方法，这是一个逐渐演进和正在演进的过程。

其次，在女性学的社会建制方面，总的说来，15年来呈现出曲折发展的态势。主要标志是在教学、研究的实体机构、资料信息、资金来源等方面都较以前有突破进展。就教学实体而言，在原主要以女子院校、其他大学、社科院、党校系统的女性/性别研究中心为平台外，出现了大学中的学系和专业。如前所言，中华女子学院女性学系自2001年成立以来，已经历了10年发展历程；2011年，南京师范大学金陵女子学院又成立了女性学系；1998年，北京大学设立女性学专业硕士点；2006年，教育部在本科专业目录中增设女性学专业（目录外专业），2011年正式列入本科专业目录，中华女子学院女性学系自2006年以来开始招收本科专业；各大学的妇女/性别研究中心也在缓慢增加。就女性学的研究机构而言，这期间出现了全国性的学会——中国妇女研究会。该会在推动女性/性别研究规范化、体制化、学科化等方面起到了重要作用。此外，出现了影响较大，带动面较广的民间性学科建设网路，诸如：天津师范大学牵头的发展中国的妇女与社会性别学、妇女/性别学学科发展网络等；在资讯方面，伴随着现代媒体形式出现了女性学学科网站。此外，这期间出现的以实物形式呈现的妇女博物馆也是女性学的主要资源。就资金来源而言，由主要依靠国外资金向政府资金转变。

总之，15年来女性学的社会建制有了新的发展、变化，但发展过程较为缓慢而曲折。主要表现为，就教学机构而言，十年增一系，不可谓迅速；况且，中华女子学院女性学系，于2008年在学院成立二级学院时被并入社会与法学院，由直属于学校的独立部门，变为二级学院所属部门。同年，天津师范大学性别与社会发展研究中心，也由独立建制退回到原来的"三无"虚体机构。这一变化到底什么原因，需要进一步探讨，这一建制的"退化"给女性学学科建设与专业人才培养带来怎样的影响有待进一步评估。

（二）女性学学科建设中存在的主要问题

本文所谓女性学学科建设中存在的问题，主要指其在学科制度与学科建制两方面的问题，以及二者之间的关系问题。从学科制度来看，存在的主要问题是，尚未建立起被学术界所认同的女性学独特的学科范式。具体说来，就是没有明确的研究对象，清晰的知识领域；在基础理论建设方面，只是宏观地认定女性学理论的主要来源，尚未形成系统的概念体系，女性学独特的研究方法尚处于创建之中。存在这种状况的原因有许多方面，主要原因是女性学的特殊性。这里所谓女性学的特殊性主要是指，女性学自诞生之日起就不是按照传统学科范式发展自己，而是致力于对传统知识体系的全面改造。从知识创造角度来讲，它有无限的知识生产空间，给各学科带来了知识增长点，但是它很难界定自己的研究对象，与此相关的基础理论和研究方法也都发展缓慢。与女性学的特殊性紧密相连，女性学的研究者着力于各学科、各领域新知识的生产，人才培养，而规避学科范式的讨论，甚至认为建立独有的范式，进入主流，便是向传统知识体系的妥协，失去它站在边缘立场改造既有知识的批判力。因而15年来几乎没有专门展开对研究对象、基本理论、研究方法的讨论。然而，当它在改造其他学科的知识方面取得了一定的进展，它的基本分析范畴——性别或社会性别被其他学科所接纳时，自己却面临着尴尬的局面：这就是被其他学科消解的危险，具体说来，由于没有说清自己的学科范式，而被看作不是学科，只是"视角"，既然别的学科都有了这一视角，女性学就没有存在的必要了。目前，女性学在社会建制方面的退步，就是基于这样的认识误区。

关于社会建制方面的问题，主要是尚未成为高等教育体制中的一员。首先就学科地位而言，女性学界众所周知，它并不是社会学中研究妇女问题的分支学科，妇女或妇女问题只是它的学术界域中很小的一部分，但至今未见，女性学在学科目录中脱离社会学而具有独立学科地位的迹象。它只能将计就计，依托社会学而安身立命。其次，就教学平台而言，在大学中的学系只有两个，教学多依托女性/性别研究中心之虚体机构。最后，就学术出版物而言，与女性学有关的学术刊物屈指可数。教学与研究的资金来源也相对匮乏。

总之，与女性学在知识创造方面的贡献与成就相比，其社会建制远远滞后，有待进一步推进。

综上所述，女性学发展面临的瓶颈问题是学科范式与学科地位问题，二者关系以前者为要，相互依存，相互影响。就女性学30年或50年的积累来看，到了突破"瓶颈"进入一个新的发展阶段的"拐点"。

（三）未来发展需关注的主要问题

本文以为，根据15年来女性学的发展状况和当前所面临的问题，就学科建设而言，应该关注的主要问题为：在学科制度建设上应着力阐明女性学独特的学科范式；在社会建制上应该争取学科地位，从而进一步进入高等教育体制。在方法策略上，由过去的由下而上，转变为由上而下推动。主要依据是女性学经过了半个世纪，在中国也有30年的积累，其发展阶段进入了总结提升的阶段，包括对学理的总结抽象，从而建立自己的学科范式，对女性学的学术贡献和社会作用的总结，据此进一步争取学科地位。

首先，就学科制度建设而言，最核心的问题就是要说明女性学的研究对象、知识界域，这是女性学存在的依据。女性学的研究对象具有特殊性，但不是没有研究对象，它有关注的基本问题，也有研究实体（指研究对象以实体形式存在），要件具备，这些都需要着力论证。关于研究对象的看法，目前学术界有不同的观点，应据此发展不同的流派，壮大学术力量。关于女性学基本理论建设，主要应该做以下三方面工作。第一，进一步研究马克思主义妇女理论中国化的成果，作为女性学的重要理论资源。1999年，彭佩云在全国妇联50年研讨会上提出建设中国特色社会主义妇女理论，并着力推动，多有成果问世，2011年，"中国特色社会主义妇女理论研究"作为国家社科基金重点项目立项。许多成果都为女性学基本理论建设提供了重要的理论来源。第二，关于女性主义理论的借鉴问题，女性学界目前还没有完全转变阐述流派脉络、介绍主要观点的简单"转述"阶段，需要进一步梳理，抽象概念体系。此外，关于国外妇女理论的研究，应该拓展视野，跳出着重关注西方女性主义的局限，对其他发展中尤其是社会主义国家的妇女理论、经验也应予以研究、借鉴、吸收。第三，需要着力在浩瀚的女性/性别研究成果中梳理基本理论、基本问题、主要分析范畴、主要研究方法等。这是女性学自己积累的重要的理论资源。有学者认为女性学理论是否应该是女性学改造各学科所运用的基本概念和创造出的新概念，我们应该回到我们的研究成果中发现我们到底解构了什么，建构了什么，这是跨学科研究的基础性工作。我们应该"跨进去"，也能"跨出来"，而不是跨进去出不来。要扩大自己"跨"出来的地盘，这就是跨学科理论的培养与发展，如此才不会被消解。这项工作是一个重要而浩大的学术工程。我们必须克服过去重课程、重研究，忽视理论建设，忽视学科范式的倾向。

其次，关于学科的社会建制问题，本文以为争取学科地位是关键所在。女性学经过半个世纪或30年的发展，研究成果奇葩满园，社会作用蔚然可观，有学术积累为自己正名。可是，茫然回顾，在众学科之林中没有自己的位置。如果继续着重发展课程和跨学科研究，也只能作为其他学科的分支来培养学生，只能依据其他学科的学术规范，包括价值观、问题意识、基本理论、分析范畴、研究方法等，很显然，女性学的学科范式在这一过程中不是被发展，而只是作为一个"视角"被消减。因此，女性学必须有自己的学科地位，这是个学术权力问题，是女性学进入高等教育的关键。女性学的"学术共同体"与其他学科不同，她/他们都分散在其他学科中，有自己的"主业"，可进可退，在女性学发展处于"拐点"的关键时期，大家要"聚"而"进"，不能"退"而"疏"，要不忘使命，协力推进女性学的发展！

参考文献

［1］杜芳琴，王珺. 三十年妇女/性别研究的学科化［G］//莫文秀. 妇女教育蓝皮书. 北京：社科文献出版社，2008：333.

［2］同［1］，360.

［3］同［1］，333.

［4］翟亚军. 大学学科建设模式研究［M］. 北京：科学出版社，2011：6.

［5］同［4］，8.

［6］同［5］.

［7］同［4］，20.

［8］吴国盛. 学科制度的内在建设［J］. 中国社会科学，2002（3）.

［9］同［7］.

［10］费孝通. 略谈中国的社会学［J］. 高等教育研究，1993（4）.

［11］同［7］.

［12］同［1］，338—339.

［13］魏国英. 女性学概论［M］. 北京：北京大学出版社，2000：8.

［14］啜大鹏. 女性学［M］. 北京：中国文联出版社，2001：1.

［15］叶文振. 女性学导论［M］. 厦门：厦门大学出版社，2006：3.

［16］同［15］，4.

［17］祝平燕，宋岩，周天枢. 女性学导论［M］. 武汉：武汉大学出版社，2007：8.

［18］韩贺南，张健. 女性学导论［M］. 北京：教育科学出版社，2005：20.

［19］周天枢，傅海莲，吴春. 女性学新论［M］. 武汉：华中师范大学出版社，2010：3.

［20］周乐诗. 女性学教程［M］. 北京：时事出版社，2005：6.

［21］同［20］.

［22］韩贺南，张健. 女性学新编［M］. 北京：首都经济贸易大学，2010：12.

［23］同［14］，333.

［24］同［14］，329.

［25］骆晓戈. 女性学［M］. 长沙：湖南大学出版社，2002：1.

［26］同［18］，2.

［27］同［13］，21.

［28］同［21］.

［29］同［13］，22.

［30］同［13］，24—25.

［31］同［18］，19.

［32］同［18］，20.

［33］同［31］.

［34］同［32］.

［35］同［13］，21.

［36］同［35］.

［37］同［15］，85.

［38］同［37］.

［39］同［37］.

［40］同［37］.

［41］同［15］，86.

［42］同［15］，87.

［43］同［15］，87—88.

［44］同［1］，343.

［45］同［14］.

［46］同［1］，354.

［47］蔡国梁，李玉秀，王作雷. 学会研究会在高校科研中的地位和作用［J］. 科学管理研究，2003（3）.

性别社会心理学刍议

王金玲①

摘　要：以性别为视角，融入弱势性别群体的经验和感受，在社会心理学
领域进行新的探讨，在今天已成必要。可以将作为社会心理学一
个分支学科的"性别社会心理学"（gender studies in social psy-
chology perspectives）定义为：探讨拥有某种性别身份者之思维、
情感及行为如何受到社会的性别建构和性别结构以及其他性别身
份者真实或想象的性别存在的影响并与之互动的科学研究；其核
心内容有三：第一，有关性别的社会观念；第二，有关性别的社
会影响和回应；第三，有关性别的社会关系。

关键词：性别视角；性别社会心理学；理论框架；弱势性别群体

一、为什么要引入性别视角

从社会学的角度看，经过社会化后，人由生物人成为了社会人。而如
果加上性别的角度，人在这一成长过程中，其生物性别（sex）也不断具
有/被赋予了社会的含义，直至形成社会性别（gender），人成为了性别
人——由男性成为了男人，由女性成为了女人，如此等等。本文以社会学
为基础，对性别的社会心理进行探讨，简称"性别社会心理"。

社会心理学已有百年发展史。期间，尽管存在许多研究方法和理论，
诸多流派争论不断，有两大关键理论主张却一直是在社会心理学界得到普
遍认同的。这两大关键理论的主张是：（1）人的行为受到环境，尤其是社
会环境的强烈影响。而这一社会环境具有多种形式，包括真实的存在和人
们的想象；（2）以自己所在的社会大背景（social context）为基础，人们
对自己所处的社会环境进行构建（construal）和解释[1]。

---

　①　王金玲，女，浙江社会科学院社会学所所长、研究员，浙江师范大学法政学
院教授，主要研究领域为女性社会学、妇女与社会性别研究、婚姻与家庭研究等。

由这两点出发，在性别视角下，我们可以推论：第一，人的性别角色行为受到环境，尤其是社会环境的强烈影响。而这一社会环境具有多种形式，包括真实的存在和人们的想象；第二，以自己所处的社会大背景为基础，不同性别者对自己所处的社会环境进行构建和解释。事实上，性别作为一种社会历史、社会文化和现存的社会制度（social system）——一种社会大环境，确实极大地影响着不同性别者。人们需要根据性别规范确认自己的性别角色身份和行为，建立与其他性别间的社会联系，如农业文明中的男耕女织、男婚女嫁；而不同性别者确实也会依据自己的性别定位，对自己和他人的性别身份和行为进行构建和解释，乃至对整个社会结构和功能进行构建和解释，如对柔性男子和刚性女子的排斥，职业的性别隔离①。

只是，在传统的社会心理学领域，性别往往被模式化了，被打上了"天生"和"天然"的烙印；不同性别之间，也往往被隔离成相对立的两部分，如男刚女柔、男强女弱，而妇女、两性人、同性恋者、变性人等弱势性别群体的经验和心路历程更是或被边缘化或遭贬低或处于"失语"、"失声"状态。一些西方女性主义社会学家曾针对男性主流社会学批判道：（1）社会学一向以研究男人为重，并隐含了为男人说话的理论；（2）将以男人为样本研究的结论推向全体人类；（3）经常漠视或贬低妇女关切的领域与议题；（4）在对妇女进行研究时，常常以性别歧视的方式将她们加以扭曲后呈现；（5）很少将性（sex）和性别（gender）作为重要的解释变量；（6）由于性别的意识形成（ideology of gender），这个世界以特定的方式被加以建构，使得我们以某种假定来解释男女之间的差异[2]。这不仅是对妇女的不公平和不公正，也影响了社会学的学科发展。性别心理学家桑德拉·贝姆（S. L. Bem）论及心理学有关性别的研究时指出：心理学对于性别的研究有三个潜在假设：（1）性别极化（gender polarization）；（2）男性利益中心主义（andocentrism）；（3）生物本质主义（biological essentialism）。在这一框架下的分析往往强调性别之间的对立而不是相互的

---

① 社会心理学意义上的"职业的性别隔离"指的是在性别刻板印象的导向下，当某一性别更多地认为/被认为适合从事某一职业、有能力/条件担任某一职务时，职业及职位的性别分布中出现和存在的性别集聚和梳离现象。如炼钢工人以男性为主，纺织工人以女性为主；同为医务工作者，医生以男性占大多数，护士以女性占大多数；在行政管理岗位上，职位越高，妇女所占的比例越低。

交融；强调个体而不是环境；强调生物基础或早期社会化而不是在社会架构中的当前两性具有的不同和不平等的地位处境。将差异看成是固定的而不是变动的，这无疑是将一个复杂的问题过于简单化了[3]。上述西方女性主义者对男性主流社会学和男性主流心理学的挑战也适用于传统的社会心理学。

因此，以性别为视角，融入弱势性别群体的经验和感受，在社会心理学领域进行新的探讨，推进社会心理学的学术空间不断由平面走向多维，学术内容不断从简单走向多样，当是社会心理学界一大任务。

二、性别社会心理学的定义与核心内容

一般认为，社会心理学是"探讨人们的思维、情感及行为如何因他人真实或想象的存在而受到影响的科学研究"。"社会心理学介于两个与它关系最密切的学科——社会学和人格心理学之间。它和社会学一样重视情境和整个社会影响行为的方式，但又更重视导致个体易受社会影响左右的心理因素。它和人格心理学一样强调个体的心理，但强调的不是个体差异，而是使大多数人都会受社会影响左右的心理过程。"[4]借鉴此和社会心理学的两大核心主张，我们可以将作为社会心理学一个分支学科的"性别社会心理学"（gender studies in social psychology perspectives）定义为：探讨拥有某种性别身份者的思维、情感及行为如何受到社会的性别建构和性别结构以及其他性别身份者真实或想象的性别存在的影响并与之互动的科学研究。并且，显然，性别社会心理学研究也有两个关系最密切的研究领域——作为社会学分支学科的性别社会学（gender studies in sociology perspectives）和作为人格心理学分支学科的性别人格心理学（gender studies in personality psychology perspectives）。介于这两个学术研究领域之间，性别社会心理学与性别社会学一样重视包括历史、文化、经济、政治等在内的社会大背景和大环境与人们性别行为之间的互动及互动方式，但又更关注性别身份拥有者与社会和他人互动及选择方式的性别心理因素；与性别人格心理学一样，强调性别个体的性别心理及形成和存在，但注重的不是个体差异，而是性别身份拥有者与社会和他人互动的性别心理的社会性过程。（见表1）

表1　性别社会心理学与相关学科领域的比较

性别社会学	性别社会心理学	性别人格心理学
探讨社会与性别群体之间的互动及互动方式，研究社会与性别互动的一般规律	探讨性别身份的拥有者与社会和他人互动及互动方式选择的性别心理因素，研究性别身份拥有者与社会和他人相互影响和作用的共同的性别心理社会性过程	探讨个体的性别心理及如何形成和存在，研究性别个体得以与其他性别个体相区别的性别人格特征

以近年来出现的女大学生就业难现象为例。性别社会学领域较多的研究重点是社会的性别结构对女大学生就业行为的建构，以及传统性别分工规范、市场经济导向、国家政策的短缺等等对女大学生就业的不利影响，女大学生因生理特征和知识面、执行能力等的不足导致的职业竞争力不足等；而性别社会心理学在关注上述议题的同时，会更重视探讨造成女大学生就业难的性别心理因素——作为女性这一性别群体，女大学生如何和为何自认为/被认为更适宜或更应该从事某种职业、在某地就业等而导致就业竞争力减弱，以及这一性别心理如何和为何存在和发生作用；不少性别人格心理学的研究会注重人格特征在女大学生就业难中的决定性作用，性别社会心理学虽然也认识到人格特征在女大学生择业及由此产生的就业难中的重大作用，但它更看重的是女大学生作为一个性别群体在择业过程中（包括女大学生择业和用人单位择人）与社会的性别建构、社会结构的性别规范功能进行心理互动的过程及结果，以及这一结果内蕴的对女大学生作为/被作为妇女性别群体中的高学历青年群体和高学历青年群体中的妇女性别群体这一双重性别身份者的价值定位、心理认同等社会心理学意义。

在社会心理学的框架内，性别社会心理学的核心内容有三。

第一，有关性别的社会观念。其中包括：（1）我们对拥有性别身份的自我和他人的感知和认识；（2）我们对性别、性别结构、性别制度、性别身份和性别关系的基本理念；（3）我们对已有的性别、性别结构、性别制度、性别身份和性别关系的判断；（4）基于这一判断和基本信念，我们有关性别、性别结构、性别制度、性别身份和性别关系的态度和呈现。

第二，有关性别的社会影响和回应。其中包括：（1）源自基因、生物和生理因素的社会影响和回应；（2）基于历史、文化等社会传统的影响和回应；（3）基于经济、政治等社会现实的影响和回应。

第三，有关性别的社会关系。其中包括：（1）性别偏见和歧视；（2）性别矛盾和冲突；（3）性别攻击和伤害；（4）性别吸引；（5）性别亲密；（6）性别相助和互利；（7）性别沟通和和解；（8）性别和谐。

而这三大内容至少涵盖以下若干重要的观点。

（1）性别存在和活动于一定的社会—文化场域中，且受这一场域的历史和现实因素的高度影响。

（2）个体对所处的性别背景和环境有自己的构建和解释能力，因此，拥有性别身份的个体所存在和活动的社会场域是其透过自身认知和自身观念而摄取和解释过的社会场域。

（3）性别及其行为（包括性别印象、性别形象等）是社会背景和环境与个体解释力和构建力合力作用的结果。

（4）社会—个体的合力对性别及其行为具有强大的作用力和影响力，不仅可以使之型塑、模式化，也可以对其改型、去模式化直至转型。因此，性别及其行为是具有较大的可变动性和可变动空间的。而性别在此也可以被分解为三个互动因素：一是作为自我的个体，其具有性别自我概念和对情境的活动目的；二是作为他人的个体，其具有性别信念系统和预期；三是可以使性别因素凸现或隐匿的情境[5]。

社会观念	社会影响	社会关系
1.我们从所生活的社会出发认知和知觉性别 2.我们所生活的性别社会场域是我们自己基于性别信念和观念构建和解释的 3.性别存在和活动于社会场域中 4.我们的性别观念决定了我们的性别行为	1.性别受社会背景和环境的高度影响 2.基因、生物和生理性因素对于性别也有社会影响力 3.在性别层面上，自我、他人、社会之间也具有高度的互动力，三者间相互作用和互相影响	1.性别之间的关系以和谐和对抗为两端，中间有着无数的级差空间 2.性别关系的构建基于我们的性别观念以及我们所处的社会场域的影响 3.性别关系的构建基于我们对对方的感受和社会的作用力，这一感受和作用对良好的性别关系的建立有时具有积极意义，有时则反之

对性别社会心理学的应用
合适的性别社会心理学重要观点在日常生活中的应用

性别与社会心理研究若干重要观点图

资料来源：Aronson E, Wilson T. D, Akert R. M. 社会心理学（第五版·中文第二版）[M]. 侯玉波，等，译. 北京：中国轻工业出版社，2007；Myers D. 社会心理学（第8版）[M]. 张智勇，译. 北京：人民邮电出版社，2009.

（5）性别的社会属性依附于性别的自然属性（基因、生物、生理属性）。因此，两者之间相互影响和作用：自然因素在社会—文化背景下起作用，社会—文化因素则以自然为基础施加影响[6]。

（6）正如合适的社会心理学原理可以应用于日常生活一样，合适的性别社会心理学重要观点也可以被人们在日常生活中加以应用。

三、我们如何进行性别社会心理学的研究

作为科学研究的组成部分，学术研究也经常自认为和被认为是纯客观的，学术研究者在研究过程中也经常自认为或被认为是"无价值倾向"或"零价值取向"的。事实上，"科学是一项由人构建的事业，个人的观点不可避免地掺杂其中，而这些观点又受制于不同的个人经历。个人经历使人们对同样的问题会有不同的敏感区域。"[7]进而导致人们在研究课题的建立、研究设计、研究资料分析、研究观点的建构与阐释等方面有不尽相同乃至差异极大的倾向。如对于职业妇女工作家庭双重压力这一社会现象，关注妇女社会职责者会更多地看到家庭重任对职业妇女的身心压力及由此产生的对职业成功的不利影响；关注妇女家庭职责者会更多地看到职业重任对职业妇女的身心压力及由此产生的对妻职、母职的不利影响。因此，纯客观的学术研究和"无价值倾向"、"零价值取向"的研究者是不存在的。如在进行性别社会心理学议题的研究时，我们必须对一切性别偏见和性别刻板印象保持高度的警觉，注意到已有的研究中存在的对弱势性别群体的歧视、轻视、漠视、忽视和无视，努力减少对不同性别的不公平对待和不公正对待，向以性别平等为基础的性别社会心理研究迈进。

首先，要认识到我们在选择和确定研究课题的时候，往往存在着性别偏见的误导，弱势性别群体的经历和经验大多是被遮蔽的。如在进行职业家庭双重压力的研究时，更多的研究者关注的是妇女而不是男子，其暗含的性别预设是职业、家庭职责双肩挑对妇女来说是一个"问题"，而对男子则不是，尽管现实并非如此。又如，有关犯罪心理的研究，往往以男性犯罪者的样本推论总体，其逻辑前提是绝大多数罪犯是男性。但妇女的犯罪心理具有自己的特征，因此，即使女犯在犯罪者总体中只占少数，其心理特征也不应被男性犯罪者所替代和遮蔽。再如，尽管同性恋已被排除在"精神疾病"之外，但有关同性恋者的研究仍更多属于"问题研究"，尤其

是在艾滋病研究领域和对男同性恋者的心理—行为研究方面，有关同性恋者的研究绝大多数是针对男同性恋者的。这表明，研究者在确立这类研究题目时，更多地或仍认为同性恋者是"有问题者"，或认为同性恋行为与艾滋病蔓延紧密相关，或忽视、无视女同性恋者的存在，而这些无疑都是性别偏见的表现。

因此，我们在选择和确定研究课题时，必须努力克服性别偏见的影响，揭示和显现弱势性别群体被压抑认知。对此，可以从两个方面入手。一是先提出一个观点或理论假设，然后进行验证的"求证式"研究时，在观点或理论假设形成后，从其他性别群体的视角和立场出发进行一番检验，以尽量减少性别偏见和强势性别群体的盲点。二是更多地进行"探索"，先提出一个简略的观点，然后在调查研究过程中，用新发现和认识的性别知识和性别经验不断加以补充；甚至予以推翻，重新建构，直至逐渐成为某一较为充分的理论或理论观点。由于相较于难免会更多地受制于研究者个人经历和经验和前人成果的"求证式"研究，"探索式"研究更具开放性，有更大的容纳空间，能获得更多的发现，对于性别社会心理学的推进是更有力和有利的。

其次，在进行研究设计时，要注重方式、指标、比较对象等的针对性、适用性和有效性。这一针对性、适用性和有效性与性别相关，也和与性别相交互的其他社会身份，如阶级、民族、职业、受教育程度、婚姻、生育、性倾向等等不可分割。即使在当今中国，用面对面问卷调查的方法进行性行为调查，必然会遭到仍具有较高性羞涩/羞耻感的绝大多数中国人的抵制，而调查中使用的"性高潮"、"性生活"之类的学术用语更会使许多农村被调查者茫然不知所云。在曾进行的有关婚姻家庭的调查中，就不止一次地遇到过被调查者将"性高潮"、"性生活"理解为"建设新高潮"、"农村新生活"加以回答的事例。又如，在以"对国家领导人的知晓度"、"参加选举率"、"向上级领导/部门反映情况"等为指标进行的参政态度和参政行为的研究中，农村妇女大多以低知晓度、低选举度、低反映率而被认为参政态度不积极、参政行为不主动。事实上，在中国社会—文化情境中，妇女，尤其是农村妇女往往以小巷舆论/村庄舆论、幕后策划、亲情支持、姻亲发动、网络议论乃至"枕边风"的形式积极主动地参政议政，参政实力不可低估。已有的测量指标将"对国家领导人的知晓度"、"参加选举率"、"向上级领导/部门反映情况"等作为常态指标，显然忽视了其对农村妇女的针对性和有效性。此外，某一性别群体的特征是在与其他性别群体的比较中凸现的。因此，不同群体间的比较和合适的比较对象的选择也是十分重要的。如有关少数民族妇女的研究缺少与少数民族男子和汉族妇女的比较，"少数民族妇女心理行为特征"之类界定的可信度就是较弱的；进行妇女怀孕心理研究时，是以妇女怀孕前后进行比较还是将怀孕妇女与未怀孕妇女进行比较，或是以妇女生育前后进行比较；是国别比较还是地区比较，抑或不同民族间的比较；是不同文化间的比较还是不同文明阶段的比较，如此等等，得出的结论是迥然相异的。如果不对比较对象进行针对性选择和有效性限定和说明，研究成果的可靠性也会受到质疑。而进一步看，研究方法、指标、比较对象等的选择和设定、排序，也折射出研究者在本选题研究中的价值定位——何者为重，何者优先。

最后，实施研究过程中，我们在选择某一适宜的方法的同时，也要认识到不同方法的长处与短处，尽量使用多样化的方法，扬长避短、取长补短，以利尽可能更广泛更深入地进行学术考察和理论探究。尤其是对于长期处于"沉默"状态的底层、边缘、草根性别群体的研究，更需要以性别立场为基础，采用多样化的方法，直至开创一种新的方法。

具体来说，社会心理学的研究方法有三：观察法、相关法、实验法。其具体区别如下[8]。

表2　社会心理学研究方法区别

方　　法	重　　心	回答的问题
观察法	描述	现象的本质是什么
相关法	预测	如果 X 存在，我们可以预测 Y 吗？
实验法	因果关系	变量 X 是变量 Y 的原因吗？

作为社会心理学的分支学科，这三大方法当然也适用于性别社会心理学研究，但我们必须明晰其各自的优势与不足。如在一次"中国女性主义者与女同性恋"会议上，一对女同性恋者谈到了她们刚举行过的婚礼。当在场的非女同性恋者提议为这一对"新婚夫妻"祝贺时，她俩认真地纠正道："我们是一对新娘。"① 这无疑打开了在场的不少女性主义者的研究和

————————

① 这次会议由中国社科院哲学所邱仁宗研究员举办。本章作者参加了这次会议，参与了这一值得深刻反思的过程。

行动视角，使之得以纠正原有的同性恋刻板印象和同性恋偏见。而这一通过观察法获得的女同性恋行为知识是难以通过相关法中的"问卷调查"方法获得的。但从另一方面看，"一对新娘"而非"一对新婚夫妻"只是这一对女同性恋者的配偶观念。如果要了解这一观念是否具有普遍性，个案不能推论总体，必须对女同性恋者和女同性恋配偶总体进行随机抽样调查，才能得出能够推论总体的结论。由此可见，在性别与社会心理学研究中，观察法的优势是发现新的/被遮蔽的知识和经验，不足之处是难以推论总体；相关法的优势是能把握总体和整体，不足之处是不同的差异容易被遮蔽，被遮掩的知识难以被发现。

进一步看，对底层、边缘、草根性别群体心理—行为的研究，能不断开拓我们的思考疆界，改善我们的知识结构，充实我们的性别经验库，进而为创造新的研究方法打下良好基础。如时为香港科技大学副教授的潘毅博士通过亲自到工厂当"打工妹"，参与、体验"打工妹"的打工生活和心路历程，提出了梦魇、尖叫是处于社会底层的打工妹一种进行阶级和性别抗争的次文本的新观点[9]。这不仅为"打工妹"研究提供了一种新的理论观点，也使得"参与法"突破了"旁观者的观察"这一限定，生成出一种新的方法——"如当事人般感同身受"的体验法。

参考文献

[1] Aronson E，Wilson T. C. D，Akert R. M. 社会心理学（第五版·中文第二版）[M]. 侯玉波，等，译. 北京：中国轻工业出版社，2007；Myers D. 社会心理学（第8版）[M]. 张智勇，译. 北京：人民邮电出版社，2009.

[2] Abbott P，Wallace C. An Introduction to Sociology：Feminist Perspectives（2nd）[M]. London and New York：Routledge，1999：9—10.

[3] Deaux K，Major B. Pulling Gender into context：An interactive model of gender-related behavior [J]. Psychological Review，94，1987：369—389. 杨宜音，王甘，陈午晴，王俊秀. 性别认同与建构的心理空间：性别社会心理学视角下的互联网 [G] //孟宪范，等. 转型社会中的中国妇女. 北京：中国社会科学出版社，2004.

[4] 同 [1]，3，9.

[5] 同 [3].

[6] 同 [1]，125—150.

[7] 克劳福德，昂格尔. 妇女与性别——一本女性主义心理学著作 [M]. 许敏

欢，等，译. 北京：中华书局，2009：35.

　　[8] 同 [1]，25.

　　[9] 潘毅. 开创一种抗争的次文本：工厂里一位女工的尖叫、梦魇和叛离 [J].
社会学研究，1995（5）.

少数民族女性学本土化的建构与实践

杨国才①

摘　要：传统的社会科学研究缺乏少数民族妇女的声音和经验，甚至还存在对少数民族女性的歧视。不过，近 30 年来少数民族女性学取得了明显进展：研究的领域和视野不断扩展，不仅关注少数民族妇女生存与发展的热点，还进一步提出解决的措施；并从少数民族现实问题的理论研究到行动及实践，再到少数民族妇女学的提出、学科建设的兴起及推广；社会性别视角的运用和参与性、质性研究方法的引入，不仅拓宽了研究范畴，而且增强了研究的学术性。如今，少数民族妇女研究的论著不断面世，少数民族女性学的学科建设也在稳步推进，并在积极进行着本土化的尝试。

关键词：少数民族女性学；本土化；学科建设

在传统的社会科学研究中，一般都不够重视女性的知识和经验，也很少听到妇女的声音。至于少数民族妇女的声音和经验，更是微乎其微，甚至还存在性别的偏见和对少数民族女性的歧视。这样，往往使少数民族妇女的利益和权利被忽略，并使男女平等基本国策的贯彻受到阻碍。因此，随着社会科学研究的发展，运用男女平等的视角，探讨研究少数民族妇女的知识和经验，发出她们的声音，不仅对社会科学学科发展具有重要意义，而且也将为促进妇女的发展和维护少数民族妇女的权益产生积极影响，为在民族地区全面建设小康社会奠定基础。所以，从民族妇女的实际出发，建立少数民族女性学便应运而生。

中国少数民族妇女研究和妇女学学科建设，随着《消除对妇女一切形式的歧视公约》的签署，第四次世界妇女大会制定的《北京宣言》和《行动纲领》的执行，《联合国千年发展目标》的颁布，以及"男女平等"基

① 杨国才，女，云南民族大学人文学院教授，主要研究领域为少数民族女性研究、性别社会学、伦理学等。

本国策的贯彻，近30年来取得了新的进展。这些进展主要表现在：研究的领域和视野不断扩展，不仅关注少数民族妇女生存与发展的热点，还进一步提出解决的措施；并从少数民族妇女现实问题的理论研究到行动及实践，再到少数民族妇女学的提出、学科建设的兴起及推广；社会性别视角的运用和参与性、质性研究方法的引入，不仅拓宽了研究范畴，而且增强了研究的学术性。在这一背景之下，少数民族妇女研究的论文和专著不断面世。少数民族妇女学在民族地区院校不断开设，随之而来，少数民族女性学的学科建设也在稳步推进，并在积极进行着本土化的尝试。因为，少数民族地区一般地处边疆、西部地区，由于自然环境、交通、信息的滞后，严重制约了少数民族地区社会、政治、经济、文化的发展。但是，关于少数民族妇女问题的研究在少数民族地区却并不滞后。所以，民族地区妇女问题的凸显，促进了少数民族女性学的缘起。

一、少数民族女性学的缘起

男女平等是我国一项基本国策，作为一项基本国策，它是在什么背景下提出来？又怎样通过立法加以固定，并得以广泛宣传和贯彻落实呢？这要回顾到1995年9月，在北京联合国第四次世界妇女大会开幕式上，时任中国国家主席江泽民向国际社会庄严承诺，要"把男女平等作为促进我国社会发展的一项基本国策"[1]。从此之后，在20多年里，"男女平等基本国策"之树在我国扎根、发芽，生长得枝繁叶茂。回首20多年来男女平等基本国策渐进的脚步，我们欣喜地看到，男女平等基本国策宣传逐步深入人心，性别意识逐渐进入决策主流，对推动我国妇女事业的发展产生了重大而深远的影响。不少妇女工作者将"男女平等基本国策"的提出看作是中国妇女运动发展史上的一个重要里程碑，它既是对历史和实践的总结，也是对马克思主义妇女观的进一步丰富和发展。

2003年3月1日，胡锦涛总书记在同全国妇联新一届领导班子成员和中国妇女九大部分代表座谈时强调，各级党委和政府一定要坚决贯彻男女平等的基本国策，通过扎实有力的工作促进妇女事业的发展。2005年8月29日，在北京人民大会堂举行的纪念第四次世界妇女大会10周年会议开幕式上，胡锦涛主席面对国内外来宾，在致辞中说："我们将坚持贯彻男女平等的基本国策，不断促进性别平等和两性和谐发展。我们将继续运用经济、法律、行政及舆论等多种措施，使男女平等的基本国策真正落实到经济社会发展的各个领域和社会生活的各个方面。"[2]可见，中央领导集体对男女平等基本国策的高度重视。

同样在中国妇女第九次代表大会上，中共中央政治局常委李长春代表党中央所作祝词中郑重提出，要通过经济、法律、行政、宣传等手段，认真贯彻男女平等基本国策，维护妇女的合法权益，确保广大妇女在国家政治、经济和社会生活中的平等地位。

2003年冬天，全国各地200余位学者和妇女工作者就男女平等基本国策的内涵、目标及贯彻男女平等基本国策的重要意义进行了深入的理论研讨。

全国妇联名誉主席、时任中国妇女研究会会长彭珮云在此次"社会主义初级阶段男女平等理论研讨会"上，作了题为《加强妇女理论研究，进一步贯彻落实男女平等基本国策》的重要讲话，她指出，男女平等是研究中国特色社会主义妇女理论必须首先搞清楚的核心问题。

早在新千年的伊始，我国政府颁布实施的《中国妇女发展纲要（2001—2010年）》所确定的新世纪前十年妇女发展总目标的首句即为："贯彻男女平等的基本国策，推动妇女充分参与经济和社会发展，使男女平等在政治、经济、文化、社会和家庭生活等领域进一步得到实现。"该纲要已被纳入了国民经济和社会发展规划。

也正是在20世纪90年代初，一批高校教师和社会科学研究工作者及党校、妇联的干部积极参与到妇女问题理论研究的工作和学习中，并积极筹备成立各种妇女研究中心，少数民族妇女问题研究中心也就应运而生。而这些妇女问题研究中心的成立，又为高校、学术界、妇联干部进一步开展妇女问题研究提供了一个良好的基础和平台。'95世妇会，有力地推动了中国妇女问题研究，在第四次世界妇女代表大会上，少数民族女性问题研究也在凸显。例如，云南作为省级代表团参加NGO论坛，并以《云南各民族妇女和睦相处共同发展》为主题。论坛结合云南民族多元文化的实际，宣传各族妇女的生产、生活、政治、经济、文化、教育、参政、健康及生存与发展的情况，引起了与会者对云南少数民族女性的关注，也激发了一批热心于该学科学者的兴趣，形成了这一时期云南少数民族妇女问题和妇女理论研究的热潮，带来了一系列有关云南少数民族妇女问题研究的新成果。[3]与全国及内地相比，云南的妇女问题和女性学的研究有自己的

特殊性和民族性。因为，在云南居住的有 52 个少数民族，人口在 5000 人
以上的少数民族有 25 个，其中 15 个少数民族是云南特有的，跨境而居的
有 16 个民族。有 20 多所大专院校，其中云南民族大学就在云南省会昆明，
还有 8 所大专院校在民族地区。又如新疆，新疆民族众多，共有 47 个民族
居住，其中世居民族有 13 个，是一个多民族聚居的地区。而且，新疆地域
辽阔，总面积为 166.49 平方千米，占祖国六分之一国土，同时，新疆还有
含职业院校、电大在内的数十所大专院校，分布在乌鲁木齐市及向外延伸
至上千公里的喀什、和田等偏远的少数民族聚居区。教学语言是以各民族
语言同汉语并存的双语。[4]新疆的这种状况，构成了新疆高校女性学学科
建设不同于内地其他省区院校的特殊性和难度。因此，立足民族地区实
际，民族地区高校女性学学科建设必须根据民族地区的实际进行：在高校
开设女性学课程和将女性学教学理念传播于社会，才能逐步提升全社会的
社会性别意识，促进社会性别平等，推进男女平等国策进高校。

　　因此，在少数民族地区开展少数民族女性问题研究，必须从少数民族
实际出发，从少数民族妇女的需求入手，才能符合少数民族地区的实际，
反映各民族妇女的心声。

（一）少数民族妇女组织的建立

　　随着少数民族妇女问题的凸现和妇女问题研究的拓展研究队伍的扩
大，妇女组织机构的设立被提到议事日程。

　　为发挥高校和科研机构多学科、多视角、多层面的优势，借助社会各
界力量对少数民族妇女与社会发展的理论、实践和方法进行综合研究，为
少数民族妇女问题研究和民族妇女参与社会发展创造条件，为决策部门和
社区组织提供决策依据及信息，在全国范围内，关注少数民族妇女研究的
机构相继成立。

　　在这一进程中，全国成立了一批少数民族女性学研究机构。以云南为
例，21 世纪初云南生育健康研究会发展成为云南健康与发展研究会；随后
又相继成立了云南农村参与性评估（PRA）学习小组、云南社会性别研究
小组、丽江民族文化与性别研究会等机构。随着 1999 年云南民族大学女性
学硕士的招生与发展，云南民族大学少数民族女性与社会性别研究中心于
2000 年 3 月 8 日正式挂牌，打破了在云南高校中尚无相关研究中心的先
例。此后，2001 年，云南大学社会性别研究中心正式成立；2002 年，云南

省曲靖市委党校妇女研究中心成立，之后云南师范大学、云南农业大学、云南财经大学的妇女研究中心和女性高级知识分子协会也相继成立。

在全国范围内，同一时期成立的少数民族女性研究机构还包括，2001年5月，西北师范大学成立少数民族妇女研究中心；2001年11月由白族女作家景宜积极倡导和中国少数民族研究所支持下成立的中国少数民族妇女文学交流中心。这一时期，民族地区高校、妇联的妇女研究中心相继成立。2000年3月，内蒙古大学妇女研究中心、福建师范大学女性学研究所、内蒙古师范大学女性问题研究中心相继成立；2003年，广西大学妇女与发展研究中心的成立；2004年，内蒙古妇女儿童研究会的建立，等等。大批研究组织结构的诞生，为少数民族妇女问题的研究和推进提供了制度保障。

少数民族女性研究机构的建立和健全，促进了各民族学子和妇女工作者到民族地区开展各种调研活动，同时，这些机构根据民族地区妇女的需求，进行了许多有益于妇女发展的项目。

（二）少数民族妇女问题的凸显与国际项目的进入

在少数民族地区的研究机构及女性学学科建设和建立过程中，国际项目的进入起到了积极的推动作用。因为在云南，"发展"曾经是一个热字眼，这与国际社会的关注和投入有关。在扶助贫困、艾滋病防治、毒品问题、少数民族问题、多元文化保护等方面，国际基金的投入在云南是最早、最多的。同时，国际项目也资助了很多"妇女发展"项目。以高校为项目载体，实施妇女发展项目在云南是一大特色。如云南大学、云南民族大学、昆明医学院三家共同开展的福特基金项目"女性与社会性别研究"，又如云南民族大学少数民族女性与社会性别研究中心的"高校女性学学科建设与农村少数民族妇女能力提升"、云南大学的"西部大开发中女性高等教育的地位与作用——以云南为个案"，以及"纳西族、彝族社区社会性别案例资料开发项目"，"云南少数民族女性生育健康中社会性别与参与式研究"[5]等。针对少数民族地区妇女问题，云南民族大学还组织完成了少数民族妇女传统伦理道德观念、少数民族妇女的生育健康、少数民族妇女在生态环境保护中的作用、少数民族妇女与宗教、少数民族妇女的涉外婚姻、少数民族妇女的教育、少数民族妇女参政等与少数民族妇女切身利益相关的项目。

在少数民族地区，妇联、党校、高校、社科院结合进行少数民族妇女问题研究，也成为其一大特点，例如，云南民族大学与省妇联共同申报完成的"少数民族妇女的发展与构建和谐社会研究"，有力促进了少数民族妇女的理论研究和研究机构之间的合作。

（三）少数民族地区妇女的需求

"用妇女的眼睛看世界"，是1995年世界妇女大会最有鼓动性和最富影响力的口号，将性别观念纳入发展决策的主流是《行动纲领》的一条主线。

在1995年世界妇女大会精神感召和鼓舞下，怎样落实大会以行动谋求平等、发展、和平的宗旨，执行《北京宣言》和《行动纲领》，少数民族地区高校师生和妇联妇女工作者再度携手合作，不仅在民族社区广泛宣传世妇会精神和马克思主义妇女观，同时，伴随着各种项目的进入，少数民族妇女的觉悟逐渐提升，她们开始认识自己的生存同环境的关系，在资源分配（主要是土地、森林、水），接受教育，参政议政，脱贫致富等问题上，开始发出她们的声音，反映她们的需求。

而学者们在20世纪80年代和90年代对少数民族地区妇女状况调查、研究基础上，力图用成果为决策提供依据的做法，远远不能满足各族妇女的需求和解决妇女的实际问题，即从实质和根源上贯彻男女平等的基本国策。

因此，必须通过教育，把妇女问题，特别是少数民族妇女的教育问题纳入到高等教育中，使决策者通过接受教育来武装自己的头脑，逐渐消除头脑中的性别盲点，才能把贯彻实施男女平等的基本国策落到实处。

二、少数民族女性学的学科建设

少数民族女性学学科建设的进展，推动了少数民族妇女问题的研究，民族妇女问题研究成果，又丰富了女性学学科建设的内容，拓展了女性学的内涵，促进了少数民族妇女与政治、法律、健康、宗教、环境、传媒及妇女和多元文化的探讨，并以独特的方式呈现。

（一）少数民族女性学的发展过程

少数民族女性学的发展，经历了以下三个方面的过程。

1. 以学术研讨推动民族女性理论发展

请进来。在少数民族女性学亟待发展与完善的今天，迫切需要与国际国内学术界接轨，及时了解到国内外学术界在女性学领域的最新动态，充分利用国内外学者到民族地区访问或考察时，请她们开设专题讲座。如云南民族大学曾聘请美国纽约大学历史系主任女权主义者玛丽教授、英国利兹大学东亚学系曼瑞教授、密西根大学人类学系的那培思博士、加州大学伯克尼分校社会学博士欧爱连等，美籍中国学者王政博士、伍呷博士、闵冬潮博士和福特基金会项目官员何进博士等国内知名学者刘伯红、杜芳琴、李小江、王金玲、蔡一平等到云南高校进行讲学；新疆地区高校女性学的建立也走过同样的道路。

走出去。少数民族地区高校妇女中心的教师们还通过走出去，到国内各地以及美国、英国、奥地利、法国、日本、韩国和我国的香港等国家和地区的高校参加有关女性学的国际学术会议。

通过举办国际国内学术会议、专题讲座，开设专题课，开展学术研讨，使高校、社科院、妇联等的师资力量和研究资源实现共享，开展校内外学术机构间的合作，推进少数民族女性学研究的开展。

2. 开展参与性培训，提升社区民族女性能力

为了促进社区民族女性能力的提升，高校、科研机构和妇联都进行了积极探索。云南民族大学少数民族女性与社会性别研究中心将项目培训与社会实践相结合，让接受过培训的教师对少数民族大学生进行培训，又让接受过培训的学生回到民族社区中传播社会性别意识，并帮助少数民族女性打破传统的性别观念，重新认识与定位自己，从而提高自身能力，形成了一条从高校向社区辐射的有效途径，使社会性别观念的传播范围更广，影响更深。

各级妇联在多年的实践中，也探索出了提高妇女素质的有效路子，使培训具有针对性。针对不同层次妇女，各级妇联建立了地、县、乡、村四级培训网络，形成了扫盲—初级实用技术—专业技术—女农民技术人员职称评定系列化培训模式。

3. 依托项目，为少数民族女性服务

依托项目抓发展，实实在在为各民族妇女办实事。云南省各高校分别在少数民族社区实施了"贫困社区妇女健康教育"、"少数民族妇女社会性别意识提升"、"少数民族女性人力资源开发"等项目，切实把高校科研、教学、实践和农村少数民族社区有机结合。

正是通过这些项目的实施，切实为少数民族妇女儿童服务。同时，在项目运行中，提升了高校学者、妇联干部自身的能力，通过对项目的评估和经验总结，又为高等学校学科建设奠定理论基础。

（二）少数民族女性学的教学方式

怎样发挥高校的优势及利用高校的资源？借助社会各界力量，对妇女问题，尤其是少数民族妇女与社会发展相互作用的理论、实践和方法进行综合研究？

在高校开设女性学课程，把妇女问题研究的成果引入高校课堂，给学生开设女性学与性别社会学，在高校校园普及社会性别意识、宣传男女平等观念，让学生毕业后回到民族社区，在决策岗位上运用社会性别视角，逐渐消除社会性别盲点，有利于推动民族地区社会政治经济的发展。

1. 女性学与社会性别学进入高校课程

1999 年 9 月，云南民族大学社会学硕士生的入学；2000 年"女性学概论"的正式开课，标志着在云南，妇女问题研究和女性学已正式进入高校讲堂，同时也意味着云南女性学研究逐渐从边缘走向主流。

2002 年，云南大学、云南民族大学人文学院给民族学研究生开设了"少数民族女性的婚姻家庭"、"生命伦理中的女性关怀"以及在全校本科生中开设"中国女性学"、"女性文学"等全校选修课；昆明医学院在研究生中开设了"健康社会学"、"少数民族妇女与健康"等有关女性研究的课程。同时，云南民族大学少数民族妇女与社会性别研究中心的教授根据各自所在学科，引进社会性别视角，在 20 多门课中增加了女性学的内容。又如在新疆高校，课程建设一直是进行学科建设的重中之重。从 2005 年 2 月开始，新疆大学、新疆师范大学、昌吉学院、石河子大学、喀什师院及新疆农业大学等高校，已开设女性/社会性别学课程 10 余门。再如广西地区的高校，也从 2006 年以来，在许多所高校开设少数民族女性学、少数民族妇女问题、性别社会学等 10 多门课程，不断推进了男女平等的理念进入高校的课题。同时，还开展了多学科的交流与互动。

2. 社会科学与医学的结合与互动

多学科交叉是21世纪学术发展的新趋势，在女性学与性别社会学课程的开设后，结合云南高校师资和学生及教学资源的现实，在实际教学过程中，开创三校合作的模式，即云南大学、云南民族大学、昆明医学院三校合作，进行资源整合、优势互补，带动三校教师、学生的互动与结合。在新疆、黑龙江、广西等地区，也开展了社会科学与医学的合作。从而在学科建设领域，实现了多学科交叉与合作，运用多学科视角，在女性学与性别社会学的教学实践中，借助原有社会科学学科特长反省原有知识结构，吸收自然科学、医学研究的最新成果，特别是医学的学术成果，开展相互借鉴，相互补充，拓宽新的知识视野，丰富课题教学的内容。

3. 师生平等互动的教学方式

在少数民族女性学的教学与实践过程中，始终倡导和坚持师生平等互动的原则，调动发挥学生的主体性，通过学生的参与，发掘学生的潜力，通过课堂和小组讨论，使学生分析和发现自己及民族社区里社会性别的盲点，挑战传统知识，分析各民族社会性别制度建构的不同特点，总结各民族妇女的知识和经验，发出自己的声音。

从而突出平等参与、师生互动、坚持教学相长，收到实效。打破了传统教学中的"一言堂"，采取灵活多样的教学方式；注重研究与教学的互动，把农村社区少数民族妇女的知识与经验带进大学的讲堂，进行传播，使少数民族女性学形成自己的特点：知识与经验相结合，有鲜明的实证性和应用性，理论与实践相联系，师生平等交流、互动或研讨，不断提高学生质疑、批判、自我反思的精神。

（三）少数民族女性学的特点

女性学的教学目的是学会运用社会性别视角分析问题，课程旨在从女性、社会性别和社会学的视角出发，介绍有关妇女研究、女性学、社会性别健康与发展、生命伦理的一些动态成果，让学习者了解到我国及全球妇女运动的产生、发展情况，使学生具备一种批判的思维能力，对现实社会生活中的社会性别问题，始终保持一种敏感而深刻的关怀与体悟。从而描述、认识、分析和寻找改变不平等的性别关系。

1. 少数民族女性学的本土化尝试

少数民族女性学学科建设怎样本土化？如何实现本土化？谁化谁？以谁为主体？经过实践和探索，我们认为在民族女性学的构建中，必须以我国的妇女理论和各民族妇女的研究队伍为主体，把西方女性主义的研究方法和观点、中国妇女研究的成果和经验，吸收融化到云南少数民族妇女的实际工作中，并在这一过程中加以学习和借鉴，根据少数民族的实际需求加以创新。坚持"民族的才是世界的"，倡导国际化的本土化。

2. 少数民族女性学的特征

第一，中国边疆、西部边疆的区域性特色。

因为在同一国家的不同地域，或同一地域的不同聚居区，均有不同的地域特征，和相对独立的文化圈。

第二，民族性。

中国有 56 个民族，其中有 55 个少数民族。在新疆有 47 个民族居住，有 13 个世居民族[6]，又如云南，有 52 个民族在这里居住，5000 人口以上的有 25 个少数民族，其中又有 13 个特有民族，16 个民族跨境而居住。每个民族又有自己的社会性别制度建构与本民族的传统文化，每个民族的社会性别制度与传统文化又紧密相连，各有其独特的民族性。

第三，各少数民族之间发展的不平衡性。

我国 55 个少数民族的社会发展历史不同，有的民族从原始社会的末期直接过渡到社会主义社会，被称为直接过渡的民族；有的民族的社会发展不平衡，如白族，在大理地区已经进入前资本主义社会，在怒江、南坪的白族还处在原始社会末期的氏族公社制，呈梯度发展状态，造成不同民族有不同的发展阶段，有的同一民族在同一历史时期也有不同特点。

因此，关注边疆、西部、民族地区少数民族女性学的建设，迫切需要进行本土化的尝试。

总结 30 多年来在少数民族地区开展各种项目中被实践证明行之有效的新知识可谓硕果累累，例如：可持续发展、以少数民族妇女为中心、以民族社区为基础、强调男性的参与、赋权给各民族妇女、民族社区生育健康优质服务、少数民族地区基本公共服务均等化、少数民族老龄妇女的社会保障问题、少数民族地区的留守儿童问题、少数民族地区农业劳动女性化问题，等等。然而怎样根据少数民族地区的经济、文化、历史、社会性别制度的实际问题，重新审视外来理论和方法，切实进行本土化的尝试和实践是亟待思考的问题。

三、少数民族女性学的对象与方法

作为一门新兴学科，少数民族女性学必须有自己的研究对象和方法。

（一）少数民族女性学的研究对象

少数民族女性学与以往的少数民族妇女问题研究有所区别，它是从性别的视角来研究民族女性和与民族女性有关的问题，是交叉的综合性学科，它已由少数民族女性为研究客体向民族女性主体发展；由最初的"女权主义批评"向"性别分析"转型；由少数民族妇女问题研究逐渐向学科内部结构渗透。

少数民族女性学不仅涉及民族学、社会学、人口学、人类学、心理学、历史学、法学、政治学、文学等学科，具有明显的跨学科性质，而且还具有自己特定的研究领域，内容涉及少数民族女性文化，少数民族妇女与法律、政治、经济、宗教、人口、生育健康、教育、公共政策、婚姻家庭，以及民族妇女与多元文化等。特别关注民族妇女参与经济发展、政治决策、教育培训及健康等。

少数民族女性学通过研究人类发展进程中民族女性的作用，重新确立民族女性的地位和总结她们的知识及经验。

（二）少数民族女性学的方法

少数民族女性学的研究方法，必须以马克思主义妇女观为指导，运用辩证唯物主义和历史唯物主义世界观和方法论，对少数民族妇女的地位变迁、社会作用、社会权利等基本问题进行分析和概括，重新梳理少数民族传统文化中妇女的知识与经验，运用社会性别的理论，拓展少数民族妇女学研究的视角，使其研究更深刻。

同时还要运用理论研究、实证研究、应用研究、宏观研究和微观研究、定量研究的方法。运用质性研究，即以思辨性的方式来建构知识，主要靠田野调查、深入访谈、分析历史文献和材料来了解分析少数民族社会状况。综合运用典型调查、个案调查、口述史等方法搜集材料外，还有行之有效的分析工具，如社会性别分析、农村快速评估（RRA）、农村参与性评估、参与式监测与评估方法等。

少数民族妇女学研究有自己的特点，使女性学一开始就具有鲜明的实证性和应用性，研究工作和实际工作相结合，研究者具有多元文化的背景带来研究视角的多元性，促成一批以研究本民族妇女的发展为己任的少数民族女学者的成长，联合更多的国内外学者加盟，从而逐渐形成少数民族女性学的研究方法。

（三）少数民族女性学课程建设

少数民族女性学课程建设是少数民族女性学学科建设的核心。目前开设课程的各高等院校无论从课程设置，还是从教学管理的角度，还未对各层次、各专业的女性学课程的目标、内容、教材、教学方法、教学评估等方面有明确的规定和要求。与其说是少数民族女性学，实际上是在民族地区和民族高等院校开设女性学或者妇女学课程。所以，各高校的女性学课程实际上存在较大的差别。这不仅与授课老师的学术理念、学术背景、专业特长、教学风格等有较大关系，还在于与高等教育中其他主流课程相比，女性学课程更缺乏教学上的保障机制，它在一定程度上仍处于自发、自生、随意的状态。为了推进少数民族女性学学科化的建设与进程，就必须根据学科体系的内在逻辑结构和学科发展状况，对女性学课程的目标、内容、教材、教学教法、教学评估等方面进行严格的论证，建立起一个相对合理的少数民族女性学课程体系。近年来，特别是"95 世妇会"、"北京 +5"、"北京 +10"以后，开设女性学课程的院校对中国女性学课程和教学法的本土化进程进行了有益的尝试。并在实践中，在借用国外理论及方法的同时，更加注重从理论层面进行探讨，进而从经验层面对课程、教学工作加以总结、推广。

在民族地区和少数民族高校中开设"社会性别学"课程，有人主张这不是一种抽象的社会建构，而是希望具有社会性别视角的新知识能够提供给学生对人类社会和自身更深刻的理解；更重要的是能够培养学生批判的精神和独立分析的能力，提高学生的社会性别意识，消除社会性别盲点；况且，少数民族地区社会性别制度的建构与非民族地区不同，儒家文化在民族地区传播之前，少数民族社会性别是平等的，有的民族女性掌握的权利和资源比男性多。而云南历史上经过"改土归流"，随着儒家文化在少数民族地区的传播，儒家社会性别制度也逐渐在少数民族地区及社会各个领域有意识地从事社会性别、女性学及男女平等的教育和改革。有的学者则认为，女性学课程的设置必须符合女性学教学目标的要求，在高校开设女性学课程，体现了一种特殊的价值诉求和社会现实关怀，它需要首先考虑的不是学生未来的职业技能和职业素质，而是他们的社会性别意识。

在课程体系的设置上，北京大学妇女研究中心魏国英教授提出"同心圆说"。即在各学科女性研究的基础上，把分解在各个学科意义上的女性——政治学、经济学、生物学、历史学、法律学、人口学、文艺学中的女性整合成完整的女性来解析，从而形成专门以女性整体物质及其变化规律为研究对象的课程体系。天津师范大学妇女研究中心杜芳琴教授提出"组织结构说"。即女性学课程体系由核心课程、辅助性课程和外围课程等构成。大连大学的李小江教授提出"渗透说"。即将女性学分散在各学科中，通过阅读、个人表述、自由论坛等形式完成性别追问，对中国传统学科和女性学建设具有双向推动作用。可以说，在全国和各民族地区高校开设女性学课程的内容、方式及教学实践的方式多样，众说纷纭，但目标是一致的，即在高校开设、推广女性学课程和贯彻落实男女平等思想。

可见，女性学课程大多较注重女性主义教学方法的研讨与应用。其中参与式教学、师生互动、经验承认与分享等受到教师与学生的普遍欢迎。国内许多女性学学者在介绍和实践女性主义教学论的过程中，根据本土高等教育的实际不断探索，已取得了一系列颇有价值的教学成果，在充分经历和体验了女性主义教学法的成果之后，有学者认为，"中国大学教学改革的先锋在妇女界"。民族地区高校学科建设女性学是主先锋。

从目前民族地区和民族院校女性学课程开设的情况来看，学校的领导层和管理层大都对女性学课程采取了接纳与默许的态度。但女性学这种追求"跨学科"学术使命的课程与其他以"经典学科"为背景的主流课程相比，还存在很多问题。这一方面受到机制发展和组织结构的制约；另一方面与女性学课程自身的规范建设也有很大的关系。实际上，这两者之间也存在重要的联系，很难孤立地谈哪一方面的问题。关键是怎样客观地看待存在问题，从机制结构和组织结构着手落实；另外，加强女性学师资建设，做到内强素质，外塑形象，才能切实推进女性学的发展。

从组织结构和保障机制来看，高等教育正处于各类评估风潮中，女性学课程正式列入中华女子学院女性学系招生，但还没有进入评估者和评估体系之中，并认为女性学课程对学校发展是无足轻重、可有可无的，更说不上大力支持和推进。这一方面当然可以为女性学课程的发展保留较大的自由空间，防止课程遭遇到过多的行政干预，这对于形成和保持本课程的批判性、差异性和多样性无疑是有利的；但与此同时，女性学课程又面临这样的忧虑与尴尬，如果它长期处于高等教育的边缘，它是否会变得更加边缘而不是更加中心？如何加强女性学的机制建设，同时又保持和坚守女性学的学术和社会使命，将是女性学发展，特别是民族地区民族院校在很长一段时间都需要面对并不断争取解决的问题。

从女性社会学课程自身建设来看，我们也还有许多问题需要持续关注。如教学理念与目标的模糊性（在已开设女性学课程的院校和担任教学的教师中，教学理念与目标大都各行其道）、课程设计的随意性、课程内容的复杂性（如何处理实用性女性社会学课程与女性社会学学术理念与政治主旨之间的矛盾）、女性社会学课程区域与学科发展的不平衡性、女性社会学师资培训等。好在近年来全国妇联、中国妇女联合会及全国妇女/性别网络等不断加强了女性社会学的师资培训，尤其对民族地区和民族院校进行倾斜，使得民族地区和民族院校的女性社会学建设有所推进。另外，在跨学科的女性社会学课程设计逻辑、学生培养体系、评价方式等许多方面还需要进一步实践和深入探索。

四、少数民族女性学学科建设的实践

少数民族女性学在民族地区高校的推进，是在明确了少数民族女性学的研究对象及方法、学科建设任务的基础上，根据学科建设的框架和要求，并且在实践中不断探索、创新、提升及完善的。

（一）少数民族女性学在多学科教学中的渗透

女性学学科在少数民族高校建设的过程，是历练人才的过程，许多教师的潜能在这一过程中得到了发挥，一批中青年学者、少数民族学者得到成长，造就了一批以中青年教师为骨干的教学、科研、管理及社会工作者，带来了社会性别平等在少数民族地区的发展，取得了一些开拓性进展和成果，而且少数民族女性学 教学内容不断渗透到其他学科之中。云南民族大学李若青教授以云南民族大学为例，分析了在全校各专业开设的各门课程中，把少数民族女性学的内容渗透到各门学科中的情况[7]。如在《马克思主义民族理论与政策》公共基础课程的教学内容中，教师们在"少数民族干部政策"讲解中，特别关注和介绍了少数民族妇女干部培养、选拔的相关政策、法律规定和具体实践情况；在"少数民族经济文化建设政策"的讲解中，穿插介绍了少数民族妇女在经济文化的建设和发展中的地位和取得的成绩，及对经济文化建设产生的巨大作用；在"少数民族教育政策"的讲解中，特别强调和讨论了少数民族妇女受教育的情况及目前少数民族女童教育的状况，分析了妇女受教育程度决定着该民族的整体素质；在介绍中国少数民族的发展状况时，特别介绍了少数民族妇女的人口、地位、就业范围、社会作用等方面的情况等。这既丰富了该门课程的教学内容，同时也促进和培养更多学生对云南少数民族女性问题研究的兴趣。

《公共政策分析》课程主要是通过各类研究方法来对现行的公共政策进行分析和研究。因此，结合课程特点，在给行政管理专业研究生进行《公共政策分析》讲解中，特别提出"社会性别"分析方法对我国公共政策分析，特别是有关少数民族女性发展的政策进行分析，并举例证予以说明，扩大了学生实证分析的视野，拓展了分析的思路和途径，受到学生的欢迎。

《社会保障概论》是研究在市场经济建立与发展中世界各国政府完善公共管理、强化公共权威而推行的对社会成员基本权利予以保障的学说。因此，在公共事业管理专业课程《社会保障概论》讲解中，特别结合云南少数民族女性的发展实际，对妇女儿童的保障权利做了深入的讲解；对生育保障的讲解进行了中外各国妇女权利的实施比较；在养老保障、失业保障、救济等政策对比中，对中外各国特别是有关妇女的内容作了全面的介绍和对比分析等。

《公共政策概论》研究社会问题对社会政治、经济、文化等产生重大影响后上升为政策问题，国家、地区或民族公共权威机构对政策问题做出的相应对策和措施进行研究的学说。因此，在政治学和行政学专业《公共政策概论》的教学中，适时穿插了云南少数民族女性学相关的内容、方法，如在公共政策的制定主体的介绍中，举例论证其少数民族男性主体和女性主体决策方式、内容和方案选择的不同特征；在具体的教育政策、人口政策、社会保障政策、产业政策等方面的讲授中也专门对云南少数民族女性的各方面发展、作用、地位、影响等做出分析。

在《民族政策分析》课程中，适时对有关云南少数民族女性发展政策及其分析的讲解，促进云南少数民族女性学学科知识与其他学科的交融与吸收，推动云南少数民族女性学科的实践推进。

在《领导科学》课程教学中，专题对云南少数民族女性领导的素质、能力、领导成效进行实证案例分析和研究，加强学生对云南少数民族女性学在领导科学中的运用及其发展。

在《婚姻法》的教学中，专门对云南少数民族女性的婚姻观念、法律意识及法律问题进行专题讲解，并将相应的研究成果向学生作介绍；对云南少数民族女性的婚姻家庭特殊案例进行实证分析，启示和引导学生对不同类型情况的合理分析与合法处理办法。

在《刑法》的教学中，专题讲解了有关女性的犯罪行为、犯罪心理、犯罪后果及其社会影响等，培养学生的社会性别意识；特别对少数民族女性犯罪案例进行关注和深刻剖析，对学生从少数民族女性学的视角分析其实质，增加了学生分析问题的方法，拓展了视野。

又如，在新疆地区，也十分重视女性学的学科建设和课程内容的建设、教师队伍建设，并且把教材建设和课程建设结合在一起。他们通过师资培训、学术研讨、外出学习、进修等多种方式培养教师队伍都把女性学与其他学科结合起来，使女性学的内容渗透到其他学科中。

（二）少数民族女性学在培养学生中的作用

学科建设的重点在于课程的建设，而课程建设关键在于教学实践。在云南少数民族女性学的教学实践中，还应将其学科内容、学科建设任务与指导学生进行科学研究结合起来。例如，云南民族大学的具体做法有以下几点。

一是在社会学硕士点中专门设有性别社会学研究方向，专门培养该专业的高层次人才，在本科生中开设云南少数民族女性学的相关课程，进一步培养学生的社会性别意识。

二是在各专业学生的学年论文、毕业论文的选题设计中，拟定云南少数民族女性学相关的选题，如有"少数民族妇女的参政议政与妇女地位的提高"、"少数民族妇女干部的培养与选拔政策分析"、"少数民族妇女在西部大开发中的地位和作用"、"少数民族女性教育问题研究"、"公务员制度改革中的女性权利"、"少数民族妇女发展问题"、"中国传统文化与妇女地位发展的关系"、"少数民族妇女法律意识提升的途径"；指导学生发表了如《关于云南省农村女性剩余劳动力转移的思考》、《摩梭社会妇女状况与社会和谐发展问题研究》、《云南农村少数民族妇女的技能培训》等相关的论文。一方面培养了学生的性别意识和运用社会性别视角分析问题的能力；另一方面又通过多学科、多角度促进云南少数民族女性学科内容的丰富和学科领域的拓展。

三是在组织学生的社区服务和社会调研活动设计中，支持和指导学生参与云南少数民族妇女手工艺技术保护现状、云南少数民族妇女就业状况调查、云南少数民族农村妇女劳动力转移情况等项目研究；切实给予资助和指导由不同专业学生组成的 10 个研究小组，在参与性别意识培训的基础上，指导他们应用所学专业知识和社会性别视角进行社会调查、社区服务，不仅锻炼了学生，也提升了他们的社会性别意识。特别是通过他们对其所调查的民族社区开展 TOT 方式的性别意识培训，促进民族社区成员对社会性别平等的认同与需要。

在高校，学生不仅是女性学课程受众的主体，也是推动性别平等的主体。在凝聚教师队伍的同时，新疆各高校教师将社会性别视角渗透于教学，不仅为学生做讲座，指定参考书目，拟定论文题等，而且，从多方面引导学生积极参与。在教师的带动下，新疆大学、新疆师范大学、昌吉学院等院校的研究生、本科生撰写妇女/社会性别研究类论文达数百篇，有的已公开发表。一支年青的女性/社会性别研究和行动力量正在高校形成。

（三）少数民族女性学与多学科的结合

科学研究是学科建设的重要途径，同时也是促进学科发展的基础和条件。少数民族女性学在云南已获得较好的发展基础。目前，云南少数民族女性学的研究成果有《女性学学科建设与少数民族妇女问题研究》（云南民族出版社，2004 年）、《云南民族女性文化》丛书 26 本、《云南贫困地区妇女的省际迁移问题》、《生存和文化的选择——摩梭母系制及其现代变迁》、《民族地区最贫困的人群——云南民族妇女研究》、《云南妇女地位调查研究》、《少数民族妇女的知识和文化——民族民间传统手工艺及服饰》、《女性学著作概览》等著作，还有《少数民族女性学研究通讯》（云南民族大学少数民族女性与社会性别研究中心编）及时宣传最新的研究动态、《云南民族大学学报》的民族社会学、民族学、民族与历史等栏目都在发表有关云南少数民族女性学研究成果。新疆地区的高校，在引进和使用内地已出版的教材的同时，根据新疆区域特点编写新疆乡土教材。例如，新疆大学古丽加马力编写的《维吾尔族女性文学》、新疆大学周亚成编写《新疆少数民族民俗文化与性别》的辅助教材，还有新疆昌吉学院任一鸣撰写的《女性文学教程》等，这极大保障了少数民族女性学学科研究程度的不断深入和研究内容的丰富。

（四）少数民族女性学与学校教育管理工作相结合

在学生教育与管理中，各民族院校切实把少数民族女性学所提倡的男女平等思想、关注少数民族地区女性的视角与教育管理有机结合起来，如在制定学校的各类管理文件时，积极建议考虑对少数民族女学生权益的保障；在各类奖助学金的评比推荐中，同等条件少数民族女学生优先；在学生干部、学生骨干的培养推荐中，保证少数民族女生不少于1/3；云南民族大学在校园文化建设中，经过多年探索和研究，专门组织女大学生文化节；在生活、学习和社会活动等各方面，积极倡导关心女生、关注女生、关爱女生等。这些都为少数民族女性学科建设创建了良好的校园环境。

从2008年开始，在新疆地区，新疆大学、新疆师范大学、新疆财经大学尚有"社会性别理论"等新的课程开设。在以高校推进女性学学科建设为主的同时，几所高校积极将在学校的女性学教学理念和研究成果推向社会，开展社区宣讲，提升全社会性别意识。以新疆大学、新疆师范大学、昌吉学院三所高校为主，在社区、党政机关、公检司法部门、教育卫生、妇联等部门，开展关于男女平等基本国策的宣传及提高社会性别意识的宣讲、培训已达数百场次，听众达万余人以上。尊重党政部门领导，取得他们的支持和配合，是推进和扩大女性/社会性别研究和女性学学科建设成果的重要条件。例如，他们在做昌吉市妇女干部能力建设与发展培训时，由于取得昌吉州党委组织部的支持，不仅专派干部配合对妇女干部的培训，还将项目对妇女干部和党校师资的培训纳入州党委组织部的培训，双方共同制订培训计划，合作推进，不仅使培训进展顺利，还使培训从原拟定的昌吉市一个市扩展到昌吉州全州的8个县市。又如新疆大学政治与公共管理学院在和自治区民政厅、乌鲁木齐市民政局反复磋商的基础上，获得了建设精品社区的设计及社区培训任务，他们将社会性别视角纳入其中，在培训方案和社区文化讲座中加入了关于制止家庭暴力等若干专题，使女性学学科建设与多学科结合。

总之，少数民族地区女性学学科建设的实践，不仅提高了少数民族地区男女平等的理念，而且，学科建设和研究队伍不断发展，已由原来的少数民族地区部分高校辐射至少数民族地区的高校；由汉语言的传播形成多民族的参与，多民族语言的传播；由高校女性学学科建设到高校、社科研究机构、妇联及媒体四位一体的研究队伍。女性/社会性别研究在少数民族地区出现了空前繁荣的局面，并且在实践中不断探索女性学学科建设的经验和方法。

五、少数民族女性学学科建设的展望

少数民族女性学学科建设已经起步，全国少数民族地区许多高校在招收女性学硕士研究生的基础上，课程设置也不断延伸，从硕士生课程辐射到本科生课程，还进入全校本科学生选修课，同时还向深度扩展，目前云南民族大学社会学博士点的建立，性别社会学方向的招生，少数民族女性学也将是性别社会学的方向之一。此外，课程内容在不同学科不断渗透，并且在实际的教学实践中不断推进。

例如，2005 年，云南大学倪慧芳教授开始招收女性史博士生；更可喜的是，早在 2004 年 12 月 15 日，由全国妇联和全国妇女理论会联合，在北京举办的"推动妇女研究进入社科研究和学科建设的主流高层论坛"，妇女学被纳入"十一五"规划变成现实，从而改变妇女研究/女性学在女性研究学界自说自话与主流脱节的现象，开始主流化的新进程。这也是真正落实男女平等基本国策的一项重要举措，也是女性学学科建设的助推器。2013 年云南民族大学社会学博士点的设立，无疑对少数民族女性学学科建设将发挥重要作用。

少数民族女性学学科建设虽已起步，但仅仅是一种尝试，比起其他学科来，还缺乏理论的深度和高度。必须在实践中不断总结、改进、提升与创新，以丰富少数民族女性学学科知识。

然而，学科建设必须依据教学理念、思想、目的、目标、利用现有资源，既要符合中国国情、少数民族地区的省情，还必须结合学生的实际，根据各民族学生的需求，体现少数民族本土特色和各类学校的特点。

在全球经济一体化、学术研究多元化形势下，坚持马克思主义妇女观和"三个代表"重要思想，弘扬先进性别文化，体现少数民族女性学学科精神，即多学科交叉，社会科学和自然科学结合、开放性、实践性、批判性、创新性，立足少数民族女性，强调她们的立场、视角、意识及其在生产、生活、生存与发展中的知识、经验，发出她们的声音和需求，也不排斥各民族男性的参与，实现各民族男女两性平等、和谐发展。

少数民族女性学学科建设，是一项长期工作，它依赖于大量实践才能趋于成熟和完善。

其一，加强与国内外妇女学界和校际交流。

与妇联妇女工作者结合，整合资源，交换信息，共同合作研究项目，借鉴国内外方法与经验，集百家之长，补己之短，丰富民族女性学学科内涵。

其二，拓展多学科的交叉研究。

少数民族女性学和民族女性问题，已经开始多学科的参与，但在学科建设的可持续性上，仍然不能吸引多学科学者的参加，往往有项目或课程时，相关人员会联合工作，结束后，不同学科的人员就减少。应该让多学科的人有更多的交流、对话，并形成机制加以保障，突出跨学科交叉的特征。

其三，坚持学科建设的制度化。

一是加强课程建设，逐渐完善课程内容；二是建立信息网络，提供研究和教学信息；三是培养学科带头人，形成学科梯队；四是围绕课程设置组织编写具有少数民族本土经验，又有创新的教材，探讨在民族社区实现性别平等的途径。

其四，落实学科建设的规范。

即学科建设由点到面的结合，增加在博士生、研究生、本科生中设置专业，成立独立系科，做到专业、研究、出版三位一体，以研究促教学，教学带动科研，使教学手段多样化和现代化，来适应少数民族地区社会经济发展的需要。

总之，伴随着少数民族女性学学科建设的进程，多学科背景、多样性的研究方法，不同国别，国内各民族学者的加盟、支持、帮助，少数民族女性学的学科建设将会不断发展、壮大。

参考文献

［1］江泽民. 第四次世界妇女大会欢迎仪式上的讲话［R］. 北京—怀柔，1995 - 09 - 04.

［2］胡锦涛. 在同全国妇联新一届领导班子成员和中国妇女九大部分代表座谈上的讲话［R］. 北京，2003 - 03 - 01.

［3］杨国才. 女性学学科建设与少数民族妇女问题研究［M］. 昆明：云南民族出版社，2004.

［4］杨霞，刘云. 女性学学科建设在新疆的实践与构想［G］//杨国才. 少数民族女性学学科建设与妇女发展. 昆明：云南民族出版社，2008：8.

［5］杨国才. 少数民族女性学学科建设与妇女发展［M］. 昆明：云南民族出版社，2008：8.

［6］古丽阿扎提. 新疆少数民族妇女参政议政状况研究［J］. 实事求是，2005（5）.

［7］李若青. 云南少数民族女性学的教学与实践［D］. 昆明：云南民族大学妇女/性别研究与培训基地学术研讨会论文，2008.

携带着未来的女性 "自我" 超越与历史缔造
——21 世纪海内外女作家小说写作 12 年

王红旗①

摘　要：海内外女作家的小说写作，可以说是中国女性文学史脉的两翼。其同根、同源的中华文化之魂，在遥相辉映中展示了女性文学小说创作的卓越实绩。虽然，海外女作家尤其是 20 世纪 80 年代出国追寻梦想的新移民女作家的作品大多表现的是在异域的文化异境中的身份危机、生存艰难与心灵困惑，但是摆脱不了中国文化的颜色，以及身置 "母国" 时期的生命事件。在全球化的语境下，共同的中国经验与女性体验使海内外女作家真正懂得了自己内在生命的秩序里最需要什么，而承担起了人类优秀文化的传播者、历史的缔造者的责任。其新世纪以来的小说创作，正穿越于人类虚拟与现实的此岸彼岸，重新定义两性的多重生存现实，预示人类未来新的生活方式与生命意义。

关键词：海内外女作家；"自我" 超越；历史缔造

　　因为，进入 21 世纪海内外女作家小说写作，在经历了 20 世纪 80 年代承继 "五四" 新文化运动的精神，反叛男权文化传统，直逼女性现实生存问题；经历了 20 世纪 90 年代与西方女性主义理论 "亲密接触" 的精神性融合，即狂飙式的呐喊与集体突围的性别 "战争"；经历了 "私人化" 与 "躯体化" 写作沦为被看作尴尬与媚态低吟的性别 "时尚" 陷阱。如今在多元文化的冲突与融合中，吸收本土与异质文化精髓的养分，从关注 "自我"、关注社会与 "他者"，转向对人类生命本体的思考，积极探索 "人—女人—个人" 的灵魂与精神的书写路径。其携带着人类性别生态未来学意

　　①　王红旗，女，中国社会科学院文学硕士，编审，研究员。现任首都师范大学中国女性文化研究中心主任，中国女性文化研究基地主任，《中国女性文化》、《中国女性文学》学刊主编。中国网《中国女性文化论坛》主持人。

义的理性反思，在超越"自我"的过程中，不仅表现了海内外女作家以性别主体意识的文化自觉，改变着长期处于男权话语占主导地位的人类精神宝库单极历史，促进社会文化对女性智慧与力量的认同，使两性的相互体认与平等和谐共处成为一种可能。而且，以重新定义男女性别秩序的历史缔造叙事，昭示着一种人类新文明的图景。

其突出特点是三个"走进"，即走进家族与时代的历史深处；走进民间与乡土的灵魂"原乡"；走进个体与生命的精神成长世界。这不仅从不同地域、不同的层面、不同维度与深度，缔造女性的生存史、心灵史、精神史，更缔造了新的人类发展史、文化史与文明史。这标志着中国女性文学发展到一个"她世纪"的新阶段。

其一， 走进家族与时代的历史深处。 在近现代历史上中国蒙罹了太多的苦难，新世纪的女性文学小说写作在承接现实与未来维度上，走近百年血与火大历史的深渊，延伸到家族史浮沉，凸现其苦难叙事中生命个体的内在精神价值。特别是在重新认识分析男权文化传统淤积而成"性别怪圈"、消解男权文化规定的女性形象的同时，在泯灭女性主体身份的历史迷雾里，发现两性互补互识的生命真相，构建性别文化的新范式和女性精神成长的历史。这里分析的主要作品是国内女作家张洁的《无字》、徐小斌的《羽蛇》、铁凝的《笨花》、徐坤的《八月狂想曲》；海外女作家张翎的《金山》、林湄的《天望》、虹影的"上海三部曲"等。

张洁于新世纪初出版的三卷本、80万字的《无字》，以女性血缘维系的家族谱系诉说四代女人的生命历史。令人震撼的，不仅是她以三代女性的悲剧拆解了当年亲手构筑的爱情圣殿，更是她借女主人公之女禅月之口发表的"咱们家的这个咒到我这儿非翻过来不可"的宣言。因为，女主人公吴为为情而痴而疯而死的绝望悲剧，是女性把爱情视为自己全部生命的支点，才是铸成人生悲剧的铁证。而更深的隐喻却在作品最后的文字里，超越爱情之绝望，"继续前行"而"原谅了自己"[1]。当然也就意味着宽恕了"他人"。理性地破解了女性悲剧的根本原因，不仅是男性的自私与伪善，更是女性自身对爱情的生死依赖，自我独立精神的丧失。对女性丧失自我主体灵魂深刻地反思与拷问，成就了这部女性心灵史和生命史"向死而生"的救赎意义。比较20世纪末女性写作曾以极端的情绪代替理性的批判，造成思想的迷失而无法抵达更高的哲学层面而言，《无字》的深邃思想与精湛艺术值得称道。

如果说张洁的《无字》，是以"爱到无字无写处"的女性命运悲剧，以三代女性亲历的爱情疼痛经验，旨在唤醒女性对男性、对爱情的精神依赖，会毁灭女性的一切的话，而徐小斌的《羽蛇》，是把一个家族五代女性的生命沉浮放在一百多年中国历史的变迁里来讲述。对"母亲"的"神圣"进行了"迄今为止"最大胆的颠覆。对"母爱"的两面性、"母与女"血缘关系的杀伤力和亲和力揭示得淋漓尽致。她以惊世骇俗地精辟反思："当'母性'一旦成为'母权'，它就变得与父权一样可憎，甚至更为可憎。"[2]而这里的"母权"富有鲜明的中国文化味道，而女主人公羽蛇又是来自"原乡"的一个远古意象。这样的"母与女"血缘关系书写，是女性对寻找"父系"血缘谱系绝望之后的又一次绝望。而双重绝望之后女性自我才能由内而外的"站立"。因此，她用魔幻的筐装着现实的果的《炼狱之花》中女主人公就是拯救人类的女神海百合公主，她也来自人类精神的"原乡"。小说充分表达女性对人与人、人与社会、人与自然关系与命运的担当，重新还原被男权文化遮蔽的女性人性美善的力量、女性历史。

　　铁凝的《笨花》、方方的《武昌城》、徐坤的《八月狂想曲》，组成了女作家走进家族与时代历史的深处的宏大叙事系列。与张洁、徐小斌不同的是她们不再循着女性血缘谱系寻找精神文化的出口，而是站在更广阔的社会视阈中，以半个世纪的民国战争风云，民国战争、北伐战争为背景，以北京百年奥运梦的实现为契机，走进家族演变史的深处，发现中国百年来掩隐在"历史褶皱"里的不变，是人情美、民俗美、向善的心性和民族精神，是对家园的厚爱，对民族对人类命运的深切关注。铁凝精心刻画的"笨花村"，是旧时代传统文化的典型代表：一个小小的笨花村，居然能容天下之大，单姓与双姓，洋花与笨花，孔孟之道与圣经之道，中医与西医，西洋画与中国画……博大包容，藏污纳垢，容世间万象，孕真善美于其中，凝聚"和而不同"。这种站在对人类社会终极关怀的"世界大同"的高度，来寻找东、西方文明智慧起源的同根性，体现了女作家强烈的社会使命感。方方的《武昌城》改变了《水在时间下》的女性叙事，由演绎水上灯苦难、复仇和赎罪的一生，以自我拯救来抗拒"女人如水"的宿命，转向对北伐战争的反思，叙述北伐战争时期一场长达40天的围城之战。但是，方方走进怀揣革命理想的青年军人、学生的精神世界，探索"革命与战争相遇"之时充满血腥与人性沉重。而战争中的武昌城，无论革命军的攻城还是北洋军的守城的暴烈与悲壮会更让人反思那段历史。这与铁凝的《笨花》中塑造的向氏家族，尤其是性格近乎完美的向喜与向文成的父子形象，以及诸多女性形象的塑造，有着深厚的文化同源性。

徐坤的《八月狂想曲》，书写的是还带着余温的北京奥运会历史。却在某种精神指向上与铁凝不谋而合。小说里塑造的两位理想男性的时代英雄形象，年轻的常务副市长旷乃兴和俊美的建筑设计师黎曙光，作为"青春中国"时代的文化形象，与铁凝《笨花》里旧时代的传统男性典型相映生辉，在女性写作的形象画廊升起了传统与现代的人格精神之光。向氏父子在民族危亡之际，为了掩护同胞，以生命保卫笨花村。旷乃兴与黎曙光，在现代化鸟巢建设之时，一身新知识分子的傲骨和正气、对爱人、亲人和朋友充满善意和柔情。从共同的美好的人性里，探索性别之间的互识互存更有现实意义。

张翎的《金山》之"金"在于从长眠了一个世纪的华工墓碑底下，延伸到百年历史的深渊，凸现苦难叙事中生命个体的内在精神价值。小说中男主人公方得法和妻子六指的生死之恋达半个多世纪。女主人公六指作为留守在家的顶梁柱，是书写这个家族五代历史另一半的，一位传统的不寻常坚韧的母亲。正像张翎所说："漂流的故事是一种震撼，留守的故事是另一种震撼。这些男人女人们并不都是因为爱情而走在一起，但却都是因为一个简单的愿望而结成联盟，这个愿望就是如何在黑暗坚硬的生活状态里蚯蚓一样地钻出一条活路。他们的结盟是为了和生活抗争，所以尽管他们的结盟基础薄弱却依然持久。"

林湄的《天望》，在更宏阔的时空上——"欧洲大陆"，发现了不同国家、不同种族、不同信仰等异质文化的"互补、互识、互用"平等对话的可能性。林湄以她独有的生存经验与文化自觉，重新审视东、西方文化的内核、差异与缺陷，反思现代科技与物质文明造成的社会深重危机。从超越"自我"和"他者"的境界，以人类之爱的悲悯情怀，呈现出全球化时代跨国界、种族与文化的文明冲突的新热点，塑造出华人女性微云与欧洲混血儿丈夫弗来得的夫妻形象。他们从遥远的东、西方文化精神"原乡"里走来，他们灵魂深处共存的善良与爱心，是人类可以和谐共荣的朴素基因，也是历经坎坷与磨难之后能够用心对话的根本。特别是华人女性微云，与其丈夫弗来得放弃舒适安逸的生活，为"传道"而四处流浪，在情感的孤独、错位、误解、自救、挣扎与超越的磨炼里，唤醒其内在的最优秀"自我"人格，生长出了一种有超越"自我"与"他者"的有普适价值的新状态。这是一种新的创世纪，也许是对人类未来的文化景象的预言。

虹影的"上海三部曲"，以 20 世纪初上海不同阶层女人的爱恨情仇，生存命运，串起大上海的阴性历史。《上海王》，主人公筱月桂是一个乡下的女孩子，踏入了城市，她要在上海这个国际大都市存活下来，几经磨难，最后成为一个上海王。《上海之死》的于堇在欧洲战事到了最紧急关头，上海成为孤岛之际，在自己的国家和父亲之间，她选择了爱国家，用自己的生命改变整个世界和国家的命运。《上海魔术师》里的兰胡儿，其实就是在街上的一个普通女孩子，她有所有女孩子成长的烦恼。"上海三部曲"填补了上海在现代文学史当中被人们忽略的空白。

其二，　走进民间与乡土的灵魂　"原乡"。 乡土的本质主体是对人而言的，是与每个个体的生活紧密相关的。因为，乡土孕育着每个人对社会与自然的原初感受，形塑着每个人的意识和心灵。也就是说乡土对人类灵魂与肉体的孕育，奠定了人与乡土之间的血缘关系和"原乡"隐喻。当代女作家从现代都市文明和乡土文明的激烈冲突中，书写着对乡土的皈依与眷恋，挖掘出乡土文明人性美善与仁厚，对抵挡现代物质异化的独特意义。在离乡土越来越远的都市文化环境里，蒋韵、迟子建、孙惠芬、葛水平等女作家，在"乡土"记忆之上生长出来的乡村女人形象群，无论遭遇怎样恶劣的自然与文化境遇，却仍善存着大爱与温情的人性亮色。而且，作品蕴含着对人与自然生态的浓厚情怀，更拓宽了写作的新视野。而海外女作家严歌苓的《第九个寡妇》、《小姨多鹤》和《金陵十三钗》等作品情系乡土，塑造了一个个身份渺小或卑微却具有最本色的善良与大爱的民间女神形象。

蒋韵的《我的内陆》太原，"原乡"记忆里蓬勃的生命力已经枯竭，"晋阳不再，杏林不再，剩下的只是干涸了的难老泉与稠成泥浆的汾河水，是一大堆毫无生命灵性的钢筋水泥"。女性的精神生命在此无法生长。这当然是以自然环境来对女性生存的文化环境的暗喻，青春岁月"指点江山，激扬文字"的豪情壮志被有形无形的压抑淹没。无论是虚构的陈枝、林萍、程美等，还是真实存在历史之中的林徽因、阎慧卿，传说中的柳氏女，几代女性的生命的悲剧与张洁的《无字》里的女性有更多的相似性。当代女性无论怀揣怎样的美好理想，在现实中只能被迫无奈地失落。决心一个人徒步去长征去延安的林萍，再也没有了任何消息；陈枝感天动地的浪漫爱情在世俗和欲望的夹击下破碎。蒋韵如同社会观察家，站在新世纪的起点上，直指 20 世纪 90 年代金钱欲望的膨胀对人性的扭曲与物化，对女性主体精神的围剿。"内陆"作为女性精神"原乡"已不复存在，灵魂将何以归？

迟子建的《额尔古纳河右岸》正是以她已经化为灵魂的"原乡"记忆，让一位鄂温克老女人，在一天之内讲述了这个行将消亡鄂温克部落，森林、驯鹿与人的百年沧桑故事。虽然，男萨满、叙述者"我"、最后一位酋长，以及山川河流、日月星辰，仿佛一切都在讲述着。但是从女萨满妮浩的身上，体现了真正的悲悯与大爱，真正的对生命的热爱和令人屏息的人格魅力。并巧妙地把传承文化历史的性别重新排序，从民间被时空的尘埃掩埋的历史里发现女性生命价值。这不仅是在讲述"原乡"记忆，而是呼吁重新建构人类与自然平等的伦理关系。

严歌苓的《第九个寡妇》拨开在历史的大浪淘沙中一次又一次被颠覆和被忽视的民间历史死角，塑造了中原农村里的第九个寡妇王葡萄；《小姨多鹤》中流落东北的日本女子小姨多鹤。两部小说充分展示出这两位女人多舛的生存命运和不变的人性本色。王葡萄从死刑场上偷偷把自己的地主公爹背回家，藏到红薯窖里 30 年。长期冒着生命危险为公爹送衣送饭，是来自她对亲情的朴素认同，是一种"天伦"上的知觉。而多鹤的角色和身份只能是小姨，但卑微里仍深藏着母爱的温暖。更可贵的是从她们的身上都涌动着一种人性最本色的善与爱。这种善与爱来自民间传说里一代一代托生转世的"祖奶奶"，来自人类的精神"原乡"。因为，"原乡"如同"母腹"使人类生命得到繁衍，母爱的品格使人类的精神得到完善。而近作《金陵十三钗》讲述的是 1937 年 13 位秦淮河妓女在南京大屠杀中为了挽救更多的生命而舍我的故事。小说把十三个风尘女子放置于一种特殊的文化和道德的背景之下进行心灵剖析和人性拷问。因为，这群女性底层人物形象的塑造，把一个民族、一个国家、一段历史，从尘封了几十年的民间记忆里一个一个地拎出来，什么成分、贫富、阶级、人性、小姨、妓女等，人性的美丑善恶，统统做一番重新的追问。从某种意义上而言，这样的女性写作更是一种民间原根大爱的发掘，女性历史的缔造。

乡土在孙惠芬的笔下是"歇马山庄"。她构筑的乡土世界大多都与"歇马山庄"有着千丝万缕的血脉关系。在《上塘书》里给上塘村

"记史"，是因为它歇马山庄的深处"家园"，乡村里自然、纯朴、善良与温暖的爱，可以抵御城市欲望的疯狂扩张与霸权，物质至上的浮躁与冷漠。这上塘村"一旦进入日光的照耀之下，一个清晰的、湿漉漉的村庄，像刚从蛋壳里蹦出的小鸡，活脱脱地诞生了"[4]，因此，这里永远是人类文明超越物欲的心灵乡土。当"往外走"成了上塘人的时尚与意识——"出去变得越来越容易，不出去越来越不可能"。孙惠芬《上塘书》的"记史"就有了更特殊的珍藏与传承"原乡"精神的意思。孙惠芬《歇马山庄的两个女人》的"记人"，记述了男性缺席之后两位新媳妇潘桃和李平的自我寻找、反抗与反思。在乡村琐碎的日常生活里，即使置身养育她们的乡村，而其文化身份仍然是"他者"。她们的梦想在城市和乡村之间飞落，两个人始终没有走出传统性别命定的角色。这难道是乡土已不能够安放人们的灵魂，还是人们的灵魂疏离了乡土？

然而葛水平小说里，一个个如同"地母"似的女性，用自己独特的生命之爱，孕育和庇护着乡土的文明。《地气》整篇文字里洋溢着对"母性"的赞美。在物质贫乏的大山里，地气因女人的存在而鲜活起来，温热起来，灯一样亮起来。三个女人与一个男人性与爱的想象，有本真的对男性身体欲望主动性，更具有女人味的暖爱，连绵的大山都会为之动容。最后十里岭剩下的两户人家也还是搬走了，女学生李修明和老师王福顺一起留在十里岭又燃升起了希望之火。《狗狗狗》更是在血与火的乡土上，站立起用身体再"创世纪"的一位伟大母亲。一个大山里的女人，以自己最原始的本能，在国家民族危难之际，用身体担当起山神凹人口的繁衍生息。直到最后"秋生孩子生得面黄肌瘦，形容枯槁……秋不怕瘦就怕不能生育"。小说结尾写道："山神凹被日本人绝了的窑洞里有了人气，袅娜炊烟漫到半空溶进云雾……[5]""秋"身上传统"母性"的"天职"与"天德"救活这一方乡土。两部"再创世纪"隐喻无论是在怎样的年代，女性与男性都共同创造着人类的物质文明与精神文明。而母性的生命之爱是乡土的魂。

其三，　走进个体与生命的精神成长世界。　女作家们进入自我生存的内在体验，追溯个体成长的情感世界，呈现女性丧失了的自我主体和自己的历史，试图构筑起现代女性丰富的文化人格形象。她们穿透都市浮华表象，对现代生活敏锐洞察，叙写都市女性情感生活的真实体验。她们作为一个理想主义的性别群体，独立自主，充满自信，不畏世俗，寻找爱情真谛。抵制庸俗的、物化的、平淡的日常生活，勇敢地活出自己灿烂的梦想。张抗抗的《作女》、徐坤的《春天的二十二个夜晚》等、林白的《万物花开》，还有潘向黎、魏微、戴来、盛可以、崔曼莉的作品。海外女作家施玮的"女性生存命运三部曲"、吕红的《美国情人》、施雨的《地下急诊室》、陈谦的《望断南飞雁》、罗露西的《伦敦街上的温柔夜》等，可以说是女性在异国追梦的个体与生命的精神成长史、心灵史。

张抗抗《作女》里的"作女"群，受过良好教育，属于衣食无忧的"白领"阶层。言行惊世骇俗，内心独立自主，反叛现代性的世俗生活，逃离任何可能丧失主体性的诱惑，高扬个性理想，主动选择适合自己的生活方式，选择是否结婚、是否独身、是否做母亲……而且，不封闭，不自恋，不以自我为中心，知人生之进退，怀揣自己的"理想"永远锲而不舍。卓尔式"作女"的胆略和执着令人赞叹，在多重隐与显的性别文化陷阱面前，只有像卓尔一样勇敢前行，才有找回自我和实现理想的可能性。

徐坤小说对女性情感世界的重建，表现出永不妥协的文化批判性和现实关怀意义。以"双调夜行船"的智慧与勇气，考证女性遭遇爱情婚姻不幸的文化、意识根源，修正男权中心文化的性别秩序，确立女性自我的主体位置与生存方式，直击都市知识女性遭遇的情感危机。在《春天的二十二个夜晚》里，当代"娜拉"毛榛的丈夫陈米松留下一张纸条离家出走了。女作家毛榛用自己的灵魂、肉体和"会哭的血"，为自己死亡的爱情与婚姻送葬，在灵魂的夜航里获得主体精神的复活。在《爱你两周半》里，撕破情人与权性交易的面纱，以幽默的戏说，毫不留情地解构了两个女人婚内与婚外的"短命爱情"。《野草根》是在那段中国历史癫狂的转弯处——"文化大革命"时期，三代女人屡屡遭遇性别政治权力的挤压、侮辱与蹂躏。但是她们艰苦奋斗，用知识改变命运，实践着由现实向人格理想高处的成长。

女作家潘向黎、魏微、戴来、盛可以、崔曼莉等，对都市女性情感世界的丰富多变有深入探究。女性理想爱情失落后的意识自觉、自信，阳光和宽容的心态，体现了都市女性情感的新特质，发掘出经历岁月磨砺后女性性别的精神之光，让女性的情感理想之梦在物化的都市绽放。《重重跌倒》里那个跌倒的女人真的遇到了一只拉她起来的男人的手；《碎钻》里的女人将直面破碎记忆而重建未来生活。然而《白水青菜》、《女上司》和《永远的谢秋娘》却即时捕捉都市现代女性"围城"内外的困惑，陡然转向沉重与冷峻的锐利。因为时间会让成熟女人的精神智慧融化于血液，作为抵御命运之夜的光亮和生命的底色。她的写作从某种意义上讲，是以女性理想人格的寻找方式，寻找都市的现代性灵魂。

在魏微的小说里，"暧昧"是都市边缘人感情生活的真实原貌。正像徐坤在《魏微：从南方到北方》里说的："在这个欢乐的魏微背后，有一个缠绵、感伤、温婉、忧郁的、沉湎于内心的小女孩魏微，远远地游离于我们这个时代之外，安静而有些执着地叙述这伤痛的成长。"如《化妆》中女大学生嘉丽对自己爱着的男人的"尖叫"，《大老郑的女人》里，大老郑和他的女人的暧昧关系，《异乡》里女儿和母亲"说不清"的猜疑。在她看来，都市边缘人的挣扎、奋斗是冷眼旁观社会的转型与巨变。乡情亲情在时代巨变中不堪一击，那友情爱情更不在话下。而这种陷入情感困境的"症候"是暧昧时代的启示录。戴来的小说，所表现的孤独是一种现代人生活状态的新解读，是一种人格与心灵修养与成长的净土。她善于构造都市男女复杂而孤独的情感"关系"。她的小说《练习生活练习爱》、《鱼说》和《甲乙丙丁》等作品，形神毕现地书写出现代人普遍缺乏面对面交流、心理上的隔离与疏远，怀疑现实生活中的爱、怀疑自己和对方爱的能力和诚意，恋爱而体会不到安全感、幸福感和满足感。试图运用在现实生活中女性失去爱的种种"孤独"体验，来厘清爱的秩序，激活当代人在生活中"爱"的能力。就是在《关系》里，那些原以为一目了然的"关系"，也并不是我们想当然的那些坐实的关系，我们看到的听到的以为的及轻易做出判断的所谓的"关系"，往往又是靠不住的。以透彻而智慧的形象诠释女性的人格成长与成熟。

盛可以的《道德颂》，以锐利的反讽穿透女性的爱与生命，对"婚外恋如何被婚姻所腐蚀"发出诘问。崔曼莉的《浮沉》，以独特的观察书写青春白领女性在外企职场的打拼与人格成长。她在《琉璃时代》里，更是以青年女性方凤仪这位传奇人物的成长经历串结起社会万象，在苦难中崛起成为中国女性那个时代的脊梁。

林白从"一个人的战争"的"躯体写作"转入灵魂的化蝶与飞翔，始于她的《万物花开》生出的翅膀，其后记里《野生的万物》又是她告别过去的宣言："原先我小说中的某种女人消失了，她们曾经古怪、神秘、歇斯底里、自怨自艾，也性感，也优雅，也魅惑，但现在她们不见了……就像出了一场太阳，水汽立马就干了。"[6]《致一九七五》是她个人身体记忆的温暖回归，"一个人的战争"的孤独、恐惧与分裂的冰冷记忆，被作家幻化成了微光与露珠汇成的生命音符。在她的笔下已不再是"性独舞"，而是通过男女情爱重塑灵魂的乐章。即便是毁灭，也是对人性的深层考量，进而深化了身体的精神性内涵。

施玮的《红墙白玉兰》，以"灵性写作"的新高度，来表现女性心灵成长的历程。小说并没有把人物形象放进社会现实与历史之中去，而是在一个自我意志构筑的场景里，着重刻画人物心灵世界的涌动，把浓厚的宗教信仰情感，细密地编织在情节的字里行间，以及渗透在人物的心灵里。

在结构上，第一部分用"红墙"隐喻追求纯粹的爱情如"天路"似的坎坷，红墙上的每一块砖都是一道难以逾越的屏障；第二部分用"白玉兰"象征爱的宽容，爱由"占有欲"的情欲之爱，转化为博爱与圣爱。而多次出现的"红杉树"意向隐喻女性人格独立和理想之爱的永恒。把女性意识、宗教意识与人类意识巧妙地融合在一起。主人公秦小小与恋人杨修平，在爱情与婚姻，灵魂与肉体的道德樊篱轰然崩塌之后，秦小小感觉到自己的"负罪感"，而丈夫刘如海的出场使她的灵魂得到宽恕的拯救。潜藏在故事深层的基督救赎模式，不留痕迹。所以说，施玮以"灵性写作"建构的精神家园，其"上帝"已经不是一个超验的神，而是一个活生生的有"灵性"、"神性"的人，象征着一种广义的美善、博爱与宽恕的精神信仰。与其前期的作品《柔情无限》、《逐出伊甸》组成"女性生存命运三部曲"，其小说写作足迹是离人物形象的灵魂也越来越近。可以说，第一部是写生存，第二部是写精神，第三部是写灵魂。因此，施玮追求"灵性写作"的最高境界，是以"宗教信仰"情怀"修灵"、拯救灵魂与记录灵魂成长的文学。

施雨的《纽约情人》、吕红的《美国情人》都是书写到美国寻求事业发展的知识女性，其"美国梦"有从物质到文化，到转向精神的成长境界，尤其是爱情婚姻的挫败，中西文化的冲突，身心疲惫的漂泊，真实表现了女性在异域自我寻找、自我成长的艰辛之旅。施雨笔下的女主人公投身于"9.11"火海去救人与自救，以生命的代价成就了精神成长的献祭。吕红笔下的女主人公芯以自强不息的精神实现了自我价值。而近年陈谦的《望断南飞雁》却提出一位华人知识女性家庭主妇新型的"美国梦"。大专毕业的南雁随丈夫以陪读夫人的名义到了美国，不仅与丈夫一起度过了艰苦的攻读学位的日子，而且，丈夫事业如日中天，家庭步入优裕的上层社会。此时年仅 40 岁的南雁离家出走，赴旧金山艺术学院学习艺术。

她认为丈夫的成就不属于自己，不甘心多一个附属于丈夫的全职太太，不满足于只是一双儿女的母亲。这个在弗里丹的《女性的奥秘》里被命名为"无名的烦恼"的女性问题，曾启示许多的美国白人中产阶级女性走出家庭，走向社会实现自己的梦想，如今正在激励南雁前行。陈谦在塑造这个女性形象时巧妙捕捉到了她的心灵脉动，触及人物的灵魂深处，探索其个体的精神成长世界。无疑是指向未来的，在某种程度上未来就是现在，不把握现在就会失去未来。

21 世纪以来的海内外女作家的小说写作，不仅关注女性命运，更关注男女性别平等，关注人与人、人与社会、人与自然万物的平等与和谐关系，行走在寻找人类"原乡"的历史云烟里。在以客观的互补、互依与互存的性别视角，用"原乡"记忆和"他乡"经验绘制着不同颜色的精神文化"地衣"，表现出女性写作审视自我与男性、社会现实与历史的深度成熟，批判现实、缔造历史的多重智慧，形成了新世纪温暖与滋润人类个体生命的女性文学新风景。

参考文献

[1] 张洁. 无字 [M]. 北京：北京十月文艺出版社，2002：453.

[2] 徐小斌. 羽蛇 [M]. 北京：人民文学出版社，2004：1.

[3] 张翎. 金山 [M]. 北京：北京十月文艺出版社，2009：3.

[4] 孙惠芬. 上塘书 [M]. 北京：人民文学出版社，2004：3.

[5] 葛水平. 喊山 [M]. 沈阳：春风文艺出版社，2006：89.

[6] 林白. 万物花开 [M]. 北京：人民文学出版社，2003：283.

思辨·实证·应用： 女性人类学的本土化探索

禹　燕①

摘　要：女性人类学是女性学与人类学交叉、结合而形成的一门学科。但
中国的女性人类学却与西方的女性人类学有着不同的发展路径。
本文简要叙述了西方女性人类学的发展轨迹和理论要点；着重阐
述了中国女性人类学的本土化进程，论述了女性人类学的方法论
建构、思维范式、学科架构，介绍了女性人类学的最新研究成
果，展望了女性人类学的未来发展方向。

关键词：女性人类学；本土化；方法论；学科架构

一、西方女性人类学与中国本土女性人类学的建构

（一）西方女性人类学简述

女性人类学（Feminism Anthropology）是 20 世纪 70 年代初随着女性主
义运动和女性学的发展而兴起的一门新兴学科。女性人类学将人类学的理
论和方法加以运用，不仅使女性学的研究视野得以拓展，也对人类学及整
个人文科学的研究产生了深远影响。

西方女性人类学的发展大致经历了三个阶段。

第一阶段为 20 世纪 70 年代初，伴随女性主义运动的兴起，部分人类
学家（其中大多数是女人类学家）对民族志中所表现出来的男性意识偏见
提出质疑，把解构人类学中的男性偏见、倡导撰写"女性主义民族志"作
为第一目标，把开展以女性为调查对象的田野工作作为首要任务。这一阶
段又可称为妇女人类学（Anthropology of women）阶段。第二阶段为 20 世
纪 70 年代末期到 80 年代中期，女性人类学渗透到人类学的其他分支学科，

---

① 禹燕，女，中国妇女报《新女学周刊》主编，主要研究领域为女性人类学、
女性文化研究等。

即体质人类学、考古学及语言学领域，并对人类学的教学产生了影响。随着 1985 年美国人类学学会通过了"妇女与人类学教学计划"，女性人类学为更广泛的人们知晓。与此相应，女性人类学首创的"社会性别"（gender）概念成为女性人类学研究的最核心概念，社会性别是由文化建构的理论也被人类学家普遍接受。这一阶段又可称为女性主义人类学（Feminist Anthropology）阶段。第三阶段为 20 世纪 80 年代末至今，在后现代主义理论的冲击下，后现代女性主义理论形成，女性人类学开始抛弃二元对立的结构主义分析框架，转而接受后结构主义的理论，这一时期的女性人类学反对生物性别与社会性别的分离，反对社会性别基于生物性别的观点，承认差异、强调多元、反对普遍性成为学科新趋向[1]。当下，女性人类学已远远超越了对女性本体的研究，而是更多地关注由于文化、历史、种族、阶级、阶层、社会性别等因素形成的各种差异和社会性别关系的多样性与复杂性。

西方女性人类学的研究领域主要是社会文化人类学、语言学、考古学与体质人类学。主要理论关注点大致有四个方面：第一是女性的性别与地位问题，集中体现在对性别如何认知、女性从属地位的起源及其普遍性等争论中；第二是女性的劳动和劳动的性别分工问题，重点是女性地位、劳动性别分工、婚姻与继承形式与生产经济关系之间的联系，认为女性的生产劳动与再生产劳动之间的关系是决定女性社会地位的关键；第三是女性生活的变迁问题，包括各阶层女性的生活变迁、就业趋势变化、亲属关系与家庭关系的变迁等；第四是女性与国家的关系问题，重点关注女性利益在国家政治生活中的处境，男性与女性对国家政策不同的影响及其对政治资源支配的不同能力，女性之间阶级与种族的差别等[2]。正如亨瑞塔·摩尔在《女性主义与人类学》中所言："女性人类学不仅仅研究女性，更侧重研究性别，研究男性与女性之间的关系，研究性别在构成人类社会历史、思想意识、经济制度和政治结构过程中所起的作用。"

（二）中国女性人类学的缘起

与西方不同，中国的女性人类学一开始就打上了本土化的思维烙印，并且走了一条与西方女性人类学不同的道路。如果说西方女性人类学是从撰写"女性主义民族志"的实证研究入手，进而上升到对社会、文化的哲学思考，那么，中国女性人类学则是首先从哲学人类学切入，进而渗透到人类学研究的各个实证领域。

中国的女性人类学研究始于 20 世纪 80 年代后期，以 1988 年《女性人类学——雅典娜 1 号》的出版为标志。该书在对西方女性学的革命性价值予以充分肯定的同时，也提出了质疑，认为女性学面临着三重困惑：其一，女性学自身缺乏哲学素质，缺乏从分散到综合、从具体到抽象的桥梁与中介，不能形成良性循环，难以达到学科的完善；其二，现有的女性学无法描述完整的女性，无法描述女性的存在整体；其三，女性学无法从抽象意义上揭示女性作为人的存在本质[3]。

研究者认为，女性学所面临的种种困惑，使女性学自身形成了一个封闭的思维圈，一个由女性到女性的内循环思维圈，它的出发点是女性，回归点仍然是女性，而且是固有文化所造就的"女性"，而不是"人"。这个封闭的思维圈将给女性学带来两种难局。第一，它将使女性学在"女性"自我的圆圈中游弋，不能超越女性本身的局限，难以真正深化。第二，它将造成一种新的文化隔绝。女性学的初衷是想在批判男性文化的基础之上建构一种崭新的女性文化，但是由于它偏离了"人"这个基点，很可能在一定意义上脱离整个人类文化的发展而成为一种与固有的男性文化相隔绝的文化。女性学自身所面临的种种困惑以及由此而造成的封闭思维圈，就要求女性学自身必须超越，必须提升，必须回归到"人"本身，必须以女性作为人的存在为基点而展开思考。只有当它以人作为研究的出发点和回归点时，女性学的总体研究和各学科的具体研究才能深化。为此，女性学走向了综合地研究人的存在及其本质的学科——哲学人类学。

哲学人类学（Philosophical Anthropolog）又译哲学人本学。实际上哲学人类学并不是一种一般意义上的哲学，而是一门和哲学相关密切的、具有极高的哲学素质的独立的新兴学科。哲学人类学试图从人的存在的各个方面对人进行综合认知，设想把对人的不同领域的具体研究同对人的完整的哲学理解结合起来，通过对人的起源、进化以及人与动物、人与环境、人与世界、人与宗教、人与社会、人与历史、人与文化的探讨，来确立人在宇宙中的特殊地位并描述人的完整形象。哲学人类学的宗旨是建立某种统一的人的科学，并为各项具体研究人的学科提供某种统一的基础[4]。因此，哲学人类学所具有的三大特点——高度的综合性与抽象性；研究"完整的人"、描述人的存在整体；从最高意义上揭示人的本质，认定人的本质就是人的创造和自由——就能化解女性学的三大困惑。当从哲学人类学的意义上去研究女性时，当以自由为尺度去分析女性的现实存在时，就能比较深刻地阐述其他具体学科所不能阐述的问题，就能够说明女性作为人的意义，揭示女性作为人的本质。哲学人类学对女性学的意义和其独具的思维优势，就使二者的结盟成为必然，于是，在两个西方新兴学科启发下建构的新兴学科——中国本土的女性人类学便悄然出世了。

二、中国女性人类学的方法论与学科架构

严格地说，初创阶段的中国女性人类学应该是"女性哲学人类学"，它要回答的是女性人类学的方法论问题。它以女性本体为研究客体，但却不以女性本体的某一个方面（如政治的、经济的、历史的、心理的等）为研究对象，而是以女性的"完整存在"亦即"完整的女性"为研究对象。这就决定了女性人类学在研究方法上不是对女性本体进行具体化的研究，而是对女性本体进行综合性的探讨；它不是研究具体学科中的女性，而是对女性进行形而上的思考。它以哲学人类学为思考前提，力图在各学科综合研究的基础之上，对女性进行哲学抽象。因此，女性人类学与其说是一门严格意义上的学科，毋宁说是一种独特的思考方式，它力图通过对女性生存格局的综合考察和哲学反思来描述女性作为人的存在方式、存在历史与创造本质，研究"完整的女性"，描述女性的完整存在。

（一）女性人类学的方法论建构与思维范式[5]

女性人类学在方法论上具有以下几个特点。

第一，它以"人"作为思考的出发点和回归点。女性人类学把作为"人的存在"的女性作为思考的基点，认为对女性存在之谜的解答，有赖于对人的存在之谜的解答；人的存在具有无限丰富的内涵，它既是一种现实状态，也是一个历史过程。女性人类学首先立足于从哲学意义上论证人的存在的基本构成，亦即人的存在之结构、人的存在之本质和人的存在之终极价值。同时，女性人类学还注重从历史发展中考察人的存在的完整历程，亦即由过去、现在和未来所组成的人的存在的时间流程。

第二，它以"女性"作为思考的聚焦点。女性人类学不仅仅停留在对人的存在的一般论述上，而且立足于从人的存在出发去论证女性存在。它既注重论证女性存在与人的存在的同一性，也着力于探讨女性存在的特殊

性，并力图在对女性存在的现实及历史的考察中，揭示出女性存在作为一种特殊存在的生成过程及其特殊规律，描述女性为改变自己的生存状态而抗争的历程。女性人类学的核心和宗旨，是论证女性的完整存在。

第三，它以"男性"作为思考的参照点。女性人类学从人的存在出发描述女性存在，而女性存在和人的存在的相互关系，就其现实性而言，就是女性存在和男性存在的相互关系，二者的相互关系决定了人的存在的基本格局。为此，女性人类学始终把男性作为思考的参照点。它在论证女性存在的基本构成时，注重参照男性存在的基本构成；在描述女性存在的历史过程时，注重参照男性存在的历史过程；在探讨女性解放的实际状态时，注重参照男性解放的实际状态。

女性人类学在思维范式上具有三个层次，也由此而形成了以下三个思维圈。

第一思维圈：女性存在与人的存在。即从人的存在出发对女性存在的描述。它着力于在理论上论证"女性存在作为人的存在"这一命题，并试图在此基础之上分析女性存在的现实状态，揭示女性存在与人的存在的相互关系。

第二思维圈：女性历史与人的历史。即从人的历史出发对女性历史的考察。它着重回答：在历史中，女性存在作为人的存在是如何失落的；女性在怎样的意义上成为了一种"非人"的存在；女性的历史如何反映着人的历史。

第三思维圈：女性解放与人的解放。即从人的解放出发对女性解放的探讨。它试图说明：女性解放如何改变着女性生存的格局；如何影响着人类的存在状况；它在揭示女性解放的实质和女性解放的真正价值的同时，注重对中国与西方女性解放运动的各自模式、不同格局进行理性分析。

女性人类学还把女性研究置于更为宏阔的文化语境之中，以重建女性文化作为学术目标。研究者认为，无论是女性的自然存在、社会存在和精神存在，都是一种文化存在；无论是女性存在的过去、现在和未来，都是女性作为一种文化存在在不同文化时序中的不同形态；而女性解放就其实质而言，也是女性从文化中的解放，是女性对自身文化现实的不断否定和不断超越。因此，女性人类学实际上始终是在描述作为一种文化存在的女性存在，是在描述女性存在的文化格局与文化时态。所以，重建女性文化与重建人类文化就成为了女性人类学的重要命题。研究者认为，现有的女性文化在男性文化的压抑和女性的自我束缚下呈现出一种非女性化的特征，女性丧失了文化的主体地位，女性要完善自身的存在，就必须改造自身的文化现状，重构一种崭新形态的女性文化。就女性的自然存在而言，它将是一种生命文化；就女性的社会存在而言，它将是一种个体性文化；就女性的精神存在而言，它将是情感文化或审美文化。而这几种文化特征都潜藏于女性固有的文化性格之中，它不仅是女性文化的发展方向，也是人类文化的必然走向，对人类文化的重建具有特殊意义。

（二）女性人类学的学科架构

如果说女性哲学人类学对女性人类学进行的方法论探索，是女性人类学本土化的第一步，其后研究者对其发展方向与发展格局的构想，则构建了女性人类学的完整框架。《女性人类学：建构与展望》提出中国女性人类学应该双向突进，即向哲学人类学和传统人类学寻求思想资源和发展驱力[6]。

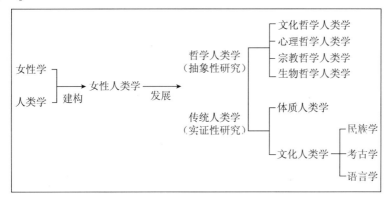

途径之一：向哲学人类学发展。

由于女性人类学主要借力于文化哲学人类学，研究者认为，其发展还应借助于哲学人类学的其他三个分支学科。

由哲学人类学的奠基人之一普列斯纳（Helmuth Plessner）创建的心理哲学人类学着重从心理哲学的角度研究了人的问题。普列斯纳认为，人是一种在精神世界中不断寻求着并实现着自己意义的存在，要真正理解"人"，就必须对人的精神活动进行考察，而人的精神活动既通过精神活动的对象又通过精神活动的成果而得以体现。普列斯纳的核心理论是"失常态"理论，即研究人的失常态。他认为失常态体现了人的本质，也展示了人的全部丰富的属性，失常态是人的肉体、心理、精神诸方面的交叉点，失常态表现了人的存在的各个方面的冲突也调解了这种冲突。普列斯纳还把这种理解运用到了社会、政治、经济、文化等领域之中，并试图以"失常态"理论来分析人与自我、人与他人、人与社会的关系[7]。心理哲学人类学及其"失常态"理论对女性人类学研究是有意义的，因为女性的现实存在就是一种"失常态"，作为个体和群体的女性在精神上尤其呈现出一种"失常态"。所以，心理哲学人类学在某种意义上能启发研究者从新的视角审视女性的现实状态，并运用有关理论与方法来帮助女性有效地缓解自我与社会、女人与男人之间的种种矛盾，使女性在认识自我、认识社会的过程中获得走向自由之路的能量。

生物哲学人类学（Biological Philosophical Anthropology）是哲学人类学的主要流派之一，在整个哲学人类学的发展中居于承前启后的重要地位。它力图克服传统理性人类学的二元论即把人分裂为肉体和精神两个领域，而采取一元论的模式，把人视为一个统一的生物整体，视为生物连续系列中的一环。它在原则上反对将人与动物对立，而是注重从生物学领域寻找人与动物相区别的关键点，用人的生物学结构去解释人的全部的、丰富的活动和属性，并以生物性为基础来确定人在世界中的地位[8]。生物哲学人类学主要代表人物是德国生物学家、社会心理学家阿尔诺德·格伦（Arnold Gehlen）。在他看来，人与其他动物最大的区别就在于：动物的生理结构与机体组织是特定化的，已完成的，相对完善的；人是非特定化的，未完成的，不完善的。人没有像动物那样的天然毛皮层或皮肤去对付恶劣的天气，人没有锐利的攻击器官去获取食物，等等，人是"有缺陷的存在"。因此，人必须向世界开放，开启创造潜能，才能创造文化，获得自由。格伦认为文化是人的第二本性，并把人的生物性和文化性相关联。虽然生物哲学人类学多有偏颇，把人视为片面的人而非完整的人，视为抽象的人而非具体的人。但它基于生物科学理论对人的描述却在一定意义上能给女性人类学以启迪。由于从生物哲学的角度对女性本体的研究非常欠缺，生物哲学人类学便彰显出其独特价值。女性人类学可以借鉴其基本理论，深入思考女性自然存在的"非特定化"所造成的"匮乏"、"缺陷"的特殊性，思考女性的自然存在和人的自然存在的关联互动及其文化与社会机制，思考人与自然和谐共生的生物伦理依据，为生命文化——这一女性文化基石的建构提供理论资源。同时，为女性超越"有缺陷的存在"现实，克服生物性的"匮乏"，创造文化价值，提供深层思考。

宗教哲学人类学主要从宗教哲学的角度探讨人的问题，并通过动物、人、神的关系来确定完整的人的形象。其代表人物之一是德国现象学家、神学家亨斯坦贝格（Hans-Eduard Hengstenberg），他首先确立了这一学科的方法论原则——"人的现象学"，指出必须从关于人的先决的、前科学的假设出发，设定人是什么，并建立了以精神为特征的人的肉体和灵魂的本体论结构，以这一结构原则为指导来研究人存在的整体性。而宗教哲学人类学的其他代表人物如哈默（Felix Hammer）等人则从人与神的比较中指出了人的有止境性，强调人向神的开放性是人走向完善的必由之路。尽管宗教哲学人类学所探讨的问题比较晦涩、玄虚，离女性人类学的现实课题有一定距离，但是宗教作为人认识世界、认识自我的一种方式，包容了人类对女性的种种观念与意识，对宗教哲学和人们的宗教活动予以关注，将对女性的历史与现实有一种独特的认识，这对女性人类学研究课题的充实将有所裨益。

途径之二：向传统人类学发展。

与哲学人类学相比较，传统人类学由于历史较长，其理论与方法更为成熟，积累的成果也更为丰富，可以为女性人类学提供更多的借鉴和更广泛的研究课题。

作为文化人类学分科之一的体质人类学又称自然人类学、人体学，主要研究人类的生物结构和人类的起源与进化过程，以及人种的形成和种族不同的体质特征等。女性人类学向体质人类学的深化就是要运用其成果来研究女性的自然体及其发展史，以及女性在人类作为自然人的进化过程中所起的作用。如女性发明的农业劳动方式及其物质成果对人类体质特征的影响，女性的性进化对人类性进化的积极意义，等等。而人种学有关种族体质特征的描述则能使研究者对不同种族女性的体质特征有更清楚的了解，从而为认识不同种族女性的生活方式与相关特征提供人类学的实证材料。

相对而言，文化人类学的三个分支学科——民族学、考古学、语言学与女性研究有着更广泛更深层的联系，因此，是女性人类学学科建构的主要资源。

三、中国女性人类学的发展现状

经过 20 多年的发展，女性人类学呈现出亦喜亦忧的局面：在从更高的理论层面上对女性及性别问题进行深入的哲学思考上成果比较匮乏，而在田野调查等实证性研究上却取得了丰硕成果，呈现出"哲学的贫困"与"田野的富饶"。

（一）民族学

民族学是研究现代各不同民族的文化及其发展规律的科学。其研究对象是民族共同体，而采用的基本研究方法则是田野调查。现代民族学的田野调查并非只在异国他乡进行，也包括了对研究者自身所处文化的研究，女性人类学向民族学的渗透已对女性人类学产生有效推力。

首先，民族学的田野调查方法为女性人类学提供了一种新的研究方式，使女性人类学在完成女性研究从具体到抽象的第一循环之后，进入从更高的抽象到更深的具体的第二循环，研究者通过实地调查获取大量信息，使形而上的思考有更多可依凭的形而下的实证性依据，从而使抽象的哲学思考具有更令人信服的力量。

周华山的《女性主义田野研究的方法学反思》[9]展示了本土学者对人类学田野调查理论的系统思考。作者介绍了女性主义对实证主义三个方面的批判，强调女性主义认识论以具体生活经验为本，拒绝以抽象艰涩的理论与数据吞噬生活实践；女性主义方法学侧重开放与双向互动的深入访问，拒绝一味收采抽象数据而漠视背后有血有肉的生活体验；以及女性主义田野研究坚持让被研究者作为主体，以落实两性平等互重为研究过程的基本原则。此外，作者根据自己在摩梭社会的田野调查经历，总结了田野调查研究的八个原则，如呈现研究者自身的学术背景、价值取向与研究目的，以当地文化的语言为本，与述说者共同生活、劳动，从"再现的政治"中把握信息的复杂性与多样性，反思研究者自身对研究过程的影响，关注述说者的性别差异，注重与述说者的双向交流，在写作过程中跨越主流性别霸权。该文既是对女性人类学田野调查的方法论思考，也是具有借鉴价值的田野调查操作指南。

其次，民族学既有的成果还为女性人类学提供了大量的经验性材料。

民族学不仅研究不同民族的物质文化而且也研究其精神文化，而任何一个民族所创造的物质财富和精神产品中都凝聚了女性文化的成果，也折射出女性文化的种种特征。从有关民族历史、民族信仰、民族习俗的大量材料中，研究者发现了女性人类学研究的众多选题。如通过研究不同民族女性的发展状况，在比较中发现女性文化的多层次性与多侧面性；通过对比较原始的、带有母系社会典型遗俗的一些民族的生活方式的考察发现母系社会的早期历史形态；通过民俗文化中女性生活方式的呈现来认知女性文化在民俗文化中的功用，等等。女性人类学与民族学的结合不仅对深入了解中国社会及文化的多元性有重要价值，也为世界女性人类学研究提供了新的视角。

近年来，云南的摩梭人因其独特的社会结构和文化特征成为当代中国女性人类学本土化研究的一个热点。由严汝娴、刘小幸等学者所著的《摩梭母系制研究》，从母系亲族的结构与传统、两性关系模式、由母系制所决定的走访制、母系亲族的动态稳定与两性关系的灵活变通、土司制与母系制的互动、全球化进程中的摩梭母系制等多角度来研究摩梭母系制的历史、现状与未来走向[10]。严汝娴从上世纪60年代即开始调查研究摩梭母系制，本书的主要材料亦采用了她以往的研究成果。同样，纳西族女学者和钟华也花了12年时间，对云南省宁蒗县自治县永宁摩梭母系制进行了深入细致的调查研究，其专著《生存和文化的选择——摩梭母系制及其现代变迁》，从妇女学、民族学、文化人类学、社会学、历史学的多学科切入，对摩梭母系制的形成、演变、影响及其社会功能、家庭结构、伦理观念、风俗习惯等进行分析，提出摩梭母系制并非原始社会的遗迹，而是当地特殊文化环境和生存需要的产物，一反传统民族学的观点[11]。

如果说对摩梭人母系制的研究是一种聚焦式研究，比较封闭；那么以多元化人类学视野来研究多民族女性的生存与发展则是一种发散式研究，具有开放性。杨国才主编的《社会性别视野下少数民族妇女的健康与生态环境保护》就是一本以女性人类学、生态人类学、医学人类学等学科为背景的著述，相关学者以不同族群，特别是中国云南少数民族地区为重点，来了解少数民族传统文化中妇女的知识和经验，探讨少数民族传统文化中妇女与健康、生态环境、传统文化有关的观念和行为[12]。通过描述女性的生产生活方式、对自然资源的管理机制、民族传统医药和保健知识、宗教信仰、风俗习惯等，阐述少数民族妇女与其所处的生态环境发生互动关系时，为了适应生态环境而形成的与生态环境相适应的生态文化观念；揭示了男权文化对少数民族妇女在医疗保健和生态环境保护中的作用和经验的忽视，倡导关注、挖掘并传承妇女在这一领域的知识和经验，使其成为符合现代社会发展要求的知识，以推动少数民族地区的可持续发展。

口述史作为一种研究方式，近年来为社会学、人类学等领域的学者广泛应用，也因此而产生了许多具有价值的著述。张晓的《西江苗族妇女口述史研究》是一本以黔东南西江苗族妇女口述史为研究对象的女性人类学著作[13]。作为一位苗族女性研究者，作者以自己独具的优势选取一个典型的苗族聚落为研究个案，以文化人类学的参与性观察访谈为方法，以妇女口述史为切入点，在特定的社区背景下对特定的妇女群体和文化体系间的互动关系展开研究，涉及苗族村寨的历史、文化传统、婚姻、经济、文化传承、文化变迁等妇女生活的各个方面，展示了文化怎样塑造了人和人怎样创造着文化的双向运动过程，从而提供了一个动态的、鲜活的并具有浓郁地域特色的妇女文化标本。

当然，民族学研究不仅仅是对少数民族女性生命与生活的考察，近年来汉族女性的生命与生活也成为民族志关注的对象。李霞的《娘家与婆家——华北农村妇女的生活空间和后台权力》作为一部"女性民族志"作品[14]，在有关汉人社会的女性人类学研究方面显示出独特价值。其一是突破了以往中国汉人社会的人类学研究的男性视角，以山东济宁地区一个村庄为田野调查点，考察了当代妇女在日常生活中的各种亲属关系构建的策略和目标，在亲属关系研究领域提出了与以往宗族范式不同的另一研究维度。其二是突破了将中国妇女与家庭研究囿于"婆家"社会空间范畴的惯例。由于"从夫居"制度是人类社会的一种普遍的婚居制度，加之我国特殊的家庭伦理文化传统，以往的研究往往将女性置于"婆家"环境进行分析，突出女性在父权制家庭体系中受压迫的处境。而本书则运用"娘家—婆家"这一分析框架，以女性的成长经历为主线，深入细腻地考察了农村妇女跌宕起伏的人生历程，通过婆媳关系、母子/女关系、娘舅关系等多元关系，来描述妇女作为主体如何对家庭和亲属关系进行经营和调适，以获得日常决策权和自己的生活空间。

（二）考古学

考古学是文化人类学的又一个分支，主要是通过古代人类所遗存下来

的物质材料来研究古代人类的生活和古代文化的发展与演变。自 20 世纪
80 年代以来，女性主义与考古学的结合，使性别考古（Gender Archaeolo-
gy）在美国兴起。性别考古有时也被称为女性考古（Feminist Archaeology
or Archaeology of Women），其主旨有三：揭露考古探索各个阶段中存在的
性别偏见；从考古材料中寻找妇女，并分辨它们在性别关系、性别意识形
态、性别作用中的表现；询问性别差异的问题[15]。性别考古的兴起使考古
学中出现了更多的有关史前女性的研究，特别是有关女性作为物质生产者
和文化创造者的研究，并试图从物质文化来探究男女成员在某一特定文化
背景中参与社会、政治、经济和宗教活动的情况。

性别考古学在我国起步较晚，但近年来也有一些值得称道的成果。

母系社会是如何向父系社会演变的？女性在这种演变中又有怎样的表
现？对此历来著述罕见。夏商周三代是女权旁落、男权兴起的关键时期，
《金文与殷周女性文化》以金文材料为主，以甲骨文和传世材料为辅，来
还原殷周女性的生活场景，勾勒殷周女性的社会家庭关系，探究女性地位
变迁的历史轨迹[16]。研究发现，殷代的贵族女性地位较高，可以参与朝
政、主持祭祀、参与祭礼、驰骋疆场。其中武丁的宠妻妇好，常常征战四
方，战功显赫。武丁的另一位妻子妇井也能征伐敌国，在卜辞中以主帅的
身份出现。根据卜辞内容，曹兆兰认为妇井可能为商王负责农业生产，与
妇好分别负责商王内外的政务。

2010 年 6 月 13—15 日在南京大学召开的首届 "女性考古与女性遗产
学术研讨会"，在女性考古与女性遗产研究领域具有里程碑意义。在女性
考古研究方面，与会学者以女性文化的视角，审视研究自新石器时代以来
至明清时期与女性相关的女性塑像、女性墓葬及出土物、画像石、金银器
及传统民居等多方面材料，解读女性社会地位的时代变化和地域差异，以
及女性在中华文明发展中的历史地位；还讨论了如何通过考古图像材料研
究中国重要的女神体系和女性宗教文化问题，如西王母、女娲和观音的形
象与女性社会地位的关系，特别是对观音造像性别变化的原因进行了深入
探讨。会议相关学术成果结集《女性考古与女性遗产》（贺云翱主编）一
书出版，成为我国考古学与女性研究相互融合的重要文献，为推动女性考
古与女性遗产研究奠定了发展的基石[17]。

尝试从器物分析来探讨史前性别差异所反映的社会结构问题，是性别
考古的要点之一。《性别考古与玉璜的社会学观察》通过对玉璜的研究来

考察性别历史，别具意义。研究表明，长江下游新石器时代自河姆渡至崧泽这段时间里，从妇女普遍拥有玉璜和其他贵重玉饰件和随葬品，而男性一般用简单的生产生活用品随葬的特点来看，当时的社会结构似乎应该是从母居的母系社会，妇女地位较男性为高。但是，女性受到尊重可能并不是由于经济活动中的重要性，也不能由此推定当时是一种女权社会。从考古学文化中随葬品所反映的性别差异可能表明，当时的女性在血缘社会中发挥着维系社会稳定和凝聚力的纽带作用[18]。

（三）语言学

语言学是文化人类学的又一分支学科，是专门研究人类语言现象、语言规律及其发展历史的科学。由于语言中积淀了丰富的文化信息，它与女性人类学的关系就更为密切。女性人类学注重语言与社会性别关系的研究，研究者注重从语言现象中发现语言结构本体（诸如语义、文字、语法、词汇等）和语言社会功能中所显示出的性别偏见。这种偏见首先表现为语言中的男性规范即男性原则。如在汉语中，指代男性的代词"他们"可以指代所有的人（包括女性）；而在英语和法语中，"男人"和"人"则是同一个词：man（英语）、l'homme（法语）。其次，这种偏见表现为语言中的女性歧视，这在作为表意文字的汉字中表现得尤为突出。

孙汝建的《汉语的性别歧视与性别差异》对汉语中的性别歧视进行了深入探讨。该书植根于社会心理语言学的土壤，从社会学、文化学、心理学、历史学、民俗学等学科以及语言学的其他相关学科吸收有关理论和方法，进行了多维探索[19]。作者认为，汉语本身存在着性别歧视，不同性别的人运用汉语时会产生性别差异。通过详细分析汉语性别歧视和性别差异的种种表现，从社会、文化、心理、生理等视角探讨汉语性别歧视和性别差异的原因，研究了汉语与性别关系的一系列具体问题，试图揭示汉语性别变异的规律。

有关语言学与性别歧视研究的著述还有不少，这些研究表明：语言中的性别偏见必须矫正，正如任何文化革命都包含着语言革命一样，女性解放和女性文化的重建也必须经历一场深刻的语言革命。

从语言学与女性人类学的关联中之所以能发现许多耐人寻味的文化命题，还在于语言学中确实存在着许多与女性相关的特殊的文化现象。如在某些语言中就有专供女性使用的词语，比如，在古代印度戏剧语言中，男人说梵语，女人说普拉克利特语（民间语）；在阿尔泰地区的突厥人也有特殊的女性词语，与男性词语平行使用[20]。在我国发现的"女书"更是语言学发展史和女性发展史上的奇迹，也成为了语言学的一大研究热点。

"女书"又名"女字"，它是由女性创造、在女性中流传和使用的一种特殊文字符号体系，又是女性用以描写女性生活的一种特殊民间文学，它靠母传女、老传少，一代代相传。因被发现时主要流传在湖南省江永县及其相邻的湘南、桂北、粤北地区，故又名"江永女书"。女书作品内容主要分为喜庆作品、祭祀作品、交际作品、记忆作品、教育娱乐作品等。自发现以来，女书这一文化奇观一直广受学界关注，相关研究著作也陆续问世，其中，宫哲兵的《女性文字与女性社会》从文化哲学的角度来探讨女性文字与女性社会的关系，方法独特，颇具创见，显示了女书研究的文化厚度与思想深度[21]。

（四）艺术人类学

艺术人类学是人类学的一个新的分支学科，是美学、艺术学和人类学等学科间相互影响、相互融合的交叉整合而成的学科。它主要运用人类学理论和方法，对人类社会的艺术现象、艺术活动、艺术作品进行分析解释，艺术人类学首先是对艺术的研究，也包括对人的研究，亦即对从事艺术创作的艺术家、艺人以及各种艺术群体的研究。近年来，随着非物质文化遗产保护与研究备受重视，艺术人类学或人类学的艺术研究也日渐活跃，并产生了一些与女性艺术相关的成果。

女红，这个词在中国文化语境中蕴含着特别的价值内涵，然而，在以往的中国文化史和艺术史研究中却没有一席之地，这无疑是源于几千年来男权文化对女性文化创造的遮蔽与漠视。胡平的《被遮蔽的美丽：中国女红文化》是一部对女红进行学理性研究的著作[22]。研究者以文化人类学的视角，把缤纷绚丽的女红文化置于悠远宏阔的中国文化背景之下，借助大量真实而生动的女红图片与田野影像资料构架女红文化理论，对女红的文化功能、人文意蕴、文化类型、艺术特性等作了全景式的扫描。阐释了女红具有"一品多能"的功能特点，具有独特的符号特性，具有"朴素的善"与"悦目的美"。通过描述女红优雅、含蓄、婉约的女性气质特征，阐述了中国女红对于构筑整个中国女性的文化性格的特殊意义。

如何从关注全球化发展与地方性文化变迁的关系出发，从关注非物质

文化遗产保护与非物质文化遗产传承人的关系出发，来研究少数民族文化
艺术的传承与发展问题，是我国艺术人类学研究的一个新视点。安丽哲的
《符号·性别·遗产：苗族服饰的艺术人类学研究》，以艺术人类学的研究
方法来解读苗族服饰上的纹样，从长角苗女性的教育及文化生活切入，以
长角苗人的服饰以及制作服饰的女性为对象，侧重研究和探讨了与服饰本
体和服饰主体的相关问题[23]。在服饰本体方面，分别对长角苗人服饰文化
特征、族源考证、现代民族服饰类型、文化传播与服饰演变、仪俗中的服
饰、几何纹样的文化解读、传统服饰纹样制作工艺与现状等多方面展开讨
论；在长角苗的服饰主体方面，分别就社会性别关系与价值取向、文化教
育观与服饰传承、现代长角苗大众从传统劳动中解放的愿望等方面进行深
入讨论。

四、中国女性人类学的未来发展方向

随着人类学向各个领域扩展，教育人类学、生态人类学等领域也引入
了性别研究视角，陆续有研究成果面世。但是，总的来看，当代的中国女
性人类学研究仍然更多地局限于传统人类学领域，关注点也以少数民族女
性的生活、婚姻、家庭为主，更注重历史价值与文化含量，而未有效扩展
人类学的现实价值与应用效能。当下，寻求人类学的应用契机已成为人类
学的发展方向之一，应用人类学对现实的推动作用已体现在公共卫生与疾
病防治、文化变迁与生态环境保护、文化遗产保护、多元文化教育、跨国
企业与贸易、外交与文化交流等多个方面。

应用人类学是人类学的一门分支学科，也是近几十年来发展最迅速的
分支学科之一。主要运用人类学理论与社会调查方法，着重研究现代社会
结构和民众的社会生活规律。西方应用人类学在百年发展历程中经历了不
同阶段，进入20世纪70年代后，其研究范围进一步扩大，产生了医学人
类学、教育人类学、发展人类学、都市人类学、旅游人类学、空间人类
学、经济人类学等分支学科。应用人类学家参与社会规划与决策，致力于
处理和解决现实生活中出现的各种问题，改善现存的政治、经济、科技、
教育和卫生等条件，促成有计划的社会变迁。特别是"新应用人类学"，
更注重利用人类学知识帮助决策者制定和执行政策，评估政策的社会效
益，以使决策更具科学性和客观性[24]。

近年来，我国的应用人类学研究也有所进展，但从性别视角开展的相关研究仍然较少。因此，借鉴西方应用人类学的理论与方法以及我国应用人类学的现有成果，深化女性人类学研究，使女性人类学以积极的行动姿态介入社会领域，提升女性人类学的应用价值，将是女性人类学发展的未来方向之一。其中，医学人类学、教育人类学、生态人类学是与女性人类学关联度最高的学科。

（一）医学人类学

医学人类学（Medical Anthropogy）是社会与文化人类学的分支，也植根于医学、心理学和其他自然科学。主要研究在不同文化和社会群体中，人们如何解释疾患—健康的原因，他们所信赖的医疗类型，及一旦生病如何求医，也研究这些信念与实践如何与人的生理、心理和社会变化相联系[25]。

近年来，我国学者应用医学人类学的理论与方法，积极介入公共卫生与健康领域的相关研究，先后开展了中国艾滋病疫情和防治力度指标建设研究，临终关怀的理论与应用研究，以新的方法论剖析民间戒毒法并实施扩大无毒社区的应用实践项目，流动人口及女性人群防治艾滋病对策依据与建议，等等[26]。

性别差异对不同性别的健康水平、对疾病的反应、健康相关资源的获得和利用、面临的健康风险等都有重要影响。世界卫生组织认为，"性别在健康中的动态极为重要"。相关研究表明，中国人身心健康水平存在明显的阶层和性别差异，弱势社会阶层的女性与优势社会阶层的女性相比、女性与男性相比，更难获得和维持较高的健康水平[27]。因此，制定增加女性健康能力、促进健康领域阶层公平与性别公平的相关政策不可或缺。女性人类学可有效借鉴医学人类学的方法深化相关研究，并建立相关领域学者的合作与资源共享机制，关注不同性别群体的特殊健康需求，推进政府制定公正公平的公共卫生政策，合理配置公共卫生资源，并适当向妇女儿童倾斜。

（二）教育人类学

教育人类学（Educational Anthropology）是由教育学和人类学相互交叉而形成的一门综合性边缘学科。它倡导从人的发展的宏观高度来把握现代教育的本质，打破囿于教育本位、以教育论教育的状况，以促进传统教育的更新和现代教育的进化。国外教育人类学学科形成于 20 世纪中期，经过半个世纪的发展形成了以德国、奥地利等欧洲国家为代表的哲学教育人类学和以美国为代表的文化教育人类学两大流派。欧洲哲学教育人类学学派主要注重于从人的本质、教育的本质、人接受教育的需要性和可能性出发，从哲学的高度研究教育的理论与实践问题。而以美国为代表的文化教育人类学学派，则主要应用英美文化人类学的理论框架、概念与田野工作方法，研究教育的理论与实践问题[28]。

教育人类学的研究方法有三大特征：一是跨文化比较研究，即从不同文化角度对某些教育现象和问题进行比较分析，研究其发生发展的动因，阐述一般规律；二是实地参与调查研究即田野工作；三是释义学研究，即从教育的角度来说明人的本质生成、转变和重建，解释教育对人生各个层面——意向、目的、信仰、情感、价值等形成发展的影响。比较研究和实地研究是教育人类学最基本的研究，而释义学研究则是教育人类学的理论价值所在。

20 世纪 80 年代，我国教育人类学研究者提出了综合型的教育人类学学科框架，即以文化教育人类学为主要研究方法，适当借鉴哲学教育人类学的理论化方法，以研究一般人类教育的发展为主，尤其是现代教育为主（不像文化教育人类学以研究少数民族教育为主），重点探讨人类教育发展的一般规律及其特征。

从近年来教育人类学与性别研究的相关成果看，主要还集中在对少数民族女童教育和民族文化的女性传承研究上。教育中存在的性别隔离现象及其发生机制，女性在传统男性专业中如何受文化干扰而最终影响学业成就，对此类问题研究者涉猎有限。另外，研究领域还主要囿于学校教育，对广泛的社会教育关注不够。实际上，教育无处不在，诚如杜威所言："教育即生活。"女性人类学可以借鉴文化教育人类学的理论与规范，深入进行广泛的田野考察，从学校教育、社区教育、族群教育、家庭教育、宗教教育中获得构建女性人类学的鲜活资源；并从哲学教育人类学的高度探讨教育公平与教育改革的相关命题。

（三）生态人类学

生态人类学（Ecological Anthropolog）是人类学和生态学相交融的学

科，产生于 20 世纪 60 年代，是当今应用人类学最为活跃的分支学科之一。主要致力于人类与文化环境和自然环境相互关系的研究，尤其关注民族文化与自然环境的关系。现在，生态人类学已经在英、美等西方国家得到充分的发展，并诞生了系统生态学、进化生态学、民族生态学、历史生态学以及政治生态学等理论流派，提供了多种可以凭借的分析工具。特别是 20 世纪 80 年代兴起的新生态人类学，在认识论上超越了以往生态人类学的二分法，关注全球化和全球 - 地方的关系，显示出综合性优势；在方法论上则采用"联系方法论"，以"多层面、多现场、多时间点"为特征，结合多层次（国际的、国内的、区域的、当地的）的分析、系统的跨社区比较与纵向比较，来研究过程、论述历史、关注政治和经济力量的影响[29]。

20 世纪 80 年代我国的生态人类学开始起步，学者们的关注已涉及草原沙漠化，农村水污染，生态移民，文化适应与文化保护，少数民族地区微型社区可持续发展，少数民族的信仰与生态文化自律，生态旅游开发中的社会资本、经济资本、文化资本的相互关系研究等诸多方面。女性人类学应对生态人类学的研究方法和研究视角加以有效借鉴，研究生态变迁对女性生活方式的影响，女性在弘扬少数民族生态文化中的独特作用，女性在可持续发展中的主体性建构，等等。并结合生态女性主义的理论与实践，推动与生态保护相关的政策制定、制度设计与现实变革。

1974 年，美国女性人类学的创始人罗莎尔多和兰菲尔在出版的《妇女、文化与社会》中曾经宣称，她们的研究目的不是为了探讨"如何改变人类学的理论和实践，以便恰当地反映女性的社会角色和经验"，而是为了探讨"如何改造世界，以便结束并超越女性的从属状态和不平等待遇"。参与并推动现实变革是女性人类学创立的初衷，当然也应该成为中国女性人类学前行的未来方向之一。

中国的女性人类学携带着思辨的气质降生，呼吸着田野的气息成长。她吸纳着西方女性主义的思想基因，汲取着中华文化的深厚养分，更汇集着当代学人的学术智慧。她正在顽强生长，并将以更有思想力、更具行动力的姿态屹立于世界学术之林。

参考文献

［1］白志红. 当代西方女性主义人类学的发展［J］. 国外社会科学，2002（2）；任海. 社会性别与再表现的文化政治：女性主义人类学［J］；鲍晓兰. 西方女性主义研究评介［M］. 北京：生活·读书·新知三联书店，1995.

［2］彭耘. 西方女性主义人类学［J］. 国外社会科学，1994（5）.

［3］禹燕. 女性人类学——雅典娜1号［M］. 北京：东方出版社，1988.

［4］蓝德曼. 哲学人类学［M］. 彭富春，译. 北京：工人出版社，1988.

［5］同［3］.

［6］禹燕. 女性人类学：建构与展望［G］//北京市妇女联合会/北京妇女问题理论研究会. 中国妇女理论十年. 北京：中国妇女出版社，1992.

［7］欧阳光伟. 现代哲学人类学［M］. 沈阳：辽宁人民出版社，1986.

［8］威廉·A. 哈维特. 当代人类学［M］. 王铭铭，等，译. 上海：上海人民出版社，1987.

［9］周华山. 女性主义田野研究的方法学反思［J］. 社会学研究，2001（5）.

［10］严汝娴，刘小幸，等. 摩梭母系制研究［M］. 昆明：云南人民出版社，2012.

［11］和钟华. 生存和文化的选择——摩梭母系制及其现代变迁［M］. 昆明：云南教育出版社，2000.

［12］杨国才. 社会性别视野下少数民族妇女的健康与生态环境保护［M］. 北京：知识产权出版社，2011.

［13］张晓. 西江苗族妇女口述史研究［M］. 贵阳：贵州人民出版社，1997.

［14］李霞. 娘家与婆家——华北农村妇女的生活空间和后台权力［M］. 北京：社会科学文献出版社，2010.

［15］陈淳. 美国性别考古的研究及启示［J］. 东南文化，2010（6）.

［16］曹兆兰. 金文与殷周女性文化［M］. 北京：北京大学出版社，2004.

［17］贺云翱. 女性考古与女性遗产［M］. 南京：南京大学出版社，2011.

［18］陈淳，孔德贞. 性别考古与玉璜的社会学观察［J］. 考古与文物，2006（4）.

［19］孙汝建. 汉语的性别歧视与性别差异［M］. 武汉：华中科技大学出版社，2010.

［20］刘伶，黄智显，陈秀珠. 语言学概要［M］. 北京：北京师范大学出版社，1986.

［21］宫哲兵. 女性文字与女性社会［M］. 乌鲁木齐：新疆人民出版社，1995.

［22］胡平. 被遮蔽的美丽：中国女红文化［M］. 南京：南京大学出版社，2006.

［23］安丽哲. 符号·性别·遗产：苗族服饰的艺术人类学研究［M］. 北京：知识产权出版社，2010.

［24］董建辉，石奕龙. 西方应用人类学百年发展回顾［J］. 国外社会科学，2005（5）.

［25］徐一峰，严非. 文化与健康：医学人类学实践［M］. 上海：上海人民出版社，2005.

［26］庄孔韶，兰林友. 我国人类学研究的现状与前瞻［J］. 中国人民大学学报，2009（3）

［27］姜秀花. 关注健康领域的阶层公平与性别公平［N］. 中国妇女报，2012 – 08 – 07.

［28］滕星. 多元文化社会的女童教育：中国少数民族女童教育导论［M］. 北京：民族出版社，2009.

［29］平锋. 西方生态人类学的发展过程与未来趋势［J］. 甘肃社会科学，2010（4）.

妇女史与社会性别史辨析

王向梅 ①

摘　要： 在妇女史的发展过程中，社会性别史成长起来，可以说妇女史是
社会性别史的前提和基础；社会性别史不是性别史的替代者，二
者沿着不同的轨道发展。既不能把社会性别史仅视为妇女史的分
支，也不能简单的把它作为后继的替代者。不过，既然社会性别
史能够以新的风格在史学界确立其地位，显然有它区别于妇女史
的独特之处。

关键词： 妇女史；社会性别史；女性主义史学

20 世纪 70 年代以来，妇女史研究在西方获得了突飞猛进的发展，在
理论和方法上都不断有新的突破。在史学家不断的探索下，一种以社会性
别为核心范畴的、注重差异与多元的社会性别史（Gender history）从妇女
史中脱颖而出。社会性别史以其开放的姿态吸收多种理论方法，并与其他
史学流派发生密切联系，在短短 20 多年的时间里不断走向成熟，得到了主
流史学界的认可。可以说，社会性别史的兴起是妇女史发展到一定阶段的
必然产物。它与妇女史有着非常密切的关系，但又有极为不同的理论和发
展轨迹。

一、妇女史是社会性别史的前提和基础

妇女史是社会性别史的前提和基础，正是由于妇女史学家近百年的不
断反思和探索，社会性别史的研究理论逐步形成，并从妇女史中脱颖而
出，以不同的轨道发展。如今，这两种史学流派在史学界仍各具特色并充
满活力的发展。

---

① 王向梅，女，中华女子学院女性学系副教授，博士，主要研究领域为女性学、
妇女史、妇女运动。

妇女史，在 19 世纪中后期开始出现。20 世纪 50 年代以来，受到年鉴学派关注下层的社会史潮流的影响，与妇女有关的史学主题逐渐受到史学界的重视。20 世纪六七十年代女权运动的发展推动妇女史的研究迈出了质的变化，不仅关注妇女命题，而且还冲击了传统的史学价值体系和研究范式，形成一股研究的热潮。此时，历史（history）开始被分析、被质疑和审视，妇女史学者发现，人类历史具有性别偏见，这在史料和史学层面尤其突出。历史不仅有"他"的故事（his-story），也有"她"的故事（her-story）。传统的历史学家是从排除了妇女立场的男性观点出发来书写历史的，他们没有研究妇女在创造历史、社会发展、实际生活中的经历与作用；妇女史学家提倡，写作历史时应将妇女包含在内，要以女性的立场来重写历史。正如英国著名妇女史学家琼·凯利（Joan Kelly）所说，妇女史就是要"恢复妇女在历史中的位置，为妇女重建我们的历史"[1]。为此，妇女史学家们从一开始就致力于把妇女史知识添补到历史知识系统中去，而且还以建立系统的、独立于传统史学之外的妇女史为己任。20 世纪 70年代妇女史学家的这种努力是成效卓著的，大批有分量的妇女史学著作在欧美各国问世。在这些著作中，妇女成为从"隐藏在历史背后"到"变得可见的"历史主体[2]。

　　妇女史的提出具有重要的历史意义。首先，妇女史打破了男性精英史学的垄断地位，改变了妇女历史被忽视和"遗忘"的状况，使越来越多的人意识到妇女也有历史。其次，妇女史扩展了史学研究的领域，使得占人口半数的妇女的历史得到发现，弥补了传统历史的残缺。再次，妇女史挑战了原有的历史分期，尝试按照妇女的经历来重新划分历史进程，冲击了以男性经历为依据的史学分期方法，为史学研究打开了新的思路。此外，妇女史挑战了传统的史料收集方法，挖掘出有关妇女的大量史料，丰富了历史研究。

　　妇女史学家出版了大量的妇女史论著，妇女史学家们在理论与方法方面不断推陈出新。他们努力把被遗忘的妇女历史挖掘出来，并添补到现有的历史框架的过程中，对传统历史理论的怀疑和批判逐渐出现了。按照传统的视角，如阶级、种族、区域、宗教等，妇女和男人的历史并没有大的区别。可是，当妇女史学家挖掘出了不同时代、不同领域有关妇女的大量史料并进行分析时，他们发现很难找到与男人历史完全一样的妇女史。于是琼·凯利开始大胆地提出质疑：妇女有文艺复兴吗？[3] 其他的学者也发现，技术的进步也没有带来妇女在工作场所和家庭中的解放，以民主著称的时代并不包括妇女的政治参与。显然，此时的妇女史学家的主要目的仍然将妇女纳入到社会和政治历史的"主流"中去，但当他们发现妇女的历史无法简单地加入到现成的历史结论中时，也开始质疑传统的历史结论和史学理论本身的局限性。为了更好地将妇女整合到历史中去，恢复妇女在历史当中的应有位置，妇女史学家不断探索新的研究理论方法，"社会性别"作为一种历史分析的范畴逐渐浮出水面。

妇女史学家除了关注恢复妇女在历史中的位置，还致力于重新撰写妇女自己的历史，即与"他史"（his-story）对立的"她史"（her-story）。持这种观点的妇女史学家认为由于性别的差异，妇女拥有与男人不同的历史；妇女史应重视对妇女经历的描述。于是，有关妇女的各种生活经历与体验成为史学家的研究对象，比如婚姻、家庭、生育等。伴随着新社会史的兴起，历史中被忽视的群体受到关注，妇女史也因此获得更多学者的关注与认可。史学界一度兴起"妇女领域"研究的热潮，而社会性别也逐渐被用来分析社会群体内部的差异。

但是，无论是将妇女整合到传统历史中去，还是重写与传统史学分离的妇女史，过度强调"整合"与"分离"，容易产生偏见。妇女史的这种定位，不仅使得妇女史学家内部争论不休，而且也造成妇女史与其他史学流派的隔阂与误解。鉴于此，一部分历史学家倡导用新的视角来"重写历史"[4]，于是，"社会性别"（Gender）作为重要的分析范畴被引入历史研究，与妇女史不同的社会性别史随之出现在学术舞台之上。

可见，妇女史为社会性别史的兴起奠定了基础，并且在对其反思中推动了社会性别视角进入史学。而且，妇女史学家和他们所带动与培养的大批人才，为社会性别史提供了主要力量。

二、社会性别史与妇女史的区别

在妇女史的发展过程中，社会性别史成长起来，但后者并非作为替代者出现，而是沿着与前者不同的轨道发展。因此，既不能把社会性别史仅视为妇女史的分支，也不能简单地把它作为后继的替代者。不过，既然社会性别史能够以新的姿态在史学界确立其地位，显然有它区别与妇女史的独特之处。总体来看，社会性别史与妇女史的区别主要体现在以下几个方面。

第一，理论来源和史学定位的不同。

妇女史有两个主要理论来源，其一是20世纪六七十年代的女性主义思潮；其二是新社会史的理论。因为深受自由主义女性主义和激进女性主义的影响，妇女史自一开始就带有强烈的责任感：揭示历史上两性不平等的状况，把妇女恢复到历史中去。也有一部分妇女史学家受到新社会史理论的启发，从社会史的角度切入妇女史研究，挖掘长期被忽视了的女性历史。在这种理论基础上所进行的妇女史研究，通常被视为新社会史的分支。尽管，妇女史学在挑战传统史学的同时也在不断自我发展与完善，但是总体上没有超越"新社会史"的范畴，而且其强烈的政治色彩虽然是其兴起与发展的动力，但对其发展也有一定的制约。正如一位史学家所警告的，当我们只是把过去看成是现在的一种功能、一种工具，那么我们就可能染上许多历史学家的职业恶习，因为这妨碍了"与历史上的妇女展开真正的对话"[5]。

社会性别史的兴起也与女性主义思潮有着非常密切的联系，但是女性主义自身是一个非常多元且不断发展的思想体系，这使得社会性别史更多的是受到新的女性主义流派的影响，比如后现代女性主义和第三世界女性主义等。而且，后现代主义与后殖民主义思潮也直接影响了社会性别史学家的研究，使得社会性别史呈现出与妇女史极为不同的发展趋势。因为社会性别史带有强烈的后现代色彩，所以它通常被看作是后现代史学的一支重要力量。但是它对历史中性别建构与性别权力关系的特别关注，和它无法掩饰的女性主义关怀，又使它显示出与其他后现代史学流派不同的特点。

第二，研究框架上的差别。

妇女史的重要理论贡献，在于它提出了"父权制"的分析框架。父权制，最简单的定义就是，"一种男人用来剥削女人的互相关联的社会结构的体制"[6]。它提供给女性主义者一个全面的理论，通过它可以识别女性从属于男性的各种形式——从社会经济形式的剥削到男性的性暴力。尽管父权制概念被广泛使用，但它也不断受到批评，因为它容易导向一种用单一因果理论来分析妇女状况的模式。希拉·罗博特姆（Sheila Rowbotham）认为，把父权制作为唯一的女性屈从的决定性原因，是一种让人担忧的"非历史化"做法。那种做法不仅仅表明男女两性间的关系是一种持久的、敌对的对抗状态，而且这样做也没有给女性的能动性留出一点空间，也"没有给妇女抗争的复杂性留出空间"[7]。

而且，妇女史还提出了"妇女领域"和"妇女文化"等重要的研究框架。妇女史学家接受"分离领域"（the separate spheres）理论的影响，认为存在一个专属妇女的领域，既包括妇女被囚禁于其中的家庭这个狭小圈子，也指妇女受歧视的境遇。于是，他们提出"妇女领域"（women's sphere）的概念，其后对这一概念的认识和运用不断扩展。从 20 世纪 70 年代后半期开始，它被用来指一种独立的女性世界，妇女有独特的感受与经验，并且它也是一种"女性文化"（women's culture）的发源地。20 世纪 80 年代以来，"妇女领域"的内涵扩大，指一种更为积极的对女性的行为主体和对所有妇女的日常生活经历的展现。"妇女领域"曾经激发了无数妇女史学家的创作灵感，但是这种分析模式毕竟是从 18—19 世纪中产阶级妇女的经历中得来的，把它作为一般性的解释就会漏洞百出。20 世纪 80 年代后期，"妇女领域"和"妇女文化"受到大量批评，主要依据就是它对阶级、地域和种族差别的忽视，以及它复制当时已经受到质疑的历史假设并延续了性别化的"分离领域"观念。

不可否认，"父权制"、"妇女领域"和"妇女文化"等概念为妇女史学家提供了有用的分析框架，很大程度上决定着妇女史学的研究内容，而且非常敏感地反映着妇女史学家的史学观念及其变化。

而社会性别史重视"社会性别"、"差异"等分析范畴。在 1990 年，美国《妇女史杂志》的编辑主张，女性主义历史在经历一场变革。"分离领域"理论已经"用尽了它的好处"，并把认识论上的指挥棒传递给一种新的分析范畴，即社会性别，后者追求的是把妇女放在一个她们与男人的社会、文化和政治关系的更广泛框架之中[8]。而且，在社会性别史学家看来："历史不仅是男人的也是女人的经历，它不应仅仅用男性的或者似乎性别中立的视角来研究，而且要用女性的和含有社会性别的视角来研究。"[9]

社会性别为核心的分析正是从超越"分离领域"的假设开始的。利奥诺·大卫杜夫（Leonor David Doff）与凯瑟琳·霍尔（Catherine Hall）在其著作《家庭财富》中，把社会性别关系放在 19 世纪早期中产阶级身份形成的中心位置，在妇女和男人活动的私人和公共领域的分离的基础上，对阶级与社会性别之间互相建构的关系进行了明确阐释。在这本书 2002 年再版时，作者表达了更为深远的意图，即"超越公共/私人的分割"[10]来证明对性别身份的考察中"分离领域"已变成备受争议的华丽词藻。霍尔还特别概括了社会性别的变革潜力："我们并不是仅仅要把妇女放回到一种她们曾经被遗漏的历史当中去，而是要重写那种历史，从中得到正确的认识。在这一过程中，社会性别，作为社会中权力的一个核心轴心，提供了一种对任何社会是如何被构建和组织的关键性理解。"[11]

社会性别史学重视"差异"理论。"差异"的视角不是简单的寻找差异，更要分析差异背后的形成因素和它们被建构的过程。在差异理论的基础上，社会性别史学家特别注重将多种分析范畴结合，比如社会性别、种族、族裔、地域、性倾向、年龄、生命周期、婚姻状态等。

第三，对历史主体的认识不同。

妇女史的多数研究者倾向于把"妇女"作为一个具有同一性的群体进行研究，强调妇女史与男性历史的不同，认为即使在同一历史时期，妇女和男人的经验与感受是不同的。因此妇女史学家致力于挖掘妇女的不同经历，从多方面展示妇女的生活与处境。在这些妇女史学家的笔下，历史中的妇女主要有两种形象：一是受压迫者，二是历史创造者。是把妇女看作消极被动的"受压迫者"还是积极主动的"历史创造者"，妇女史学家都显示出一种倾向，即把"妇女"当作一个整体来看待。对于妇女共性的强调，使他们忽视妇女之间的差异，把妇女看作一个永久的、明显区别于其他群体的社会群体看待。斯科特（Joan Scott）在20世纪90年代中期回顾女性主义史学发展历程时承认，"为达到服务于女性主义的政治目的"，"女性主义的历史成了一部削减女性之间差异的历史。这些差异（即阶级、种族、族裔、政治宗教以及社会经济状况等差异）被缩减成一个妇女的共同身份（往往与父权制相对立而言，父权制即男性统治的制度）"[12]。

对于"妇女"这一概念的反思，最早是由黑人女性主义者提出来的，他们认为成为一个女人有着强烈的种族、阶级的含义，来自少数白人中产阶级妇女经验的"妇女"概念，往往使黑人妇女的独特经验被抹杀。社会性别史学家受到女性主义思潮和后结构主义理论的影响，也开始反思"妇女"这一主体的差异性。吉斯拉·鲍克（Gisela Bock）指出："一个性别之间的差异与一个阶级之间的差异一样巨大。"[13]这样，将"妇女"概念不加界定地使用，实际上使妇女"非历史化"，成为先于历史而存在的范畴，因为对妇女来说，年龄、种族、阶级、婚姻状况等因素对其身份处境的影响经常是非常关键的。

社会性别史反对本质主义的"妇女"，注重从差异视角来看待不同的妇女及其身份认同。琼·斯科特认为，基于生物性差别基础上的任何女性主义分析都是不充分的，即"一种理论，基于自然差异的单一变量之上，就给历史学家带来问题"，她认为，因为"它假定了一种人类身体的连贯一致或固有的意义——处于社会或文化建构之外——这样性别本身就非历史化了"[14]。在多数社会性别史学家看来，两性和两性关系必须要作为社会、政治和文化存在来看待，而不能被简单地看作是历史之外的因素，只是单一的、简单的、一成不变的，是原始的或固有的原因和起源。因为所有已知的社会都有基于社会性别的领域、关系、行为、活动，在社会性别基础上的差异无处不在；而且社会性别差异的具体表现在每个社会是不一样的，它们不是普遍的，女性地位的变化就像男性地位的变化一样复杂多样[15]。

在社会性别成为历史分析范畴之后，也有史学家开始反思"社会性别"这一范畴的"非历史化"问题。在这种批评与反思的过程当中，"差异"视角成为摆脱"非历史化"嫌疑的有利出口。社会性别史学家开始强调在使用社会性别分析进行历史研究的过程中，必须结合阶级、种族、族群、国家，以及婚姻状况、性倾向、年龄等分析视角，注重妇女之间的差异性和性别身份的多元流动性。如今，这种研究模式已经深入到史学研究之中，正如一位史学家所说，"人种、阶级和社会性别结合在一起分析已经成为一种公式，而不是创新和系统洞见的源泉"[16]。

第四，历史写作的角度和目的不同。

如前文所述，妇女史主要是将妇女恢复到历史中去，并建立独立于传统史学的"她史"。早期妇女史的"添加"色彩是非常明显的，这从当时的一些主要著作可以看出来，比如《隐藏在历史背后》与《变得可见》[17]等有影响力的妇女史作品，都从书名中体现作者们一心一意要把妇女从历史的幕后拉到前台，在历史中重现妇女的努力。但是如果妇女史学家一如既往地专注于描述妇女在历史中受压迫的事实或其作为历史创造者的能动性的话，那么她们的任务就变成了仅仅是挖掘过去被忽略了的史实。但一旦新的问题被提出来，比如：为什么妇女的历史会被隐藏，如何理解妇女在历史中的不同处境，等等，历史的书写就不能仅限于简单地寻找史实了。

妇女史学家认为，妇女被排除在一定时期产生的政治、经济和文化的进步利益之外，于是她们拥有不同于男性的历史经验。因此妇女史应该推动从妇女解放的角度来重新划分历史的分期，判断历史的进步与倒退，这种观点极大地冲击了传统史学的直线进步史观。甚至还有一些妇女史学家认为，因为妇女与生育有着特殊的关系，"历史可以而且妇女史必须按照影响生育、性、家庭结构的重要历史转折关系来重写和划分历史时代"[18]。诚然，妇女史尽管曾对史学带来诸多挑战，但是在对普遍意义的历史学发生影响方面是比较有限的，因为它最终没有动摇或改变这一学科的基本概念。

　　社会性别史，是要通过社会性别的视角，结合其他范畴来重新书写历史。因此社会性别史注重对历史研究进行反思，正如斯科特所说："我们认为妇女史必然涉及对传统历史意义的重新界定与扩展，不仅研究公共政治活动，还要包含私人的、主观的经验，这种方法论上的变革，不仅意味着一种新的妇女史，更意味着新的历史。"[19]社会性别史学家采用"社会性别"框架，把妇女放在各种社会关系之中考察，而不是仅仅关注妇女本身。社会性别史学家认为，妇女史仅关注到了人类的一半而非全部，社会性别视角下的通史应该是两性的历史。他们还相信社会性别分析既可以使妇女从历史边缘走到核心位置，也可以改造历史写作方法，重塑历史的轮廓。社会性别史尽管像妇女史一样以妇女为关注的重点，但它特别强调社会性别是核心的、基本的范畴，是历史研究不可或缺的视角。

　　更为重要的是，社会性别史学家在理论上对社会性别与生理性别作了明确区分，在实际研究中则用"社会性别"取代"性"，使得"妇女问题"、妇女历史和妇女研究不再只是在性的意义上与性别相关，而是包括社会的全部结构和社会生活的所有领域。因此社会性别这一概念意味着通史也必须被看作是两性的历史，即看作是社会性别史[20]。

　　社会性别史超越了妇女史的历史写作角度和目的，不仅从更为广阔的层面上来研究妇女的历史，还将它与整体历史研究结合起来。社会性别史对整体历史的影响，已经成为多数历史学家的共识。基于不同的自我定位，妇女史和社会性别史虽然作为同时存在的史学流派，但却拥有不同的史学空间，呈现不同的发展势头。

　　正如越来越多的妇女史学家所发现的，他们进入了一种困境，因为他们发现，一方面，妇女史研究不断发展，但另一方面，也出现令人失望的问题，即妇女史本身被边缘化，被当作"特别的历史"，一种特定兴趣的专业领域，这样就再次把妇女史置于"历史"之外。[21] 此言不虚，在当时许多非女性主义的史学家看来，妇女史是女性主义者的专属，或等同于性与家庭等方面的研究，与普遍的历史没有任何关系。面对妇女史所揭示的妇女的各种社会参与，他们轻描淡写，无动于衷。20 世纪 90 年代，"添加式"、"分离主义"的女性主义历史写作方法的局限性逐渐变得明显。斯科特指出，妇女史"仍然处于这一学科的主流之外，它的颠覆性挑战就我们看来处于一个独立的领域里面"[22]。社会性别史，将妇女放在其所处的社会、文化和历史背景中进行分析，很大程度上改变了妇女史和一般的历史脱节的状况。如今，社会性别也成为许多传统历史学家关注问题的新视角，这就是社会性别史给历史学带来的一大贡献。

综上可见，社会性别史无论在理论来源、研究框架、对历史主体的认识，以及历史写作的角度和目的等方面都存在很大的差异。

三、妇女史、社会性别史与女性主义史学

尽管存在一些区别，但近 20 年来，妇女史和社会性别史都保持了较好的发展态势，而且它们都与女性主义思想关系密切。以英国为例，20 世纪 80 年代以来，英国女性主义学者出现分流，一部分学者逐步接受后现代主义的理论与方法，进行社会性别史研究，而另一部分学者则继续高举妇女史的大旗，呼吁女性主义史学家不要忘记自己的政治目标。这两种倾向，从两本期刊的创办及其宗旨中可以非常明显地看出来。其一是 1989 年在利奥诺・大卫杜夫的推动下创办的《社会性别与历史》（Gender and History）杂志，它是重要的社会性别史展示平台。在该刊发刊词中，编辑们表明了该刊的立场，即采取女性主义的观点，全面了解男女之间的权力关系以什么方式塑造历史、社会、学术组织，甚至知识结构。研究的对象，不仅是女性是如何在某一特定时空下被建构的，还包括男性是如何在某一特定时空下维护自己的男性气质的。女性和男性的社会性别关系也必然与种族、族群、阶级、宗教以及性偏好等的关系交织成网。编辑们还指出，社会性别不仅是一套人们生活在其中的关系，也是一套象征系统。他们还认为历史学者需要改变现有的分类和思维模式，对每一个定义都需要有新的概念，也要了解有权力界定定义的那些人的性质[23]。这代表了当时英国最为

前沿的社会性别史学家的观点。另一个是 1992 年以琼·普韦斯（John Purris）为首的一群女性历史学家创办的《妇女史评论》（Women's History Review）。其发刊词指出，用"社会性别"而不用"妇女"，是去除女性主义政治的激进性，结果会削弱与所有女人的联结。因此，该刊的编辑们认为，若要女性主义继续蓬勃发展，必须有人鲜明地打着"妇女史"的旗帜，以妇女为研究和关注的中心[24]。这份期刊的发刊词，也是比较有代表性的。持此类观点的学者们并不认同社会性别史学家所做的种种努力，也不推崇斯科特等人所提倡的话语分析，而且他们认为社会性别史是一种非政治化的学术研究，是向男性主流学术妥协的表现。不过与社会性别史研究者相比，这股力量并未取得女性主义研究领域的主导地位。

不管妇女史学派与社会性别史学派之间如何争论，社会性别作为一种分析"主流"历史的工具的做法已经日趋普遍。而且妇女史、社会性别史都与女性主义思潮有着千丝万缕的联系。甚至，有不少史学家跳出妇女史与社会性别史的争论，使用"女性主义史学"一词来指代自己的研究。因此有必要对妇女史、社会性别史和女性主义史三个概念进行适当区分。一般认为，妇女史分为两种，另一种是妇女群体生活与活动的历史，另一种则是从女性立场与视角去观察和编纂的历史，即"女性主义史"，二者之间不能画等号。前者重视挖掘一个曾被历史被忽视、遗漏的研究领域，而后者则是用一种全新的、女性主义的史学研究角度与方法，或者说是一种女性主义史观去重新编写的历史。第一种妇女史，无疑也包括那些从社会史、政治史和文化史等角度切入的对妇女历史的研究，而女性主义史，在社会性别史兴起之后，则既包含第二类的妇女史，也包含社会性别史中基于女性立场而进行的研究。因此三者既有交叉，又各不相同。

在西方学术界，对于这三者有时作明确区分，有时也作模糊处理。琼·普韦斯等比较注重对这些概念进行辨析的史学家认为，尽管妇女史和女性主义史之间有非常强的联系，但它们是不能互换的词汇。妇女史是根据其主题来界定的，不是必须要使用一种女性主义的视角；而女性主义历史则正是根据其理论框架的特征来界定的[25]。同样，社会性别作为核心范畴，既被一些妇女史学家欣然接受，又被众多女性主义史学家所认可，他们都在不同程度地使用这个范畴，把研究从关注妇女推进到对男性和女性气质的相互依赖和关系本质的考察。

鉴于这三个概念不同内涵与外延，它们既不是非此即彼的关系，也不是完全时间顺序上或理论发展的某种顺序上的先后关系。尽管社会性别对妇女史有诸多超越，但是妇女史仍然具有强大的生命力。而女性主义史学始终站在女性主义的立场，吸收妇女史与社会性别史中的可用的元素，来发展自己。正如简·仁达尔（Jane Rendall）所说，这些方法"相互交叠但又各不相同"[26]。面对这种难解难分的概念关系，有些学者为了容纳历史话语的多元性，在表述时通常选择一种模糊的或中庸的表述方式，比如妇女－社会性别史，也有史学家在使用其中一个来涵盖其他概念时，作了特别说明。在《女性主义历史读本》中，休·摩尔根（S. Morgan）认为，这三种史学方式将会并驾齐驱，因此她决定将书中所涉及的各种理论和方法都放在"女性主义史"的题名之下。但是她也承认，当今，社会性别已成为"所有妇女和女性主义历史的必要条件"，她借用鲍克的话说，"妇女史是出类拔萃的社会性别史"[27]。

不管怎样，如今这三种史学现在都有其生命力，各种刊物上都有体现它们风格的大量作品出现。正是因为三者相互重叠、交叉、渗透和互动，才有了更为丰富的理论上的论战与创新，使得无论是妇女史、女性主义史还是社会性别史，都保持了令史学界刮目相看的活力。

参考文献

［1］Kelly J. Women, History and Theory ［M］. Chicago：Chicago University Press, 1984：1.

［2］Bridenthal R. Becoming Visible：Women in European History ［M］. Boston：Houghton Mifflin, 1977.

［3］Kelly J. Did Women Have a Renaissance? ［G］//Bridenthal R. Becoming Visible：Women in European History. Boston：Houghton Mifflin, 1977：137 – 164.

［4］Scott J. W. Women's History and the Rewriting of History ［G］//Farnham C. The Impact of Feminist Research in the Academy. Bloomington：Indiana University Press, 1987.

［5］吉斯拉·鲍克. 妇女史和性别史：一场国际争论的多个方面 ［G］//蔡一平，等. 赋历史研究以社会性别. 天津：内部资料, 2000：201.

［6］Walby S. Patriarchy at Work ［M］. Cambridge：Polity Press, 1986：51.

［7］Morgan S. The Feminist History Reader ［M］. London：Routledge, Taylor & Francis Group, 2006：5 – 6.

［8］Farnham C. Hoff-Wilson J. Femininities and masculinities-New Methphor for the nineties ［J］. An editorial Journal of Women's History. 2：2. 1990：6.

［9］同［5］, 17.

［10］Davidoff L. Hall C. Family Fortunes: Men and Women of the English Middle Class 1780 – 1850［M］. London: Routledge, 2002: xvi.

［11］Morgan S. The Feminist History Reader［M］. London: Routledge, Taylor & Francis Group, 2006: 10.

［12］琼・斯科特. 女性主义与历史［G］//王政, 杜芳琴. 社会性别研究选译［M］. 北京: 生活・读书・新知三联书店, 1998: 365.

［13］同［5］, 14.

［14］琼・斯科特. 性别: 历史分析中一个有效范畴［G］//李银河. 妇女: 最漫长的革命. 北京: 生活・读书・新知三联书店, 1997: 151—175.

［15］同［5］, 203—204.

［16］John M. E. Discrepant Dislocation: Feminism, Theory, and Postcolonial Histories［M］. Berkeley Los Angeles: University of California Press, 1996: 79.

［17］Rowbotham S. Hidden from History［M］. London: Pluto Press, 1973.

［18］琼・凯利 – 加多. 性别的社会关系: 妇女史在方法论上的含义［G］//王政, 杜芳琴. 社会性别研究选译. 北京: 生活・读书・新知三联书店, 1998: 85—86.

［19］Scott J. W. Gender and the Politics of History［M］. New York: Culumbis University Press, 1999: 29.

［20］同［5］, 203.

［21］Gordon L. What is Women's History?［G］//Gardiner J. What is History Today? London: Macmillan, 1988: 93.

［22］Scott J. W. Women' history［G］//Burke P. New perspectives on historical writing. Oxford: Polity Press, 1991: 55.

［23］The editorial collective. Why Gender and History?［J］. Gender and History, vol. 1, no. 1. Spring, 1989: 1 – 6.

［24］Purvis J. Editorial［J］. Women's History Review, vol. 1, no. 1. Spring, 1992: 5 – 7.

［25］Purvis J. From "Women Worthies" to Post structuralism? Debate and Controversy in Women's History in Britain//Purvis J. Women's History, Britain 1850 – 1945: An Introduction. London: UCL Press, 1995: 1 – 22.

［26］Rendall J. Uneven Developments: Women's History, Feminist History and Gender History in Great Britain［G］//Offen K, Pierson R. R, Rendall J. Writing Women's History: International Perspectives. Bloomington, IN: Indiana University Press, 1991: 46.

［27］同［11］, 4, 12.

下　篇

女性学专业人才培养

女性学与女性主义人才的培养
——从个人视角和经验切入

杜芳琴①

摘　要： 30 年来女性学与女性主义人才培养在课程、教师与师资养成等
方面取得了不小的成绩，但也存在较多需要继续改进的方面，女
性学与女性主义的人才培养核心任务、内容、方式、评价指标等
都需要重新认识，女性主义人才应是知行合一、学以致用、投身
社会实践、深入民众生活、推动社会积极变革的践行者。

关键词： 女性学；女性主义；人才培养；女性主义人才

界定：　女性学与女性主义人才培养

在中华女子学院女性学系建系十周年研讨会上，我想就"女性学与女
性主义人才培养"② 专题从个人的视角与经历谈点想法。

首先，我认为应该对"女性学"和"女性主义人才培养"做一个简单
的界定。

源于第二波妇女运动诞生的妇女学，既是妇女运动的延续，又是一场
在知识生产和传播、培养系统中的运动和革命，是"意识和知识领域的突
破"，以"改变个人、组织、人与人之间关系和整个社会"向公正、平等、
和平、和谐的理想社会迈进。

20 世纪 80 年代末 women' studies 传到中国，有翻译为"女性学"、"妇

---

① 杜芳琴，女，天津师范大学教授，主要研究领域为妇女—社会性别研究、妇
女史理论与中国妇女史。

② 笔者一贯用"妇女学"或"妇女与社会性别学"来指称学术女性主义，这里
用"女性学"是为了与会议的用法一致，与前两个名称都是指学术女性主义；但女性
主义人才培养是需要超越学院研究与教学模式，特别是行动女性主义的人才。这里还
是以学术或学院的女性主义教育为主进行考察与回顾。

女学"、"妇女研究"、"妇女与社会性别学"等不同名谓。不同名谓下的运作也很复杂，有的标明以"妇女"作为研究对象，有的声称为"性别研究"；有的宣称是将性别作为一种"视角"；有的是将妇女与社会性别学作为跨学科与多学科的新兴学科……不一而足。这里用"女性学"是为了与会议的用法保持一致。

在中国高等教育与妇女院校妇女学的实践中，不是所有研究和讲授妇女与性别的都是女性主义的，也有非女性主义的，如标榜是"纯学术"的"学院派"；也有完全违背女性主义借高校之名高收费培养"淑女"、"名媛"的学堂，公开标榜"培养新贵内眷或女新贵"为旨归，这与具有"革命性"、"实践性"和"开放性"的妇女学和旨在培养为妇女赋权而又能为更多妇女赋权的女性主义人才的目标南辕北辙。所以同样的"女性学"教育，不一定都是培养女性主义人才。

总之，无论是研究、课程，还是人才培养和社会服务，女性主义的女性学应是推动社会积极变革和人类自身进步的伟大实践的利器，而教育实践的女性主义人才培养才是最核心的任务。因此，"女性主义人才"不是世俗认为的"成功"、有钱、有权高高在上的"女精英"，更不是在书斋和高校培养出来的"女学究"，女性主义人才应该是知行合一、学以致用，投入社会实践、深入人民大众特别是妇女一起推动社会积极变革的践行者。

状况：　三十年来女性学在课程与女性主义人才培养方面的进展及局限

一、概述

中国从20世纪80年代中期引入女性学以来，近30年来在女性主义学术（以研究为代表）、教育（以课程教学为代表）、行动（以推动立法制策和发展项目为代表）都有了长足发展。如果从改进反省的角度看，理想的跨界女性主义在学术与行动领域仍存在着割裂的现象——研究基本在高校和社科系统，人才培养主要在高校，行动家在公民社会（NGO），政策倡导主要以妇联系统和党校为主。探讨造成如此局面的结构性原因是必要的，但高校系统的学术女性主义需要反思的是，我们有无这样的意识——

在校内开设的课程中是否对已有的知识建构、传承具有足够的女性主义的批判意识和能力？是否为培养学生具有推动改变社会的知识、能力和精神提供足够的知识与能力的营养？有无有效培养女性主义人才的机制与场所？现有的培养机制、内容与方法存在什么问题？如果需要弥补与改进的话应该怎样做？……尽管女性主义人才培养是一个复杂庞大的系统工程，不是女性主义学者群体更不是个体能够解决的；但是，提出问题从不同的角度进行探讨是必要的第一步。这里，仅从高校的课程开设的角度在做简单回顾的基础上提出一些问题、思考与建议。

女性学在中国已经走过近 30 年的历程①，然而，至今在高校女性学人才培养的战略尚未提到有关部门的议事日程，由学者个人在高校进行的学科与课程设置推动并没有成型，更遑论形成系统。制度障碍是重要原因，集中表现在作为新兴跨学科的妇女学在高等教育并未进入主流，如在学科设置中没有招收本科生的一级学科（中华女院女性学系招生是唯一也是特例），在研究生培养系统中作为学科学位序列仍处在三级学科地位（个别院校具有一级学科下设立的二级学科除外）。下面仅从课程设置与开设的回顾谈起。

二、课程、教材与师资

（一）本科教育

高校女性主义人才培养的主渠道是课程教学。我国普通高校女性学课程开设比较晚，且在相当长的时间内停滞不前。从 20 世纪 80 年代末到 90 年代，全国上千所大学屈指可数的几所大学开设课程，北京大学、天津师范大学从 20 世纪 80 年代中期开课没有中断，但一直是在本科生开设，直到 20 世纪 90 年代末北京大学才有了研究生课程。女性学本科层面的选修

---

① 高校开始的妇女学学科建设，应以郑州大学妇女学研究中心 1985 年 5 月成立后，7 月举办的"妇女研究座谈会"提出妇女学建设设想为起点，并从 1986 年开始召集国内学者撰写出版"妇女研究丛书"为标志。

课①，也多属于意识（女性意识抑或女性主义意识）提升②和知识传授普及的专题讲座和公选课。即使具有女性主义学术训练的教师开设的"导论性"的"女性学"或"妇女学"的课程，一般从概念性知识和个人经验入手分专题（如婚姻家庭、就业、健康、心理等）讲授的，这对本科生的人生成长很重要，但从知识系统来说就显得支离破碎。

当时也没有女性学教材，都是授课教师自设大纲自编教材，授课模式以联合授课为多见。女性研究的出版物奇缺，可供阅读的资料很少。直到2000年年初，本科层面的女性（妇女）学的教材出版，知识的系统化有了进步③。但是导论式的教材运用起来老师和学生都有些困难，越"概"越"导"越抽象概括，反而摸不着头脑，倒是经验层面和案例式、讨论式的教学更受欢迎。然而后者又可能导致学生所获知识的碎片化，零散无章、缺乏理论系统的感性案例使学生举一反三的分析与应用能力可能降低。另外，在本科课程中，因为多是面对全校开设的公选课，这类课程中阅读文献，课堂讨论的实行，显然操作起来难度颇大，因此进行女性主义学理、方法的系统训练还是比较困难的。尽管这样，高校的女性学选修课还是最受欢迎的课程。

直到目前，各校在教材、教法上仍是"八仙过海，各显其能"，并没有统一的全国教材；事实上，在国外的女性学教育中，也鲜见统编的教材，只是教师的大纲与读本而已。这里，关键是课程设计、读物与教学法的研讨考量。

（二）研究生教育

最近十年，研究生课程教育有了长足发展，是社会需求、教师和学生

---

① 除了上述两校，还有华中师范大学、北京师范大学、首都师范大学等。

② 在中国的特定背景下，从20世纪80年代中期开始用"女性意识"，20世纪90年代中期出现"性别意识"一词，但不一定都是具有"女性主义意识"的意义，有时具有如何像女人与做女人的含义；"性别意识"有时是指不能用女性的眼光视角看问题，应该全面地从两性的角度性别问题。这些议论需要在具体的上下文辨析。因此，当时国内的女性学课程内容是驳杂甚至混乱自相矛盾的，至今也没有完全改变。

③ 第一本本科教材是郑新蓉、杜芳琴主编的《社会性别与妇女发展》（陕西人民教育出版社2000年1月）；其后是魏国英主编的《女性学概论》（北京大学出版社，2000年12月）、韩贺南和张健主编的《女性学导论》（教育科学出版社，2005年2月）。

的兴趣推动了这一进程。那些已获研究生学位导师资格的女教授开始在本专业领域指导硕士和博士研究生，女学生也踊跃报考选课。但是，中国女性学发展时间短，教师多未受过女性主义学术训练，而是因兴趣机缘跨转过来搞女性与性别研究的，没有形成学术氛围，单枪匹马，课程不完备；更有的只是指导学生毕业论文而已，并不授课。据了解，有的学校女性学招生爆满而师资严重匮乏（人员与资质），成为研究生教育的瓶颈。如西南一所师范大学每年招收数十名女性教育的硕士生，但讲授女性与性别课程的老师奇缺，一位教"女性与性别导论"的教师诉说教学的困惑——自己对教学内容还不能自圆其说，怎能指导学生学习，于是不得不放弃该课程。目前国内能提供较完整的课程的学校，随着老教师的退休也面临青黄不接的困境。即使能坚持下去的，也面临知识、理念和方法更新。在研究生培养方面师资和教材是目前两个亟待解决的大问题。我国需要开发系列化、逻辑性、适用性与理论性结合的研究生课程。以课程为核心的开发建设，是培养所谓高层次女性学人才的当务之急。

课程设置也影响到研究成果的深度、广度与结构布局。最近几年论文数据库和妇女研究会评选的研究生论文奖可以看出一种趋势，国内女性学学科、导师和论文仍集中在传统的文学、文化研究，一篇对 1997—2010 年文史哲（人文学科）与妇女性别有关的博士论文统计：文学（中国现当代文学 31%，古代文学 9.61%，文艺学 10.7%，英语语言文学 10%，比较文学与外国文学 7.3%）占全部博士论文 68.61%[1]。

我国需要开发系列化、逻辑性、适用性与理论性结合的研究生课程。以课程为核心的开发建设，是培养所谓高层次女性学人才的当务之急。不管学术体制是否改善，企图靠学校建立跨学科妇女学实体机构来寻求突破，结果证明，时机并未成熟。当专门进行总结，此不多论。有利的条件是，国内近年来，出版的读物（翻译和本土生产）越来越多，这里关键是课程设计和读物选择与女性主义教学法和参与式的运用。

目前更需要多元性，需要交流、切磋，最好先不搞统编教材。取长补短，不断更新是可取的路径。

三、女性主义课程开设与人才培养：个人的经历与反思

（一）前学科的师资与研究骨干培训（1991—1998）

这里不包括在校内开设的本科课程，仅就以本人围绕开设课程举办的师资与研究者培训活动以及开设的研究生课程为例进行概述。

笔者认为，20 世纪 80 年代中期兴起的女性学学科建设，准确地说算是"前学科"的女性学。之所以这样说，是那时只是研究并没有学科建制与课程建设；90 年代初，才开始进行前学科的课程教育，也只是侧重在某学科领域进行的师资与研究队伍培训。1991 年 9 月举办的为期两周的"高校首届中外妇女史讲习班"就是我的女性学前学科活动的开端。至于说扯起女性主义旗号、以女性学科为背景、以领域为议题的研讨活动是 1993 年 7 月举办"中国妇女与发展：地位、健康与就业研讨班"开其端，那次活动首次在中国引入"社会性别"的概念与理论，以及应纳入女性主义视角下的"发展"、"就业"、"健康"、"人口"等知行合一的学术领域，在两周时间内较充分地进行中外研究现状的交流探讨，中外参与者创造了一种女性学知识与实践交流的模式。尽管国内参与者许多人都成为中国学术女性主义与行动女性主义的领军人物、中坚分子与青年新锐，但这类活动只持续了两届（1997 年江苏省社科院举办的第二届中国妇女与发展研讨会）就走向以行动主义为导向的发展项目活动，直到 1999 年天津妇女史读书研讨班再续女性主义人才培养的研讨班模式。

（二）女性主义人才培养的新探索：从"读书研讨班"到"研讨会"（"研修班"）为载体培养研究骨干与师资（1999—2006）

每个人都有特定的学术背景与关注领域，这既是优势，也有局限。由于本人妇女史的学科兴趣使得笔者认为对妇女学学科建设的推动必然要从妇女史学科切入；但从 20 世纪 90 年代开始，笔者的妇女史不是以历史学而是以妇女学为学科依托，认同女性主义学理的女性主义妇女史。从 1993 年天津研讨班之后，我设计主持的读书研讨活动自然是从妇女史推展到妇女学科，并从读书研讨活动到研讨会或研修班逐步"升级"；随着时间的推移，读书研讨的内容也从引进到本土经验探索与总结；本人对学科化的认识也从多学科走上跨学科甚至跨界域的研究与实践结合的追求。如下表

所列。

妇女学系列读书研讨班一览（1999—2006）

活动	时间	地点	人员	成果
妇女史学学科建设读书研讨班	1999 年 8 月	蓟县（天津）	妇女史学者、社会学、教育学和传媒界与行动者等 50 人（其中来自美、德汉学家 4 人）	《赋历史以社会性别》专辑印行；"发展中国妇女与社会性别学"课题立项并获福特基金会支持（以下活动皆为课题资助）
妇女史教材编写研讨会 妇女史学科建设研讨班	2000 年 6 月 9—12 日 2000 年 8 月 12—15 日	齐鲁饭店（北京） 天津师范大学（天津）	中外妇女史学者与教材编写者约 20 人（其中美国汉学家 5 人）妇女史学者和研究生共 36 人	《引入社会性别：史学发展新趋势》专辑印行；开始撰写《中国历史上的妇女与性别》
妇女与社会性别读书研讨班	2000 年 8 月 15—18 日	天津师范大学（天津）	妇女学学者与研究生共 50 人	《赋知识以社会性别》专辑印行
妇女与社会性别导论课程建设推广研讨会	2001 年 8 月 8—11 日	北京，中华女子学院（北京）	国内妇女学者与研究生，以及美国密西根大学 4 名教授，共 51 人	《妇女与社会性别学导论课程建设：研讨·交流·推广》专辑印行
女性主义教学法与课程发展研讨班	2002 年 7 月 12—25 日	多伦多大学（加拿大）	高校妇女学教师 12 人、加拿大妇女学教授与研究生 13 人，共 25 人	《女性主义教学法阅读文选》（内部本，未印行）
妇女/社会性别史学科建设与课程推广研讨会	2002 年 8 月 1—4 日	天津师范大学（天津）	国内妇女史学者共 35 人（其中海外学者 3 人）	见《妇女与社会性别学通讯》（下简称《通讯》）第 3 期

续表

活动	时间	地点	人员	成果
妇女与社会性别学课程发展和教学法研讨会	2002 年 12 月 18—21 日	中山大学（广州）	中美加妇女学教师和研究生共 60 人	见《通讯》第 4 期
发展跨界域的社会性别研究与实践研讨会	2003 年 10 月 18—19 日	天津师范大学（天津）	高校妇女学教师、社科界与妇联系统妇女研究者、行动者与新闻媒体人员共 50 多人	综述《架起社会性别活动家与学者的桥梁——发展跨界域的性别研究与实践》载《社会性别》刊第二辑，《通讯》第 9 期
跨学科视野中的中国社会性别：理论与实践高级研讨班	2004 年 7 月 10—15 日	天津师范大学（天津）	高校妇女学教师、研究机构及 NGO 的妇女研究者与活动家共 57 人	综述《荟萃本土社会性别研究的新成果，开创中国妇女学新局面》，载《通讯》第 10—11 期合刊
"经典文本的社会性别解读" 课程研修班	2005 年 1 月 21—28 日	天津师范大学（天津）	高校、研究机构的妇女史研究者、教师与博士研究生共 22 人（其中 2 名授课者为旅美华人妇女史学者）	综述见《通讯》第 13 期
妇女/社会性别史系列课程秋季研修班	2005 年 9 月 28—10 月 12 日	天津师范大学（天津）	10 名授课教师（其中 3 名来自美国与香港）和 30 名妇女史学者与研究生	就近 20 个专题进行读书讲课研讨交流

从列表中不难看出，本人在推动女性主义妇女史和妇女学研究、教学

和跨界行动人才方面走过的历程，也可以看到作为推动者认识和行动的变化：从1999年到2002年侧重引进国外理论方法的读书研讨班到梳理总结本土研究、教学与行动的经验；从2003年开始，更深切认识到跨界研究与行动对妇女学发展的意义；到了2004年，又将重点转移到本土跨界研究与行动经验的总结；而从2005年开始，认识到回到从历史文化寻找本土社会性别问题的解决的主攻方向与根源的重要性，甚至试图连接历史与现实的关节点，认识到脱离本源追溯欲解决当代问题，只能是缘木求鱼或跟风随影地亦步亦趋。

妇女史学一直是我所做过的女性主义人才培养工作中重中之重，也是在校内外互促互动的过程中推进的。在对校外开放举办的研讨会与读书班的成果，很容易转化为本校研究生培养的课程开设的重要资源。从2002年开始，本人曾分别在历史学院与古籍研究所开设"妇女与社会性别导论与原著选读"、"妇女与性别研究导论"、"妇女史理论与方法"、"中国妇女/性别史"、"古代典籍的性别解读"和"连接历史与现实：妇女史的当代应用"（这门课程是从2008年开始才有可能真正实现，但一直贯穿在我的妇女史观中）；正因为校内课程的开设，才有可能积累知识和经验以师资培训与高级研讨班的形式向全国推广，2005年度系列活动就是一种尝试。

（三）体制内跨学科机构/制中的性别社会学研究生培养（2007—2010）

尽管在体制内本人从2002年开始培养妇女史研究生，但作为跨学科的女性学研究生教育，乃肇始于2006年10月跨学科的女性学实体研究机制——天津师范大学性别与社会发展研究中心的建立才有望实现。从2007年开始，这个中心开始招收"性别社会学"与"性别与发展"方向的研究生，开设了性别系列课程：女性与社会性别导论、社会性别与政策、社会性别与健康、性别与发展实务、全球化与女性主义政治经济学等，由来自不同国家和学科背景的教授授课，辅之以大量的社会调研活动，使三届研究生得到系统的知识和较为充分的社会实践能力的训练。

2010年年初，本人退休，随之中心体制再次转型，中心一些专职教师或调动或回到所在专业的系所，2010年年底，再度虚体化的中心采取在策略上由跨学科体制培养到分散各学院的多学科研究生教育策略，本校马克思主义学院、外国语学院、文学院和政治行政学院的女性主义学者以课程重组、渗透性课程等方式进行研究生培养；而中心原有依托社会学二级学科的两个方向的研究生培养则受到"重创"——由原来的 6 门妇女与性别研究课程到现在只能开设"性别研究导论"和"女性主义原著选读"，多年来开设的"性别与公共政策"、"性别与健康"、"性别与发展实务"和"性别与历史"等课程无人开设，因此研究生性别方向的硕士论文写作与指导遇到了困难。这反映出即使多年经营的培养女性主义人才基地，在中国仍没有体制内的机制化保证，没有真正扎根，"人去政空"将不断重演。尽管国内以"女性"或"性别"冠名的硕士、博士论文在增加，但严格考究起来属于女性主义的论文如凤毛麟角。

（四）面对社会需要实用性人才培养的研究生班（2009）

1. 课程与师资

2009 年下半年，性别与社会发展研究中心应社会需求，尝试招收在职（政府部门、国际机构、NGO 领导与骨干等发展、公卫、残疾、）"性别与社会发展"硕士研究生班，这与校内招收的研究生需求有很大的差异，因此经过调研，有针对性地开设如下 10 门课程：

（1）基础课（3 门，6 学分）

性/社会性别导论；社会学理论与研究方法；历史与文化：性别的视角。

（2）专业课（6 门，12 学分）

社会性别与国际发展：理论与实践；社会性别与公共政策；性别与健康：公卫与社区视角；社会工作理论与实践；公民社会与性别。

（3）专题讲座（1 学分）

国情、国策与性别。

（4）实地考察（1 学分）

河南社区教育研究中心与登封市周山村。

除了校内教师，还聘任了在京津或者顺访京津的妇女/性别研究相关领域学者、专家授课，他们带来了前沿的学术知识、实践知识和解决问题的思路、方法与经验，使学员获益匪浅。

2. 实用性的女性主义实践型人才的特点

该研究生班用一年半利用周末、周日密集授课完成了 10 门课程，在课堂授课与社会实践中，使本人深切感受到社会实用性研究生与校内研究生培养的以下不同点。

（1）来自实践，联系实际，人才实用

首期研究生班 13 名学员职业不同：NGO 负责人与骨干 6 人（公共卫生、残疾、妇女、儿童等领域）；国际机构项目人员 4 人（UN 系统，国际发展机构等）；外企 2 人；政府部门 1 人（CDC）。他们其中有多人几年前就在寻找国内相关研究机构招收社会性别研究生课程班的信息，他们说"我们是带着问题学，急用先学、立竿见影来充电的"。由于工作经验丰富，两年来，有两名被 UN 系统多次聘为性别专家，进行项目评估，撰写学术性实践性结合的调研报告；有 1 名在 UN-WOMEN 任职，从项目助理升为项目官员；4 名 NGO 领导人所在组织得到更多国际机构的资助；1 名被某国际机构选派为非洲的志愿者；1 名被伦敦经济学院发展研究所录取为研究生，1 名被香港中文大学硕士研究生班录取……

（2）渴求理论，认真读书，理解深透

学员对开设课程与提供的阅读、资料非常满意，他们反映说，读这个班太值了，信息太丰富了。学员不但对基本女性主义流派、发展理论、公共政策等阅读、导读热情参与，连历史古籍也认真研读，如《周易》、《诗经》等文献也学得津津有味。2010 年 5 月妇女史学科网络年会活动就是这个班的学员讲读经典文献为核心内容，这使史学背景的妇女史学者感到惊讶。

（3）结成网络，互相支持，分享资源

目前课程结束，但仍是密切的网络、不散的平台，互相支持，共同推动性别平等。其中 3 名男性极其活跃。如在非洲的志愿者请求大家出谋划策，如何写性别项目策划，为此大家在邮件上鼎力相助，互通信息，分享成果。

目前，课程选修已经结课，2011 年两名参加了国家同等学力专业与外语课程统考全部通过，正在准备硕士论文撰写与答辩，今年又有两名学员报名。在 6 年之内如果有半数获得硕士学位，这也是一种灵活有效的培养女性主义行动家与社会性别专门人才的补充方式。

检视与反思

行文至此，笔者仍沿着检视反思的路线思考并自我提问：

1. 女性主义人才：我们需要什么样的女性主义人才？如果说女性主义人才必须具有女性主义意识与主体性，那么，意识提升又如何？要做什么？想改变什么？能改变什么？怎么改变？都需要付诸行动，而不是纸上谈兵，言而无行，行而无果。

2. 领导力：什么是女性主义的领导力？怎样培养具备女性主义领导力？是否只要女性进入领导层就是具备女性主义领导力？甚至我们再深追：走上领导岗位的女性真正能代表妇女吗？人们常说提高女性素质才能进入领导层，究竟需要哪些素质和能力？（专业的与非专业的）连带的问题还有"成功"，女性主义应该以什么来界定成功？……

3. 再回到女性学与女性主义人才培养，作为女性学的研究者和教育者，如何满足人才的需要？我们已有的知识结构和积累能够满足当今女性主义人才的需要吗？我们能够提供什么样的课程？哪里或以什么方式能够提供这些课程？如何解决理论与实践结合的问题、中外知识理论与中国本土实践经验的交流、互动、互补问题？

4. 如何做？为回应和解决如上问题，是女性主义者联手合作、分享信息的时候了。对女性学者来说，眼下已不是数年前或十几年前各自为战、"争先创优"的阶段了。我的做法应是尽可能在自己力所能及的条件下提供分享成果与信息。出版、网站是最便捷经济的载体。

这些，都有待我们在人才培养的实践中摸索以求解。

（本文是为中华女子学院女性学系建系 10 周年而作。初稿写于 2011 年 5 月，修改于 2012 年 4 月 15 日）

参考文献

[1] 杨春. 近年来妇女研究发展状况评析 [J]. 山西师范大学学报，2011（4）.

推进女性人才成长是女性学学科建设的重要任务

佟　新①

摘　要： 我国人才发展战略强调要形成我国人才竞争比较优势，逐步实现由人力资源大国向人才强国的转变。一个不容忽视的问题是我国人才性别结构失调状况，一是女性人才存在金字塔式的发展特征，随着职业地位等级的提高，女性所占比例减少；二是我国人才结构存在较严重的性别比失调状况，多数情况下女性人才不足30%，高层女性人才不足20%，女性人才成长形势严峻。大力推进我国女性人才成长具有重要的政治意义。全球民主化运动、相关性别知识的变化和女性领导的组织实践成为推动女性人才成长的重要力量；女性学的学科建设应当将女性人才状况和成长规律的研究和教学纳入其中，以推进女性人才的成长。

关键词： 人才性别结构；人才性别结构失调；女性人才

2010 年 6 月，党中央、国务院颁布了《国家中长期人才发展规划纲要（2010—2020 年）》（以下简称《纲要》）。《纲要》指出："人才是指具有一定的专业知识或专门技能，进行创造性劳动并对社会做出贡献的人，是人力资源中能力和素质较高的劳动者。人才是我国经济社会发展的第一资源。"[1]其中的高端人才即高层次人才包括：善于治国理政的领导人才，经营管理水平高、市场开拓能力强的优秀企业家，世界水平的科学家、科技领军人才、工程师、高水平的哲学社会科学专家、文学家、艺术家、教育家，技艺精湛的高技能人才，社会主义新农村建设带头人，职业化、专业化的高级社会工作人才。但事实上这一人才发展规划却是具有性别盲点

①　佟新，女，北京大学社会学系教授，北京大学中国工人与劳动研究中心主任，主要研究领域为：经济社会学、劳动社会学、性别研究；劳动关系、企业社会责任、女性职业发展等。本研究是 2010 年教育部哲学社会科学研究重大课题攻关项目《女性高层次人才成长规律及发展对策研究》（10JZD0045—1）论文。

的，并没有将人才性别均衡发展纳入其中。

现阶段推进我国人才发展的意义在于"形成我国人才竞争比较优势，逐步实现由人力资源大国向人才强国的转变"。一个不容忽视的问题是我国存在性别结构不合理的状况，人才的性别结构失调迫切需要大力推进女性人才的成长。本文重点讨论：第一，分析我国人才的性别结构，发现潜在问题；第二，充分认识大力推进我国女性人才成长的现实意义和教学意义，应视女性人才成长是一项利国利民和提升我国国际地位的大事；第三，女性学教学应将推动我国人才性别结构平衡发展纳入其教学重点。

一、女性人才应是我国人才发展规划中重要的组成部分

透过对我国人才发展过程的回顾，《纲要》指出，"当前我国人才发展的总体水平同世界先进国家相比仍存在较大差距，与我国经济社会发展需要相比还有许多不适应的地方，主要是：高层次创新型人才匮乏，人才创新创业能力不强，人才结构和布局不尽合理，人才发展体制机制障碍尚未消除，人才资源开发投入不足，等等"。我们研究认为，我们人才结构的不合理包括了性别结构的不合理。《纲要》指出，人才发展战略是到2020年实现"人才的分布和层次、类型、性别等结构趋于合理"。虽然《纲要》没有明确提出合理的人才发展的性别结构，但现阶段我们女性人才发展离国际水平的要求还有相当长的距离。对现阶段人才的性别结构要有清醒和充分的认识，只有如此才能创建有效的女性人才发展战略。

按照《纲要》的提法，各类人才队伍包括"党政人才、企业经营管理人才、专业技术人才、高技能人才、农村实用人才和社会工作人才"。本文对女性人才的前三类状况进行梳理，分析其人才性别结构的状况。

第一，党政人才。从党政人才的性别结构看，女性比例较低，越往高层比较越低。2008年十一届全国人大一次会议通过的国务院27个部委部长人选中，女部长3人[2]，占11.1%。同年，省级人大、政府、政协领导班子成员中，女干部106人，占干部总数的13.0%，其中，在任省级正职女干部6人，占同级干部总数的6.5%[3]。2007年，我国地（厅）级女干部的比例为13.7%；县（处）级女干部的比例为17.7%[4][5][6]。

第二，企业管理人才。目前还没有全面的统计资料。全国工商联的调查表明，2008年，女性私营企业家比例近16%[7]；联合国开发署的数据

表明，中国女性企业家为 17%。

第三，专业技术人才。在专业技术人才中，女性的基数较大，但高层人才奇缺。2008 年，"第二次全国科技工作者状况调查"显示，从事基础研究的人员中女性占 36%，其中 35 岁及以下的青年女性科技工作者占 41.4%，36—49 岁的中年人员占 33.0%，50 岁及以上的占 28.2%。但高层拔尖人才女性比例很低，长期徘徊在 5% 左右：2009 年，中科院和工程院两院院士中女性仅占 5.6%①。

总之，我国女性人才的发展存在两大特征，一是女性人才自身存在金字塔式的发展特征，即随着职业地位等级的提高，女性所占比例减少；二是我国人才性别结构失调，女性人才不足 30%，高层女性人才不足 20%。无疑我国人才性别结构失调，女性人才成长形势严峻。

从国际角度看，联合国计划开发署在 1995 年在《人类发展报告》中使用了性别发展指数（GDI）和性别权能指数（GEM），这两个指数既倡导和显示了国际社会致力于推进性别平等的总趋势，也体现各国妇女发展中所面临的种种问题。性别发展指数是通过测定两性预期寿命、受教育程度和实际收入的性别差异来说明一个国家的性别发展状况。性别权能指数则是以两性在就业、专业岗位、管理岗位和议会席位上所占的份额来测量女性在权力上的平等状况。性别权能指数更能够说明女性高层次人才的发展状况。

据测算，1995 年，中国的性别发展指标（GDI）排序为世界第 71 位，性别权能指数（GEM）排序为世界第 23 位，显示中国妇女在公共事务参与方面处于世界中上水平。1997 年，性别发展指数提高到 58 位，但性别权能指数排位下降到第 28 位。其后的几年，因各类管理、决策高层中女性比例下降，致使中国的性别权能指数（GEM）在世界排序中又有所下降。2002 年，联合国报告显示，中国的性别发展指数（GDI）排序下降了 6 名，为 64 位。2009 年，联合国的报告显示，中国 GEM 下降到 72 位，女性高级法官和高级管理者只占 17%，专业和技术人员中女性比例为 52%，女性收入为男性收入的 0.68，部长级女性只占 9%[8]。

上述数据表明了：第一，我国两性在经济增长的过程并没有同等地分享到好处。女性，特别是女大学生、女研究生在就业上遇到困难；男女实

---

① 根据中国科学院网站和中国工程院网站数据计算得出。

际收入差距持续拉大；女性进入各类管理和决策层的比例下降。第二，一些国家以更快的速度加大对女性的赋权，以更快的速度实现了两性平等的发展。第三，如果有些国家能够快速提升女性人才的比例，就意味着只要出台相应的公共政策，女性人才是可以脱颖而出的，因为优秀的女性人才已经存在于工作岗位上，只是机会不足。因此，我国缺少的不是女性人才，而是使女性人才脱颖而出的机制和公共政策。《纲要》在"人才发展战略"中指出，2020 年，"人才素质大幅度提高，结构进一步优化。主要劳动年龄人口受过高等教育的比例达到 20%"。2005 年，我国入校女大学生比例就占到了 33%。相关调查表明，女博士比例达 37%[9]。这些女性是未来我国重要的女性人才，只要这些女性人才能够顺利发展则能有效实现我国《纲要》提出的目标。只有将女性人才视为我国人才发展战略中重要的组成部分，才能提供更加有效的促进女性人才成长的公共政策。

二、推进我国女性人才成长具有重要的政治和理论意义

大力推进我国女性人才成长具有重要的政治和社会意义，也具有重要的理论意义。从政治的角度看，人才的性别构成或性别失调代表了一个国家的民主化程度；从学术的角度看，意味着对传统意义上的成才理论的挑战。因为已经存在的成才理论仅仅是以男性精英为主体的研究，缺少了女性的经验，对人类重要的另一半——女性的经验和智慧的研究将是填补理论空白的大事情。女性人才研究具有跨学科、跨专业和跨领域的多重价值。它不仅涉及社会学的权力理论、职业发展、公私领域的理论，更涉及各种流派的女权主义理论，它必须将女性学、社会学、政治学、教育学、经济学、管理学等学科相结合，重新来解释女性职业发展中的问题。我国依然是一个男性占据权力和权威的主要位置的社会，只有创新知识才能迎来一个女性人才快速成长的春天。

从政治角度看，女性人才已经是我国重要的人力资源，其高层次人才是妇女界的杰出代表，一个国家女性高层次人才的规模、结构和发展境况，反映了该国妇女的地位，体现了妇女参与国家政治、经济、社会、科技等各个领域的广度和深度。其次，女性人才发展状况和其潜在规律是衡量一个国家现代化和民主化的程度，因为女性人才的产生方式体现了女性受教育程度、工作机会、发展机会等性别平等状况的结果，是一把衡量社

会性别平等状况的重要标尺。最后，女性人才，特别是高层次的女性人才具有重要的社会影响力，她们是广大妇女的旗帜和榜样，是提高妇女社会地位的重要推动力量，是维护妇女合法权益的有力呼吁者。发现女性高层次人才的成长规律，并对其采取相应的鼓励性政策，使更多的女性得以发展，并强化政府政策的性别意识。对女性人才的研究体现了我国对男女平等基本国策的重视，是建设社会主义和谐社会的必要，亦是我国人才发展战略的重要组成部分。

从女性学教学的角度看，对女性人才的研究具有重要的学术意义，可以提高各类人才研究的理论水平。目前，我国人才研究大致有四种理论视角：一是人才学；二是人力资源理论；三是精英理论；四是领导力理论。开拓女性学视角的人才理论十分必要。

人才学曾经在我国活跃一时，主要研究人才开发、培训、管理、使用和人才成长的规律及其在人才发展实践中的应用。其研究目的是，通过发现人才成长规律来更好地发现、培养、推荐、使用人才。从 1979 年至 1989 年年底，新华社报道"全国已成立了 25 个人才研究所和 17 个专门性的人才研究实体机构，已有 100 多所大学开设了人才学必修课"。这对当时的年轻人的自我设计具有重要影响。相应的女性人才研究有 1987 年叶海忠的《女性人才学概论》和 1990 年刘翠兰的《妇女人才学论稿》的出版，强调发挥女性潜能和女性成才意识。虽然现在人才学很少提了，但是女性人才的概念还是源自于人才学。

20 世纪 90 年代，人才学基本上被人力资源理论所替代，人才研究会也隶属中国人力资源开发研究会，其理论取向更加理论化。人力资源理论有多个层面，有国家层面、组织层面和个人层面。在国家层面，人力资源是与国家能力相关，全民素质和教育水平的提升都会提升国家的人力资源，并为国家的整体发展打下基础。从组织层面看，强调组织通过有效的制度设计使个人的潜能得到最大限度的发挥，并有此提升组织效率。从个人层面看，个人的教育水平和工作经验是累积的过程，它能够为其发展积累资本。对女性人力资源的研究常常关注的是女性人力资源的提升对于下一代人的意义，过多地强调了女性作为母亲的作用。有研究指出，人力资源政策可能无意中妨碍女性的发展。例如，识别高潜力雇员的内部流程往往把目光集中在 28—35 岁的经理身上，这样就忽略了那些休产假的符合条件的女性[10]。从女性人才发展的角度，女权主义学者对人力资源理论有不少批判，强调人力资源理论只看到理性的个体，没有看到人所具有的关怀精神以及在关怀工作带来的效益，而这些关怀工作是在生活领域的各个方面，包括家庭、社区、企业和政府，这些工作能够带来重要的经济价值。人力资源理论应更多地看到女性带来的关怀经济，并建立伙伴关系的经济理论[11]。透过对女性人才成长的研究可以拓展人力资源理论，并建构本土的关怀经济学。

精英理论曾经是社会学研究中的重要内容，近年来多被社会分层理论替代。从国际社会看，一些社会学家关注我国转型社会中的精英生产，这些理论强调党员身份、大学文凭等在市场转型中对社会流动的意义，但这些研究毫无性别视角[12]，似乎精英就是男性，即使有女性精英也是可以忽略不计的。因此，增加对精英女性的研究可以更加深入地理解中国社会流动的机制，也由此能够更有效地理解中国社会性别分层的机制。

女性领导力研究是近年来发展出来的新学科。领导力（leadership）的研究认为，领导是一种能力，这些能力包括：问题解决的能力、判断是非的能力和知识的储备量[13]。越来越多地学者看到，女性拥有更好地与人沟通和合作的能力。在领导力方面，女性有自身的优势。对女性领导力的认识多与全球女权主义运动联系在一起的，在"联合国妇女十年"期间，女性成为国际大会的主要组织者，他们主持大型公共论坛，对社会发展发表见解，对冲突进行协调；同时还有许多女性创办的组织，表现出女性有能力承担传统意义上男性承担的领导角色。有研究认为，有些女性有意识地以创新的方式担当领导角色，促进了分享的或集体的领导，力行多元化和关怀，而不是等级制[14]。

近年来，我国学术界越来越明确地认识到人才性别结构失调的严重性，虽然没有形成明确的有关女性人才学、女性人力资源理论、女性精英理论和女性领导力的研究成果，但跨学科研究已有所启动，特别是在女性高层次科技人才、政治人才和管理人才的研究方面取得了丰富成果，但这些成果需要进一步系统化和理论化，并把握我国本土化的女性人才成长规律，将我国经验向世界推广。作为具有社会主义传统、经历了市场经济转型国家的女性人才的经验研究会因其独特性成为国际女性人才发展研究的重要内容。

女性学视角的人才理论应强调以下几个方面。第一，为女性树立积极的职业自我期望。多种研究表明，在社会化过程中，女性常常内化不平等的职业期望，弱化了自己的职业目标。建立积极的职业自我期望是女性成才的关键。第二，积极总结女性成才的经验，为新一代女性的成长开辟道路，激励女性后备人才更好地成长。2009 年，时任国务委员、全国妇联主席的陈至立指出，近年来，各个领域涌现出大批优秀女性人才，成为各行各业的骨干和中坚，为国家政治、经济、文化和社会的发展和科学技术的创新作出了卓越贡献，是人力资源中不可缺少的组成部分[15]。榜样，特别是女性榜样为青年学生提供了成长的可能性和重要的激励。可以在女性学课堂上通过激励学生撰写女性优秀人才的成长故事等个案研究的方法，使优秀的女性人才成为女性青少年"重要的她人"。第三，可以将优秀的女性引入课堂，以现身说法的方法和座谈的方式激励青少年女性成就动机，减少其成就恐惧。

三、借助多种力量推动我国人才性别结构的平衡发展

进入 21 世纪，各个国家、政府和企业组织越来越清醒地认识到实现人才性别结构的平衡发展是有利于国家、社会和组织发展的。以企业为例，性别多样性除了有助于企业解决人才短缺问题以外，还可以让企业吸引并留住人才以实现其他商业目标。越来越多的企业认识到多样性的重要意义，并意识到种种偏见对决策产生的影响。以摩根大通为例，他们通过培训，在高层团队中致力于留住并晋升女性，建立起了有力的人才通道，2008 年，女性经理在公司经理中的比重达到 48%，在最资深的经理中占到了 27%，而 1996 年这一比例为 19%[16]。

从全球看，目前至少有三种力量推动女性人才的发展，人才性别结构正向均衡状态变化。

第一种力量是全球民主化运动带来的治理民主化，这使更多女性进入到政治领域的高层，并显示出不凡的领袖魅力。从世界范围内看，出现了诸多的女性领袖，如德国总理默克尔、美国国务卿希拉里、西班牙的国防大臣卡梅·查孔等。查孔怀着孕统领西班牙军队，乌克兰的女总理季莫申科被赋予"带刺的玫瑰"，挪威、芬兰和瑞典等北欧国家成为女性参政率最高的一类国家。在挪威政府的 19 个内阁部长中，有 10 名女性；而瑞典议会中，女性议员的比例达 47%，居欧洲之首。西班牙政府 17 名内阁成员有 9 名女性；法国政府 15 名内阁成员有 7 名女性。她们的政治活动深深

影响着国家政策。

当记者问物理学博士出身的德国总理默克尔，为什么办公桌上摆的不是丈夫的照片呢？默克尔回应说："是的，在这种情况下不摆丈夫的照片，而是别人送给我的叶卡捷琳娜女皇肖像，这样可以展示出，在历史上还是有杰出女性存在的。如今政权形式和政治特色已经发生了转变，感谢上帝的是，妇女们越来越在历史上起到重要作用，而不仅仅只是个摆设。"默克尔在2009年接受女权主义杂志《艾玛》的访问时强调，男女收入差距"确实是个问题"，虽然目前政府还不会介入干预，但"我建议每位做相同的工作却赚得比男同事少的女员工，自信地去找老板要求改变"。她保证，"政治人物也会施加压力"。由于默克尔手下一位女性部长的提案，现在德国的工薪父母可以享受一年的休假去带孩子，还可以拿到原工资三分之二的薪水。2011年1月1日，联合国妇女署正式开始运行，其行动宗旨是与联合国各会员国共同制定衡量性别平等的国际化标准和行动目标，以促进两性平等和增加妇女权能。

第二种力量是对人才、人力资源或精英的学术认知或知识领域的变化，"人才"一词具有了多重含义，打破了传统的"精英"、"领袖"、"领导"的局限。传统上，精英、领导是指组织中的高层职位和权力。知识领域的革命在于，平等和民权理念的推广，成为"人才"和具有"领导力"意味着人的一种能力和秉性，是那些具有一定的专业知识或专门技能、具有较高人力资本和素质较高的劳动者。这样的人才观不仅强调创新，更重要的是强调对社会经济发展的推动力量。女性因其成长环境、丰富的人生经验和情感体验，使其在秉性上更具有魅力，其领导风格亦成为创新组织环境等重要内容，这推动了对女性人才和领导力的认识。社会学家康奈尔（R. W. Connell）指出，西方社会正在经历一场"性别危机"。其挑战的力量来自三个方面。一是"制度化危机"（crisis of institutionalization），即传统上支持男性权力的制度受到挑战。例如，家庭和国家正在逐步瓦解，离婚、家庭暴力、强奸方面的立法以及税收和养老金等问题，男性支配女性的合法性正在减弱。二是"性关系危机"（crisis of sexuality），异性恋的主导地位在减弱，女性和同性恋的力量在不断增长。三是"利益形成的危机"（crisis of interest formation）。社会利益出现了新的基础，不同于现存的性别秩序，已婚妇女的权力、同性恋运动和男性中反性别歧视的态度等威胁了现有的性别秩序[17]。这意味着女性作为重要的社会力量，其提供的关怀的价值变得越来越重要。

第三种力量是一批由女性领导的社会组织的实践。在全球女权主义的学术思潮下，一批女性以反传统的精神出现，有意识地以开创性的方式担当领导角色，并积极实践分享型和集体型的领导，用多元的、赞赏的方式而不是等级制的方式进行领导。这种具有实践意义的活动，促使学术界和公共政策关注女性问题，使社会治理向着更为民主的方向发展。

上述三种在全球范围内推进女性人才发展的力量亦影响和推动中国女性人才的产生和国家政策的变化。

回顾历史，毛泽东时代的女性人才发展战略在很大程度上确保了我们人才结构的性别平衡，其相关的思想和制度是建设我们人才性别结构的重要思想库。同时，从代际视角看，毛泽东时代的性别平等建设也深入地影响着当代女性，赋予了女性成才发展更多的自主性和能动性。

可以展望，随着我国民主化程度的提高、不断增长的性别平等意识的公共舆论和各类以平衡人才性别结构的社会行动战略，如性别配额制度，我国人才性别结构失调的状况会得以改善。

四、推进我国女性人才发展迫切需要研究的女性学问题

解决我国人才发展中的性别结构失调问题的关键就是大力推进女性人才发展，这与国家政策、不同类型人才发展规律、女性人才发展的特殊性、女性教育、工作机遇与晋升、个体职业规划、工作和家庭的友好发展等理论问题相关，只有对此进行深入的理论研究才能更好地制定政策和激励女性人才发展。本文以开放的态度提出相关理论应面对的关键性问题。

第一是历史研究。这包括两个方面，一是女性人才发展史，由此理解我国女性人才成规模发展的历史过程，这一历史过程是与我国现代化进程和社会主义革命的进程联系在一起的。从早期女性留学和进入高等学府到新中国成立的女干部培养，为女性人才发展积累了重要的资源和基础。二是有关女性人才发展的思想史和政策史。任何社会政策背后都有其思想支撑的，女性人才发展的思想涉及思想史中的性别价值观，它与国家的现代化、马克思主义的妇女观和女性人才自身的能动性联系在一起。

第二是国际比较研究。发达资本主义国家、社会主义国家和新兴发展中国家都在女性人才发展方面积累了大量的经验，特别是在公共政策的制

定方面的社会实践是我国女性人才发展需要学习和借鉴的。要特别关注相关女性友好型的福利政策；关注亚洲国家女性人才发展政策，因为同属儒家文化圈，其性别文化与公共政策的关系有其共性。

第三是要对不同类型的女性人才成长状况和规律研究。人才是具有不同类型，至少要对企业家和企业管理人才、科研人才、干部和各种公益组织人才等进行研究，发现女性成才的共性和特殊性，关注女性个体能动性、组织的性别环境、个人与家庭以及国家等相互关系。

第四是对人才成长规律进行性别比较研究。分析两性遇到的机遇和资源状况，以及能动性的状况，包括分析两性人才在政治资源、经济资源、社会关系网络和文化资源等方面的差异，从地位获得机制、个人职业生涯设计、组织的性别环境、自我认同以及政策影响和政策需求方面进行研究。

第五是工作和家庭之关系的研究。这一方面的研究较为复杂，人们常常将其纳入工作的性别比较研究，本文认为，这是两性都将面临的问题，应当更多地从共性出发，寻找相关的政策支持，建立工作和家庭平衡的关系。

第六是以教育为基础，分析两性人才成长的教育规律。特别关注两性大学生的成长，将男女大学生在学习表现、成就动机、参与社会活动等各方面的校园生活进行性别比较，分析大众媒体、校园文化、学校资源分配、教师性别观念与培养方式等诸因素对人才培养的意义。关注两性大学生的人生发展规划，为未来大学生的发展提供可行的帮助。

第七是有关女性人才成长的方法论研究与讨论。这涉及一系列的知识更新，从女权主义理论出发，创新观念和挖掘我国本土的性别经验，特别是总结现有女性人才成长的经验，从中归纳出我国女性人才成长的知识，并使其具有理论性是非常重要的。

第八是对女性人才成长的公共政策研究。要全面评估我国有关女性人才成长的各种政策，国家人才发展战略、各种激励机制和相关政策的效应。以科技人才和行政人才的选拔政策为例，分析已有经验，总结正反两方面的作用，建立起积极的女性人才成长的国家政策。

形成我国均衡的人才性别结构是女性人才成长状况和成才规律研究的最终目标，实现均衡的人才性别结构具有国家战略意义，完善雇用、留住和提升女性员工的方法对于我国人才性别结构的均衡以及我国政治、经济和社会可持续发展意义重大。

参考文献

［1］国家中长期人才发展规划纲要（2010—2020 年）［R］. 北京：人民出版社，2010.

［2］新华社. 国务院 27 个部委新任领导人名单［EB/OL］. （2008 – 03 – 17）［2010 – 05 – 08］. http：//www. xin huan – net. com/.

［3］全国妇联妇女研究所. 妇女研究内参［J］. 2008（1）.

［4］国家统计局人口和社会科技统计司. 中国社会中的女人和男人——事实和数据（2004）［M］. 北京：中国统计出版社，2004.

［5］国家统计局和社会科技统计司. 中国妇女儿童状况统计资料［M］. 北京：中国统计出版社，2008.

［6］国务院新闻办公室. 中国性别平等和妇女发展状况. 2005 – 08.

［7］佟新. 要做得比男人更好——改革时代的女性企业家［N］. 中国社会科学报，2010 – 03 – 09（12）.

［8］联合国开发署网. Gender empowerment measure and its components. Human Development Report（2009）［EB/OL］. http：//hdr. undp. org/en/content/human-development-report – 2009.

［9］博士学位获得者职业取向调查课题组. 博士学位获得者职业取向［M］. 北京：中国科学技术出版社，2009.

［10］欧高敦. 女性与领导力［M］. 北京：经济科学出版社，2008：21.

［11］理安·艾斯勒. 国家的真正财富——创建关怀经济学（原版2007年）［M］. 高铦，汐汐，译. 北京：社会科学文献出版社，2009.

［12］边燕杰，吴晓刚，李路路. 社会分层与祥云——国外学者对中国研究的新进展［M］. 北京：中国人民大学出版社，2008.

［13］Northouse P. G. Leadership：Theory and practice［M］. Thousand Oaks，CA：Sage，2004.

［14］Basu A. The Challenge of local feminisms：Women's movements in global perspective［M］. Boulder，Col. ：Westview，1995.

［15］陈至立. 在新中国 60 年优秀女性人才社会影响力论坛开幕式上的致辞（2009 年 12 月 12 日）［N］. 中国妇女报，2009 – 12 – 14（A01）.

［16］同［10］，20—21.

［17］康纳尔. 男性气质［M］. 柳莉，等，译. 北京：中国社会科学出版社，2003.

探索高校女性学的跨界合作与行动研究
——以湖南高校妇女/性别研究学科建设为例

骆晓戈①

摘　要： 湖南高校妇女/性别研究与教育，通过课题、课堂、校园行动三联动，在教学、研究中拓展学生的实践素质，通过指导学生实践活动，促进师生互动，达到教学和科研相结合的目的。

关键词： 湖南高校；女性学；性别研究；行动研究；学科建设

一、缘起

女性学（women's studies），或者说女性研究，有一个无法回避的一个前提，就是我们已经处在学术的国际大环境中，我们无法回避国际已经有的研究成果和学术积累，以及相关实践。像女性学这样的新型学科建设，其学术背景，就是一个多世纪以来国际上包括中国在内的妇女解放运动的理论和实践。

什么是女性学，现在的传媒中有三种声音均冠有女性：

一种是几乎处处可见的美女形象，商业传媒几乎将美女作为一种卖点；

一种是在5·4以来的话语：妇女是受害者，是需要拯救解放的对象；

一种是女权或者说在男女平等话语下，将女性视为与男性平等发展主体的声音。

这样，便形成了高等教育对女性学教学的需求，尤其是目前接受大学教育男女生性别比例几乎相等的情况下，面对人口的"一半"，创造力如何发挥？人才如何培养？我们需要思考我们应当在教学中向学生倡导什么？

---

①　骆晓戈，女，湖南商学院中文系教授，女性研究中心主任，主要研究方向为女性学和当代文学。

女性学就是在这种社会需求下应运而生。推动大学课程的改革，许多女大学生开始对教育和学术领域中的男性中心主义进行批判，并要求开设反映妇女生活经历的课程。正是顺应这种社会需求，女性学在 2006 年被国家教育部正式颁布为普通高等教育高考招生新增专业，这标志着在我国女性研究（women's studies）即女性学，从单纯的妇联、妇干校和女子学校的教学，转为更为广阔的普通高等教育的学科和专业教育。

将妇女置于理论话语的中心，由此产生出女性学，用理论和实践探索的新问题和新方法，将个人经验带入学术研讨，关注女性日常生活、经历、情感等。学生通过女性学的学习，会找到新的自信并更长于表述，从女性主义角度对自身角色和周围的社会关系进行分析，从而对自己的自我知觉能力和价值准则产生根本的影响。

二、背景

第一，从 2001 年开始，湖南高校陆续开设女性/社会性别学课程，并在高校一部分师生中形成共识，作为一种推进两性平等、促进两性和谐发展的理论，已逐渐成为高校教学改革和社会关注的一个热点，性别研究正在进入高校科研和教学领域并产生积极的影响。然而项目启动后，在资源是否共享，如何实现平等跨界合作，均面临挑战。合作，首先是平等，这意味重点院校和一般院校，博导教授和草根成员是否能够真正实现共同成长，平等享有资源和话语权。我们的具体做法是以大家拟定的制度来保证平等参与，成功实现了小团队运作模式，摸索了一套民主管理平等参与的规则。具体步骤为：信息公开—机会均等—培训骨干—搭建平台—网络支持—推陈出新—可持续发展。我们看重结果，更重视项目过程中培养民主作风，增加透明度、开放度，让每一个参与者都受益，都成长。

第二，当研究者与实务者结合：从"主义"出发还是从"问题"出发，便成为建立本土妇女学的有意义的探索。跨界合作，是一条路径，也是一种挑战。你的基本理念符合中国本土妇女的生存现状吗？你的理论模式能够接受本土妇女实践的检验吗？你的表述方式能够为妇女实务者接受和理解吗？尤其是单一妇女研究学科深入到一定程度，就必然延伸到本学科之外，将项目的触角延伸到社会各个层面，这是我们这个项目特点和亮点。在研讨实际问题中不断发现、不断总结、不断完善、不断接纳他人、欣赏他人、学会平等合作和知识交叉，呈现一种多元融合的学科综合性的理论与实践相结合的发展趋势。

第三，当我们的研究企图在干预风险人群中发挥效用并接受实践检验时，如何集合更多的公共资源使边缘人群接受先进的社会性别教育，我们深感缺乏路径和平台。在现代化和中国的社会转型过程中，政府设置的公益事业转轨，民间公益性非政府非营利组织尚未成型，以消费为中心的文化符号泛滥，女性形象被日益物质化、商品化，成为市场经济的负"产品"，女性如何走入公共事务管理，诚信＋节省＋奉献的 NGO 工作原则如何实施，妇女研究与妇女发展事业均面临发展的空间，机遇与挑战。

三、题目的阐释

第一，跨界合作。

湖南地处内陆中部地区，如何将女性学学科建设跨界合作与办学的教学目标统一起来，以我们团队合作的湖南女子学院，湖南人文科技学院，湖南司法警官学院，长沙民政学院为例，几所高校的教学目标基本定位于是培养城乡建设所需要具有现代意识的职业技能的应用型人才。在这一类大学设置女性研究机构如何与人才培养目标有机结合，是一个具有普遍意义的问题。

首先，大学应当是精神圣地，培养的应用型人才，也必须具有一定的人文素质和理论基础知识。与研究型学校相比较，普通地方院校人才培养在对学生的技能层面、操作层面的要求大体是一致的，不过，两者的侧重点不同，普通地方院校对人才的培养紧密围绕专业进行，而更强调在一定的学科基础上进行人才培养，这就要求学生有深厚与扎实的理论基础知识。

其次，普通地方院校培养的人才必须具有健全发展的人格。在以往对人才培养目标的定位中，多强调要培养应用复合型人才，但忽视了对学生的人格方面的培养，这是不全面的。所谓健全人格是指具有高智商和高情商的人格，是指具有丰富的专业知识和人文知识、体现较高综合素质教育特点的人格。拥有职业技能却缺乏健全人格的人，充其量只能算劳动力，不能算作人才。

最后，普通地方院校女性研究机构建立，应该充分考虑地域的文化的特点。常言道：民间文化是母亲文化，地域文化与女性研究有着密不可分的水乳相融的联系。由于普通地方院校本省学生居多，学生毕业后服务于本省城乡建设的自身目标非常鲜明，在校学习期间大多数学生的成长环境与家庭的沟通较多，因而女性研究中心所承担的对本地妇女生存状况的调研，以及性别与发展课题，能调动学生的学习和科研积极性，女性学作为新型学科的建设，受到青年学子的普遍欢迎，他们纷纷成立兴趣小组、研究会和项目团队，在行动中发挥出青年学子思维活跃、有较强的人际沟通能力和组织协调能力的特点；女性学学科建设使女性研究机构能够与地方院校的人才培养有机地结合起来。

第二，行动研究。

女性研究是一门需要"请进来走出去"的行动中的研究，行动中的研究有利于团队的形成、教师素质与能力提升。

在目前地方普通高等院校，女教师占到教师人数的一半，大学生中，女生与男生的性别比例已经达到 6∶4 或者 7∶3，中国的女性从来没有像今天这样，成为高等教育的主力军，当我们在各个学科领域辛勤教学的时候，几乎都会看到这样一个事实，即所有学科的知识都是无性别的，在无性别的背后，常常将男性价值标准与经验作为人类生活的全部内容予以表现和描述，女性研究正是要纠正这种偏向。所以，我们团队的组成有以下的特点。

结合：将妇女从事不同学科教学的实践包容进来以弥补现存教学知识的缺陷；女性学团队出现是一种跨性别、跨学科的结合。妇女实务工作者与理论研究工作者的结合。由于单个学科的知识结构不足以回答和处理女性学这一新型专业教学中的新问题，超越理论的界限：多学科、学科间或跨学科的方法。允许从不同的知识角度对某个问题或领域进行探讨和考虑，适宜于当代大学的参与式教学。

分离：女性学作为新型课程建设，它需要构筑新的女性学教学理论，我们通过研讨会、恳谈会，甚至互相听课，观摩教学，沙龙等形式进行女性学教学专题研讨。将妇女置于理论话语的中心，由此产生出女性学理论和实践探索的新问题和新方法，正是这种以女性学教学为专题的"分离"，造成了女性学多门课程的产生以及女性学向多门课程的渗透。由此我们与女性学相关的渗透课程达 23 门。

强调：对现存知识的反思是有利于创造性思维的教学和大学生创新能力培养，当学生意识到他们将成为女性学这一新型学科建设的主力军，他们十分愿意将自己的一分力量融于女性研究，并使其成为女性学教育中的"一滴水"，由于妇女研究集体的力量，使得女性研究让个人的经验特别是妇女个人受压迫的经历能够成为学术研究的对象。特别能激发学生的人文关怀和社会关怀，从而产生强大的学习动力。

　　因此，我们的团队是一个师生紧密结合，教学互动，多学科平等合作的团队，共同完成了一批省部级以上女性学相关项目和课题和教学案例片的拍摄制作。

四、跨界合作与行动研究的创新点

　　通过我们的实践，意识到女性学进入地方普通高校教学有如下创新特点。

　　1. 女性学教学促进教改与研究

　　专业口径的宽与窄，对人才的视野、适应能力和发展后劲将产生直接的影响。专业口径过窄，会导致学生缺乏全面系统的知识结构，缺乏持续发展的后劲。因此，人才培养的口径要适当放宽一点。地方普通高校的课程设置富有弹性，我们正是抓住地方普通高校课程设置的这一特点，将女性学相关课程引入地方普通高校的教学。

　　"小核心，大半径"，以小团队为单位的信息化实践模式，让学生自主选择项目，并在项目的"孵化"作用下自主开展学习和科研。

　　女性学教学创新，不仅是一个内容选题的创新，也是一种教学方法的创新，从女性学研究的范围来说，她也需要多学科的交叉来共同研究女性问题，同时从社会现实的角度来说，我们进入市场经济和全球化的信息时代，当代大学生面临着许多的性别问题，需要我们带领学生走入社会，在社会实践中教学、研究问题、解决问题，这个项目是个理论项目，也是个实践项目。对高等教育，是探索理论与实践结合的教学模式与方法；对人文社会学科，是创新一种合作研究方式；对于社会，是直面和解决社会现实问题。同时作为课题、课堂和校园行动的三联动教学方法，为学生学术团队建设摸索了一套平等参与，小团队运作，深受学生欢迎的民主管理的教学模式。

如麓山枫项目组的同学在他们的工作模式一文中谈道："我们就是以很少的工作人员带动一大批的学生一道工作。麓山枫项目组就是一个团结合作的团队，做一个项目同时能广泛联合其他的学生一起做项目的团队。"

"我们相信每一个人都有公平发展的权利，相信大家团结起来的力量，相信我们的女性学事业能够得到社会的认可；我们力量的源泉来自共同的信念，团队的合作，自我实现的动机，每个人都得到尊重。在这个基础上，我们制定了成员之间的合作原则：尊重每一个人前进的步伐，给每一个人成长的空间，无论是发展还是犯错误。"

"我们是一群充满激情的人，每一位成员都能持续保持较强的责任感、使命感、奉献精神和敬业精神。大家也积极参与机构所开展的各类项目，发自内心地热爱这一份共同的女性学事业，我们的所有会议、活动、方案、计划都跟踪记录，以保持项目的透明和可持续性。"

这种模式运作灵活，便于管理，给每个人提供了较大的活动平台。每位成员都要自愿参与不同的项目，都有学习新东西和在工作中得到锻炼的机会，因此个人能力得到较快的提升，也能感到自己工作的价值，有很强的成就感。正因为这些优势，大家一直喜欢保持这个灵活而富有活力的团队，不追求组织规模的盲目扩张。

同时小团队采用透明的工作模式，旨在希望平等参与让更多的学生学会参与到我们的行动和研究中来，或者孵化更多的小团队，真正发挥"小核心，大半径"的优势和特点，推动女性学的建设。

这种真正赋权于学生的参与式教学方法，彻底打破了"师道尊严"和"教师中心"论，学生真正成了教学的主人。

2. 女性学教学充分重视学生实践创新能力培养

地方普通高校的人才培养要独辟蹊径，走"中间路线"，就必须加强实践教学和突出技能培养，将生产实践、技术实践、社会实践与教学实践、科研实践有机结合起来，相互渗透。将产、学、研紧密结合，加强校企合作，地方普通高校应积极主动地与企业联系，建立长期合作关系，让企业走进来的同时，让学生走出去。

（1）实现课题、课堂、校园行动三联动的教学，行动研究与体验式写作的教学方法改革。

在湖南商学院，女性学的课程建设归属为湖南商学院文学院，"文以载道"是中国文学写作的传统，而女性学是一门刚刚起步的年轻的需要大力发展的学科。我们团队充分利用专业的优势，重点在社会实践环节，写作学系列课程教学环节，将项目与教学紧密有机地结合起来。立足中国本土，重视社会实证研究，项目专著收集30万字来自田野的调查，采样，口述史，问卷分析，调查报告，将我国社会各阶层妇女的生存状况描述出来，探索并充实女性学专业写作学学科的教学与研究。

（2）为了实现以上的教学目标，建立一支"双师型"的教学队伍。

聘请一定数量的有丰富妇女实务界人士担任部分教学任务，以弥补现有师资的不足之处。我们的做法是利用参与女性学项目和课题的合作单位作为教学资源，将妇女工作者、女子监狱担任教育改造工作的女干警为学生的指导老师，"请进来，走出去"教学可以在教室进行，也在实训基地进行。妇女实务界人士有丰富的行内经验和从业经历，起到开拓学生视野，拓宽学生知识面的作用。同时，学生将课堂学习与项目工作结合，在课堂同步进行口述笔录，现场录像，教师既是课堂活动策划人，也是教学案例片的总导演和策划人。将课题、课堂和校园活动三结合，使实践经验进入知识传承环节，学生在老师的带领下有效地组织开展课堂实践教学，让学生学以致用，能准确领会教学意图，掌握要领，达到事半功倍的效果。

在实习基地建设的同时，我们利用项目的经费，建立了便于学生参与实践的工作室。这些为女性学项目、教学与实践三联动教学工作的开展奠定了基础。因此，学生对于现代办公技术的维护和运用，都能积极主动刻苦地钻研，拥有很强的项目执行能力。近3年从项目组走出去的毕业生受到社会的好评和用人单位的欢迎。

（3）成功实现项目合作单位为教学实习基地的转化。

曾经作为美国福特基金会资助项目中的子项目"湖南民间文化与妇女"的合作单位湘潭晓霞山，子项目"湖南女性犯罪人群研究"的合作单位湖南省女子监狱，目前均为湖南商学院文学院的校外教学实习基地。

（4）在实践教学中注重培养学生自主发展和创新能力。

坚持开放透明、资源共享和学生自主发展的原则，项目成果多为学生自主申报，自主完成，其中包含对本土传说"湘妃"、江永女书、湘西苗绣、苗歌以及"傩戏"等本土多民族文化的研究，还包括对长沙市贫困单亲母亲的访谈录，湖南女子监狱女服刑人员的日记和绘画作品。这些活动培养了学生保护和传承民间文化的能力。

3. 以女性学教育促进人本价值的实现

现实社会功利性并不是教育的终极目标，教育除了传授知识、训练技能以外，还要启发创造力，培养自我发展的动机和态度，即人的价值的实现。教育的"超越性原则"告诉我们，任何一种教育形式，在满足社会需要的同时都必须关注人的精神世界，关心人生存的意义和价值，使人们对物质的追求和精神的追求协调起来。汤因比（Arnold Joseph Toynbee）就指出："教育应该是一种探索，使人理解人生的意义和目的，找到正确的生活方式。"

因此，地方普通高校要引入女性学实行人本主义教育。（1）要尊重每个学生的个性差异和个人价值观。学生由于知识水平、接受能力、兴趣爱好、学习方法和学习习惯的不同而存在差异，"玉可琢器，石可砌舍"，学校应该正视这种差异，利用这种差异，因材施教，通过帮助学生认识和理解自身的独特个性，从而发掘出隐藏的潜能和创造力。（2）要发展学生的完整的人格。学校除了关心学生的智力培养以外，还要把学生当作一个活生生的、有个性的、有生命价值的主体来看，深入挖掘他们的内在需要、情感、动机和主观愿望。实现受教育者在身体与精神、情商与智商的完全发展，表现在对人的生命及生活意义的终极关怀、对真善美的追求、人格的自我完善等几个方面。基于学校教学的现实状况，大量盲目地增加人文课程是不实际的，而要将人文关怀渗透于人才培养的全过程中，这样才能培养出"知情合一"的"完整的学生"。（3）以学生为主体，发展他们的创造性，培养其自我发展的动机和态度。教育者要重视学生的主观能动性，而不能把他们当作是被动的储藏室。罗杰斯（Carl Ranson Rogers）明确指出，一门课程的结束，标志与其说是学生已"学到了所有他们需要知道的东西"，不如说是"学会了他们怎样才能学到想要知道的东西"。这与"授之以渔"的道理也是一致的。

2006 年第 28 期"三湘论坛"被媒体誉为苗族妇女与教授同上论坛，主讲《妇女在新农村文化建设中的作用》，省会长沙近 10 所 400 余名高校大学生参加了此次论坛。大学生与湖南省委和省文化厅领导层对话，被主流媒体誉为"很有影响力的一次高层论坛"。

项目突破了传统的在学校或学术内部做课程建设的发展模式，项目的触角不仅深入到学校内教学以外的层面，还触及学校外的其他社会层面。被本学科专家评论为"为妇女学、社会性别学在中国的发展摸索出了一条新路"。

项目实现了打造让学生自主发展与正规教学结合的三联动教学模式，让教师"一人唱戏"的一言堂，变为师生共同努力的"你方唱罢我登场"群言堂；给学生，尤其是地方普通高校的学生以自主发展的空间和展示才华、锻炼能力的平台。

结语

如何建立中国本土的女性学？如何在女性学教学实践中培养学生理论联系实践的能力？如何帮助年轻的大学生培养关注社会男女平等基本国策，研究社会问题，并学会集合更多的公共资源使处于贫困状况下的边缘人群接受教育？这是一个在目前社会和高等教育中引起广泛关注的问题。我们的女性学教学实践不仅仅作出了有益的探索，同时在某种程度上改变当代大学生教育中理论与实践脱节，眼高手低的现状；为创建本土妇女学的知识生产中积累来自草根人群的第一手社会调查数据。对于文学如何在社会实践中发挥干预社会的责任感，并实践文学是社会生活的真实反映的文学原理，在发展女性学教学的教书育人的有效作用同时接受实践检验，提供了科研与教学相结合的案例。

通过课题、课堂、校园行动三联动，在教学、研究中拓展学生的实践素质，通过指导学生的实践活动，促进师生之间、课堂内外的互动，达到教学科研结合的目的。

常言道：理论是灰色的，生活之树常青，我们认为女性学教学的内核是让学生学会平等与爱。女性学说到底是一门人文素质的基础学科，担任着女性学教学的教师，首先是挑战自己，是否爱学生，是否愿意与学生平等对话？是否在宣讲男女平等的同时，自己首先与学生平等，并在教学中实现师生的平等参与。"爱就是鼓励她"，在当前的女性学教学中，运用课题、课堂和校园活动三联动的教学方法，有利于理论联系实践，有利于学生动手能力的培养和自主发展；学生从被动接收变为主动行动方；师生关系得到改善；被赋权的学生真正成为学习的主人；书本知识成为活的知识；学习积极性和社会责任感同步得到了提升。

女性学虽然是研究女性的学科，但并不局限于调查女性的实际状况。女性学的目的：在于纠正以往教育以男子为中心的学术上的谬误，客观地分析妇女的状况，提倡克服性别歧视的现代生活方式，带来的是人的创造力的解放。当学生把自己的生命体验和人生经验与教学、研究结合起来，能产生巨大的能量。

目前，女性学仅仅在少数几所高校开必修课，女性学在普通高等教育还处于教学边缘位置，湖南团队经过多年的努力，已经形成了一种团队的力量，我们曾经花大力气，探索并解决这一新型学科在普通高等教育，尤其在地方普通高校教学实践性的问题，寻求切实可行的具体途径和措施。也正是这种坚持从边缘的妇女立场出发、以寻求让学生健康成长，达到教书育人的目的。同时为中国本土女性学探索新的学科建设之路。

参考文献

［1］骆晓戈. 女性学［M］. 长沙：湖南大学出版社，2004.

生活科学课程在女性学专业实践教学中的思考

孙晓梅[①]

摘　要： 生活科学对女性学专业的学生的成长意义重大，它可以教会学生
对衣食住行和消费的生活资源进行科学管理，提高家庭生活质
量，同时也使学生学会生活设计和职业准备。本文从开设生活科
学课程的意义、自身尝试开设生活科学课程所积累的初步经验等
方面，阐述了开设生活科学课程在女性学专业中的必要性和可行
性。同时对于生活科学课程的教学定位、教学内容、建设步骤及
目标等作了具体的课程设计和规划。

关键词： 生活科学；女性学专业；课程设计

世界很多国家和地区如美国、英国、法国、德国、加拿大、日本以及
中国的香港、台湾的小学、中学和高中课程中设有必修课程家庭学科，大
学设有家庭学科系和生活科学系。1949 年以后随着家政专业在中国的消
失，有关家庭的课程也就不存在了。中国改革开放以来，最大的问题是全
国上下关注经济发展，淡忘了人民生活的具体内涵，加上中国长期以来以
革命和工作为家，没有深入研究指导人民群众家庭幸福的措施，所以现在
各种家庭和社会问题出现，建立中国特色的生活学科课程是关系到国家全
面发展的重要任务。

一、开设生活科学课程的重要意义

生活学科课程涉及法律领域，普法教育贯串家庭的整个领域，可以帮
助改变目前法制课的枯燥和不易接受的问题。比如讲到儿童及青少年时
期，必然要涉及《未成年人保护法》和《教育法》；讲到成年时期要涉及

---

① 孙晓梅，女，中华女子学院女性学系教授，主要研究方向为女性问题比较研
究、中外妇女运动史等。

《劳动法》和《社会保障法》；讲到生育时期，要联系到《母婴保护法》和计划生育的基本国策等。普法教育贯穿家庭的整个领域，改变目前只讲女性与立法的单一性。

生活科学课程将深刻的道德教育寓于熟悉的现实中。生活学科以最具体的方式教学生学做人，学做事。比如对老年人的认识，让学生们装扮成行动不便的老人，体验一天的老年生活，他们就会理解上了年纪的许多问题，他们会思考如何帮助老年人上床，设计扶手和洗澡用具。暑假学生回家乡调研中国的留守老人，老人们也会得到尊重。

生活课程是提高学生人文素质的很好途径。学生步入社会除了需要具备必要的职业技能、适应能力、竞争意识之外，还需要具备对血缘亲情的认识，培养对家庭的责任感等。我国的教育价值观关注学生的成功与否，训练他们的精英意识而缺乏培养作为一个普通人的公民意识和人文素养。很多学生优秀但并不幸福，日本的家庭学科包含扫除、学习各种生活用具的用法、餐巾的叠法、园艺等等各种细小的生活技能，以帮助学生感悟生活，体会家庭生活的乐趣和过程。我国很多寄宿制学校，学生缺乏家庭观念和生活对策，建立中国式的家庭学科势在必行。

设立生活科学课程是改良应试教育的很好方法。家庭学科的开展，增加学生喜爱的生活课程。应试教育的课程多抽象和逻辑，生活科学课程多实践和实际，培养学生的动手能力、创造能力。学习生活科学课程可以帮助女性学专业的学生树立为人处世的人生观和价值观，一个人一辈子离不开家庭，家庭知识伴随人们的一生。

二、女性学专业为生活科学课程的开设奠定了基础

生活科学课程是阐述有关人类在家庭生活中的一切必要知识。本课程所指的生活科学着重于科学的需求与进步对人类生活的影响与改变。本课程从家庭基础、食、住、行和环境等方面讲授生活与科学的内在联系。目前女性学专业课程理论性极强，如女性社会学、女性学理论、性别与公共政策、女性心理学、中外妇女运动史、西方女权主义理论及经典著作选读等，生活科学课程突出实践性和运用性，与其相互补充。各门女性学课程相互重复，生活科学课程有自己的独立性。

2009 年 9 月首次在中华女子学院女性学系讲授生活科学课程，对象是

女性学专业的学生，学分2，学时36课时，必修课，大三授课。已有女性学专业06级07级08级09的学生完成此课的教学任务。编写出《生活科学》教学大纲和课程进度表，目前没有正式的教材，有一些参考书目。中国各高校没有开设生活科学课。

中华女子学院学生在小学、中学和高中阶段没有接触过此课，她们第一次学习，感觉很陌生，认真听讲，积极实践，细致地完成每项授课计划。我也是第一次在中国开此课，没有任何教材和课程可以借鉴，没有任何经费可以支助，所以必须在非常艰苦的条件下，不断探索努力讲授生活科学课，有时把自家的物品拿来做示范。

考试的方法：平时作业30分，期末考试70分。平时作业为10次每次3分，期末考试为两人一组，共同研究一个生活科学的课题，写出研究报告，做出PPT，在全班宣讲，同学打分，老师定分。

三、生活科学课程的教学定位和内容

教学定位：使学生了解自己、家庭、儿童、老人和社会；使学生懂得生活资源、经济生活和消费生活；使学生掌握食品科学和食用方法，安全的食品和健康的食品；使学生认识现代的服装科学，人与服装的关系，自信的着装方式及对各类针织用品性能的了解；使学生理解健康安全的住房科学，社会地域的环境保护等方面的知识。它可以提高人民的生活质量，对衣食住行和消费的生活资源进行科学管理，同时也使学生学会生活设计和职业准备，并且是终身受益。

教学内容的基础：一是认识人生：自己、家庭与社会，家庭经济与消费，家庭生活与福利。二是儿童的成长：儿童身心，儿童的生活与保育，儿童的健康与安全，儿童的权利与福利。三是高龄者的生活：高龄期的身心变化，高龄者的社会福利和生活支持。四是食品科学：人与食物，健康安全的饮食习惯，日常食器的运用。五是服装生活：人与服装，服装生活计划，认识面料。六是居住生活：家庭居住空间，健康安全的居住环境，居住的布置与管理，等等。

生活科学课程主要是让学生分析生活中各种关联的事物，培养学生调查研究提出对策的能力；每一节的内容都要与参观、制作和生活实践相结合。如分析自己的家庭发展史，探索未来的家庭发展趋势。观察老人的一天生活，提出改进老年人生活的对策。研究一个民族的服装，写出它的服装发展史。研究衣服的再利用过程，写出对策报告。找出对周围邻居噪音影响的问题、研究我国菌类和藻类的分布状况和中国和世界的井盐分布状况等。

课程中要安排社会实践。如参观法院和检察院，参加社区活动，思考自己的社区与家庭的关系。观察各国儿童的不同类型的生活方式，参观育婴室，到幼儿园体验生活，提出帮助儿童的具体办法。参观殡仪馆，观察农村老年人的生活，提出提高他们幸福指数的具体办法。关心父母家庭成员的身体情况，指导他们健康的饮食习惯。参观本地区的发电厂，观察自家房屋的采光程度。走访各地的消费者协会，调查本地超市的购物情况。记一个月的家庭消费支出，小组讨论支出的科学性。参观本地的银行，学会基本的家庭理财。进行垃圾的分类，研究和参加社区的大扫除。调查本地在全国有名的水果种类，比较中国和世界蔬菜的不同于相同之处。考察本地的鱼类分布和鱼类加工等。

如讲到家族的生活：独身期、新婚期、育儿期、教育期、孩子独立期、老年期时，指导学生对自己的未来家庭生活、职业生活、业余生活和社会生活、住的生活进行设计。讲到儿童游戏，让学生去考察中国的玩具市场，分析中国玩具的实用性。

讲到做饭的基本常识：刀工和火的用法、器具的用法、筷子和刀叉的用法、餐巾的叠法、购物—做饭—保存—垃圾的处理等时，让学生在家庭实践，动手从购物到做饭，让家人评分，自己做记录。

讲到衣服的选择、购入、活用、洗涤、熨烫和收纳，学生要会熨烫衣服，调查洗衣店。讲到房子的功能：气候风土与居住，选择住房的条件，老人与儿童的住房时，让学生画出老年人住房的无障碍设施。

讲到庭院的布置和绿化：各季节的鲜花种植和各地区树木的种植，提出思考题"设计你生活地区应该种植哪些观赏树，栽培哪些四季都能见到的鲜花"。

讲到消费生活：超市购物、产地直送、网上购买、借钱购买、刷卡购物时，让学生社会实践，走访各地的消费者协会，调查本地超市的购物情况。

讲到世界和中国乳类：牛乳的杀菌和加工、牛奶的营养特征和保存方法、乳制品（各种酸奶和奶酪），学生要参观牛奶的加工和乳制品的制作，写出调研报告。

本课程需要大量的实物教学，由于学院没有提供经费，对课程有一定的影响。社会实践需要走向社会，但是没有经费保障，很多活动不能实现。

四、生活科学课程建设目标和步骤

开设生活科学课程的目的，要在中华女子学院女性学系建立起一个新的专业：家庭学科或生活科学。

第一步，建议在中国小学、中学和高中建立家庭学科。（目前正在行动中）1873 年（明治 5 年）日本女孩开始在学校里有手工缝纫技术，1892 年（明治 24 年）小学教学大纲中有了缝纫科，1947 年（昭和 22 年）女子教育家庭建设开始有了家庭学科。21 世纪以来日本的家庭学科吸收了各国家庭学科的先进经验，比如他们对美国各州的不同家庭学科进行研究和比较，推出许多新编家庭学科的教材，每所学校不仅有家庭学科的教室，每个县（相当于省）市都有学生参加社会活动的体验学习设施。目前日本所有的女子大学都有生活科学系或家政系。

日本小学 5—6 年级、中学和高中（含中专）的家庭学科是必修课，中学阶段的家庭学科称之：技术·家庭科。小学家庭科授课时间：5 年级 60 课时、6 年级 55 课时；中学技术·家庭科授课时间：1 年级 70 课时、2 年级 70 课时、3 年级 35 课时，3 年级由于要考高中，课时缩短；高中家庭科授课时间：家庭基础（2 单位）、家庭综合（4 单位）、生活技术（4 单位）。

改革开放以来，中国的家政学开始出现，有些学校设有家政课，但是多数家政课目的是培养家庭服务员，与我们设想的人人懂得生活科学的理念截然不同。生活科学（家庭学科）的建立是一项长期的系统工程，它的见效可能在十年以后，只要努力实践，国民的总体素质会有很大的提高。

第二步，在中国高校主要是师范院校和各类女校，建立生活科学系和家庭学科系。中华女子学院女性学系生活科学课程是为建专业做准备。目前高职学院已经开设高级家政专业，它的服务对象是家庭，女性学系生活科学专业（家庭学科）的服务对象是培养家庭学科的教员，为各小学、中学和高中输送家庭学科的教员和指导人员。女性学系的生活科学（家庭学科）是在理论层面，高职的家政专业是在操作层面，两个要很好的结合。

为此，生活科学课程必须在开创的基础上做到以下几点。

第一，扩大生活科学课程的基本内容。一是家庭的基础。家庭知识、保育、高龄与福祉、食文化、衣生活、住生活和消费生活。二是世界和中国食品知识。食物的认识、世界和中国的粮食原料、世界和中国的果蔬类和菌藻、世界和中国的鱼肉蛋奶类、世界和中国的食品加工类等。增加课时由原来的 36 提高到 72 课时。

第二，编写本土化的小学中学和高中家庭学科的教学大纲和教材。家庭学科的内容分为世界、中国和本地各占 1/3；小学阶段的家庭学科主要是认识事物和培养动手能力；中学阶段的家庭学科主要是了解家庭知识和参与社会实践；高中阶段的家庭学科主要是分析家庭各种关联的事物和培养调查提出对策的能力。

第三，编写女性学系生活科学（家庭学科）专业的高校教材。需要全校有关教师参加，涉及儿童、家庭、营养、服装、室内设计和艺术领域的老师，还涉及外校食品、烹饪、化学和物理领域的老师等，聘请社会有关家庭学科的人员为兼职教师，收集有关中外生活科学（家庭学科）的研究情报和资料。

第四，建立生活科学（家庭学科）的实验室和实习基地。试验教室：烹调室、缝纫室、设计室和收纳室等。实习基地：各食品加工长、服装加工和制造工厂、发电厂和水处理厂等，全社会为生活科学（家庭学科）的实践敞开教育的大门。

用十几年的努力创建和发展了女性学专业，相信再用 10 年的奋斗，建立一个中国特色的生活科学专业，它可能比女性学专业还要普及和受到社会的欢迎。

参考文献

［1］全民科学素质行动计划纲要（2006－2010－2020 年）［M］. 北京：人民出版社，2006：1—2.

［2］中国科学技术协会中国公众科学素养调查课题小组. 2003 年中国公众科学素养调查报告［M］. 北京：科学普及出版社，2004：18.

［3］贝尔纳. 历史上的科学［M］. 伍况普，等，译. 北京：科学出版社，

1983：6.

　　［4］齐曼. 真科学［M］. 曾国屏，译. 上海：上海科技教育出版社，2002：37—99.

　　［5］Jon D. Miller. Scientific Literacy：A Conceptual and Empirical Review［J］. Dae-
dalus. 1983（112）：29—48.

　　［6］佚名. 家庭基础［M］. 日本：大修馆书店，2001.

　　［7］佚名. 新书家庭科［M］. 日本：实践出版社，2007.

　　［8］文部科技省. 小学学习指导要领解说（家庭编）［M］. 日本：株式会社东洋
馆出版社，2008.

我国女子院校高层次女性人才培养的探讨

洪艺敏①

摘　要：在高等教育进入大众化时代，我国女性接受高等教育的比例基本
　　　　与男性持平，但在我国社会中女性高层次人才仍然严重缺失。贯
　　　　彻落实《中国妇女发展纲要（2011—2020年)》，培养能参与决
　　　　策与管理的高层次女性人才，应成为我国女子院校新时期的一个
　　　　重要任务。女子院校在女性人才培养上具有比男女合校的普通高
　　　　校明显的优势。培养高层次女性人才，女子院校要进行人才培养
　　　　模式的全面改革。

关键词：女子院校；高层次女性人才；人才培养模式；改革

一、问题的提出

从1998年开始，我国高校大规模扩招，高等学校的在校生数量急剧增长。在校女大学生和女研究生的数量也不断地增长。教育部2010年教育统计数据，全国普通本专科女生所占比例已经达到50.86%，硕士女研究生所占的比例达到50.36%，博士女研究生所占比例达到35.48%[1]。但在社会各个领域女性"高端缺席"的现象依然突出，所有高端数据比例都在5%左右[2]。在许多高层次决策层中，女性很少有超过10%的席位，甚至有的单位、部门决策中完全没有女性[3]。在科研院所中，女性指导教师仅占10.42%[4]。在中国科技队伍中，女科技人员占科技人员总数1/3。在两院院士中，女性只占4.8%。为此，《中国妇女发展纲要（2011—2020年)》提出要"提高妇女参与决策与管理的比例。要引导妇女积极参与科学研究和技术领域的发展，为她们成长创造条件"。贯彻落实《中国妇女发展纲要（2011—2020年)》的要求，培养高层次女性人才，应该成为女

---

①　洪艺敏，女，中华女子学院教务处处长，研究员，主要研究领域为高校课程与教学、高校教学管理等。

子院校的一个重要任务。女子院校是作为专门为女性实施高等教育的教育机构。研究表明，女子院校在女性人才培养上具有比男女合校的普通高校明显的优势，有美国学者指出：女子大学有利于女性自尊心和自信心的培养，是性别角色化的重要场所，注重参与和竞争的校园氛围为女大学生成功走向社会能奠定更好的基础[5]。事实也证明，女子院校能够培养出高层次女性人才。据美国统计，荣登"1988 年财富 1000 强"的女性董事会成员中，以及"1990 年财富 1000 强"中 4000 名高阶层女性主管中分别有 1/3 毕业于美国女子高校；31 名女性国会议员中有 13 名，以及 1/7 的州政府女性内阁成员都毕业于女子高校。75% 的女校毕业生进入劳动力市场，而且有一半从事所谓男性传统领域的高收入工作；81% 的毕业生继续攻读学位，90% 的毕业生参与社会或专业组织[6]。

二、女子院校高层次女性人才培养的思路

1. 高层次女性人才的界定

本科教育是基础性的教育。本科教育所培养的毕业生不可能一就业就成为社会的高层次人才。本科教育只能培养具有发展潜能的人才，能成为社会高层次人才的坯子。本论文所提出的高层次女性人才指的是工作在社会各个领域，具有强劲发展潜能的女性人才，日后能在社会各个领域中参与决策和管理。

要具备强劲发展潜能的女性人才，需要德智体美全面发展，其中突出的要具备以下方面的素质、能力和知识。一是具有学习能力、自我发展意识和能力，具有参与社会事务意识和能力，具有管理和领导能力；二是具有社会责任感和历史责任感，具有强烈的进取心，具有公益意识和服务、奉献精神，具有团队意识和协作精神；三是具备良好的文化素质。

2. 高层次女性人才培养的思路

培养具有发展潜能的女性人才，需要女子院校全面进行人才培养模式的改革，着力要开展以下方面的工作。

（1）要重视性别教育和发展性教育，增强学生的自我发展意识和能力。

在社会中女性的发展总体落后于男性，有以下方面的原因，一是传统的社会性别观念的影响；二是家庭和社会的低期望；三是社会制度和学校

制度保障的缺失；四是在社会转型期，压力加大，竞争挑战严峻；五是女性的成长和发展权被整个社会环境所忽视，缺乏女性优先发展意识和行动[7]。要促进女性的发展，学校要加强性别教育和发展性教育，通过教育转变女大学生的社会性别观念，赋予学生成长和发展权。

一是要加强性别教育。女子院校要发挥在性别研究的优势，加强对学生的性别教育，启发女性性别觉悟、引导女学生辩证地认识男女客观差异，认识自己的优势所在，从而克服自卑、自疑、自弃和弱者意识，增强自信心。要引导女学生认识女性过去和现在对社会所作出的巨大的贡献，为学生树立性别角色榜样。

二是要加强女大学生的发展性教育。女大学生发展性教育充分尊重学生在教育过程中的主体地位，以培养现代教育主体促使主体德性的发展为目的。发展性教育把教育看作是一种精神性、影响人的心灵的活动，是一种以德性人格影响人格形成的交互活动，它不再单纯从外部施加说教和约束，而是把道德作为学生的内在需要，注重激发学生的道德自觉，培养学生的价值判断能力、自我教育能力和道德实践能力。加强女大学生发展性教育，以女大学生为主体，倾听她们的声音，关注她们的利益，强调她们的需求，承认性别差异，提示男女大学生在发展上的性别差异所导致的性别不平等。在教育中要赋予女大学生成长和发展权，培养她们的自我发展意识，满足她们发展的基本内在需求。

（2）要实施素质教育，健全学生的人格。

具备良好的综合素质的女性人才才能有强劲的发展能力。提高女大学生的综合素质是高层次人才培养的重点。女子院校要特别重视素质教育，要把素质教育渗透到教育教学的全过程。学校要加强校园文化建设，改革专业课程体系，推进素质教育的实施。

一是要加强校园文化建设。校园文化是校园内所呈现的一种特定的文化氛围[8]。校园文化体现了学校的价值追求和精神理念。女子院校的校园文化要体现女性价值观，彰显女性文化，传播的女性主义精神。我国近代金陵女子大学的校园文化建设值得倡导。近代金陵女子大学的校训是"厚生"，学校把"厚生"作为学校和学生终极的追求，培养学生服务社会、乐于助人的奉献精神。"厚生"一词源自《圣经·约翰福音》："我来了，是叫人得生命，并且得的更丰盛。"厚生的"厚"是忠厚、仁厚、宽厚；"生"是指对所有人、一切生命。厚生就是要忠实厚道、讲求奉献、不求索取，要"服务社会，利乐他人"。任金陵女大校长23年的吴贻芳校长对"厚生"给予诠释为：人生的目的不是光为自己活着，而是要用自己的智慧和能力来帮助他人和造福社会，这样不但有利于别人，自己的生命也因此而更丰满[9]。学校通过开展广泛的社会服务工作，加强学生服务人生的信仰，并使学生从实践中体会到社会服务的作用和意义，同时也演化成一种人格力量，终身伴随她们，渗透到她们的工作、生活中和各个方面。

二是要实施素质教育。我国女子院校与其他普通高等学校一样，实施专业教育。专业教育旨在培养一个人将来从事某种职业所需要的能力的教育，是培养学生"做事"的教育。我国高校现行的专业教育是在借鉴苏联高等教育模式的基础上形成的。随着学科的不断分化和发展，高校的专业越分越细，越来越窄。专业教育的过分专业化和职业化，导致人文和科技割裂，学生所学知识的狭窄，视野狭隘，所培养的学生缺乏"做人"的基本素质。通识教育要解决学生的"做人"问题，目标是要健全学生的人格。通识教育的"通"，是通达、贯通、融合于一炉的意思，"识"则指见识、器识，即整合的认知[10]。通识教育通过对人文、社会、自然科学等知识领域的"通"，从而达到"识"。通识教育旨在培养学生的远大目标、通融识见、博雅精神和优美情愫，从而培养积极参与社会生活、有社会责任感、全面发展的社会的人和国家的公民。不仅要让学生成为人才，也要成为一个完整的人，让他们为迎接迅速变化的世界作最好的准备[11]。

女子院校实施通识教育，首先需要改革现行专业课程体系。专业教育强调专业的完整性和系统性。现行高校的专业课程体系都过于庞大的，从专业基础课、专业课到专业选修课，一般都达到了40—50门课程。庞大的专业课程体系不变动，通识教育难以推进。为此，要转变专业教育观念，强调专业素养的培养。要整合专业课程内容，精减专业课程，构建一个简洁的、有效的专业课程体系；其次要构建一个有利于女大学生成长，突出女性素养教育的通识教育课程体系。女子院校所培养的女性人才要具备中华女性的传统美德，如勤劳、善良、朴实、恭谦，还要具有现代女性的平等、独立、开放和自信，具有发展意识和潜能。

（3）要改革培养模式，为学生的能力发展创造条件。

学生的学习能力、分析问题、解决问题的能力、管理和领导能力都需要学校给予创造发展的条件。因此，女子院校要改革培养模式，通过课堂教学、实践教学环节、多种交流活动培养学生的各种能力。

一是要改革教学方法，注重发挥学生的主体作用，激发学生的学习自主性。学校要经常进行主题辩论，由有经验的教师主持，围绕那些能够激励并开阔学生知识视野的主题进行；经常校邀请社会各界的成功女性领导者来学校做演讲或者将其聘为学校的特聘教授，为学生授课，使学生卓越女性对话交流，帮助女生树立自信自强的信念和不屈不挠的意志；根据课程内容，采用角色扮演，通过情境的设置，使学生亲自体验所扮演角色的心理目标、生活方式和行为模式，使学生"进入"争议性问题的里面，作为问题的一个因素，尝试和体验其中的相互作用和矛盾关系，培养学生解决问题的能力。

二是要重视实践教学环节，通过开展课外活动、实习及社区服务等帮助学生发现，提高自身的能力、兴趣和领导潜能，培养学生责任意识、协作意识、团队精神和领导能力。学校要丰富学生的课外活动，成立各种课外文化小组，包括辩论赛小组、撰写新闻小组、音乐小组、社区服务小组、艺术团体、体育组织以及政治团体等，鼓励学生参加课外活动；要加强实习，通过实习，帮助学生了解社会，确定自己未来的发展方向；要重视社区服务，社区服务不仅可以使学生有机会为公众和社区服务，了解政治生活和政治运作的实践，还可以使学生在为他人服务中获得成就感，培养学生爱心、公益意识和社会意识。

三是要开放办学，广泛开展多方面的交流活动，扩展学生的学习和发展空间。我国女子院校发展历史短，学科专业相对单一，学校资源相对不足。校际联合是弥补学校资源不足的一个重要途径。美国女子院校的做法值得借鉴。美国大多数女子院校都与附近的学校合作，开展互相学习的互换学分项目，互相弥补课程的不足，充分利用学校资源。如巴纳德学院与哥伦比亚大学合作，为学生提供丰富的课程选择、辅修专业，巴纳德学院50％的毕业生直接进入各研究生院继续学习。威尔斯利学院与麻省理工学院（MIT）签订互为注册的协议，学生从二年级开始，可以在附近的麻省理工学院注册修课。两校之间互认学习，提供跨院校的双学位，学生本校学习三年以后在麻省理工学院继续学习两年就可以同时拿到两校的学士学位。

校企合作是拓宽学生学习空间的一种方式，也是学校与社会联合培养学生的一种途径。学校通过开展校企联合活动，能使学生的知识学以致用，能培养学生的实践能力。

国际间的交换学习是拓宽学生国际视野，培养学生领导力的有效方法。将来的社会领导者和管理者，要求具有全球意识和世界公民的基本素质，具有在国际视野的层面上处理事务的知识和能力，具有同异国文化交流的文字能力，表达能力以及国际礼仪知识和素养。高质量的国际学生交换实践，有助于提高个体的领导力技能、培养学生沟通交流，理解多元文化，解决冲突、自我认知等多种能力。学校要重视此方面的工作，给学生提供发展的平台。

三、中华女子学院高层次女性人才培养的探索

中华女子学院是全国妇联所属的、第一所独立设置的普通本科女子高等学校，其前身是宋庆龄、蔡畅、邓颖超、康克清等革命前辈于 1949 年创建的中国妇女职业学校。1950 年改建为"中华全国民主妇女联合会妇女干部学校"。1984 年升格改建为"全国妇联管理干部学院"，成为我国第一所独立设置的女子成人高校。1987 年更名为"中国妇女管理干部学院"。1995 年迁址、扩建、更名为"中华女子学院"。1996 年开始招收普通高中毕业生。2002 年转制成普通本科高等学校。由于她的政治特殊性，学校肩负着促进男女平等，引领先进性别文化、引导社会发展、促进女性进入社会主流的使命。为了完成这一使命，学校不断进行人才培养模式改革，注重培养学生的综合素质，突出性别教育和女性素养教育。在全面实施国家实施中长期教育改革与发展规划纲要，贯彻落实《中国妇女发展纲要（2010—2120 年）》，实施"十二五"规划之际，学校进一步明晰了高层次女性人才的培养思路，开展一系列教育教学改革工作。

1. 进一步加强性别教育，增强学生自我发展意识

中华女子学院在性别理论研究在女子院校处于领先地位。为了转变学生的性别观念，培养学生的"四自"精神，学校重视女性学类课程的建设，开设了系列女性学类课程，包括女性学导论、女性心理学、女性自尊与健全人格塑造等课程。注重教学方法改革，在教学中引入男女平等的观念和社会性别分析的方法，培养学生用社会性别视角思考、认识和分析问题能力，帮助学生从社会性别的视角认识女性及与女性相关的社会现象，增强女性的自我发展意识。

2. 全面实施素质教育，提升学生综合素质

学校重视素质教育，全方位推进素质教育的开展。

一是加强校园文化建设。学校注意营造有利于女大学生成才成长，促进女大学生发展的校园环境，构建了"爱国精神、科学精神、人文精神、'四自'"精神为核心的校园文化，把四个精神渗透到学生的培养过程中，使他们内化成为学生的人生观、价值观和成才观。学校倡导"崇德、至爱、博学、尚美"的校风，着力培养知性高雅的女性人才。

二是重新规划课程体系。学校以提升学生综合素质为核心，重新规划课程体系。把通识课程和专业课程作为一个整体进行设计，统筹考虑通识教育课程和专业教育课程。加大通识教育课程的比例，精减专业课程。根据专业的性质，分类构建专业课程体系。学科类专业以学科知识发展的逻辑体系来构建课程，行业职业类专业则以行业或岗位群技能的要求构建课程。为了满足社会需要和学生个性需求，在专业基础课程之后，设置了方向性课程模式，实现人才培养的多样化。

三是构建通识课程体系。为了实现通识教育的目标，学校整合公共基础课程和原有的通识课程，构建结构合理、基础性强、文理交融的通识课程体系。构建的通识课程体系包括共同必修课程和博雅课程两个部分。共同必修课程包括"公民基本教育"（政治理论课程、体育与健康、国防与军事）和"基础知识能力教育"（外语、写作、计算机）两个部分；博雅课程突破学科专业界限，拓宽基础、沟通文理、强化人文素养和科学素质教育，突出女性素养教育，设置"文学与艺术"、"历史与文化"、"社会与哲学"、"自然与人"、"性别与发展"五大类课程。贯彻少而精的原则，"以纲带目"设置课程，设置了有利于学生形成正确的人生观、价值观和世界观、突出人类文明成果传承、突出思想性和科学性的课程。跨越不同的学科，整合不同领域的知识，以主题形式组织课程内容。

3. 改革培养模式，发展学生能力

为了培养学生的能力，学校重视培养模式改革。

一是根据课程目标，采用了启发式、讨论式、案例式、探究式、体验式、做中学等多种教学方法，推进了教师的教学方式由传授知识为主向传授知识、培养能力和养成素质相结合转变，发挥学生的主体作用。

二是创新社会实践活动模式，将社会实践活动和志愿者服务活动相结合。学校有计划地组织学生与专业相结合的各类社会实践活动，发挥青年

志愿者团、社会工作实践团、星雨心理咨询热线、法律系爱心社等学生志愿者组织的作用；完善青年志愿者服务体系，开展青年志愿者服务进社区、进社会活动，有计划地组织支持学生参加"西部、基层志愿服务"、"关爱女孩青年志愿者行动"，支持学生参加社会团体，特别是各级妇联组织组织的志愿者活动；加强学校社会实践和志愿者服务基地建设，使基地成为连接学校和社会的桥梁、成为提升社会实践和志愿服务层次的有效途径，成为提高学生素质的课堂，推进大学生成长成才的社会化进程。增强学生的公益意识、服务、奉献精神。

三是开放办学，推进学校与企业、社区等深度合作，探索校企、校社联合培养模式。充分利用社会资源，开放学校资源，开辟学生与卓越女性近距离交流的渠道，在与社会的互动中实现学生成才和学校发展。加强与国外知名女子院校联系，通过合作办学、项目合作、学生交换等途径，使更多学生走向国外和海外，拓宽学生视野，增强学生的全球意识和竞争能力。

参考文献

［1］中华人民共和国教育部. 2010 年教育统计数据［EB/OL］.（2010 - 12 - 30）. http：//www. moe. edu. cn/publicfiles/business/htmlfiles/moe/s4960/index. html.

［2］吴宏岳. 我国女子高校发展中的问题及对策探讨［J］. 中华女子学院学报，2010（8）.

［3］莫文秀. 中国妇女教育发展报告［M］. 北京：社会科学文献出版社，2008.［7］.

［4］教育部发展规划司中国教育统计年鉴（2005）［M］. 北京：人民教育出版社，2006.

［5］罗婷. 女子高校发展战略研究［M］. 北京：中国社会科学出版社，2009：6.

［6］Oeltjen H. The case for Women's Colleges［J］. Women in Business. 1991（43）.

［7］石彤. 构建女大学生发展性德育模式［J］. 妇女研究论丛. 2008（1）：30.

［8］杜祥培. 建构女子大学校园文化探讨［J］. 长沙铁道学院学报（社会科学版），2006（3）：222.

［9］周川，黄旭. 百年之功［M］. 福州：福建教育出版社，2005：317.

［10］陈小红. 试论通识教育与大学改革［J］. 复旦教育论坛，2006（4）.

［11］陈向明. 从北大元培计划看通识教育与专业教育的关系［J］. 北京大学教育评论，2006（7）.

出　版　人　　所广一
责任编辑　　罗永华
版式设计　　杨玲玲
责任校对　　张　珍　刘　婧
责任印制　　叶小峰

图书在版编目（CIP）数据

女性学学科建设与专业人才培养：回顾与展望/韩贺南，王向梅主编 . —北京：教育科学出版社，2016. 1（2016. 9 重印）

ISBN 978-7-5191-0202-9

Ⅰ.①女…　Ⅱ.①韩…②王…　Ⅲ.①妇女学—学科建设—研究—中国②妇女学—人才培养—研究—中国Ⅳ.①D442

中国版本图书馆 CIP 数据核字（2015）第 299964 号

女性学学科建设与专业人才培养：回顾与展望
NÜXINGXUE XUEKE JIANSHE YU ZHUANYE RENCAI PEIYANG：HUIGU YU ZHANWANG

出版发行	教育科学出版社		
社　　址	北京·朝阳区安慧北里安园甲 9 号	市场部电话	010-64989009
邮　　编	100101	编辑部电话	010-64981252
传　　真	010-64891796	网　　址	http：//www. esph. com. cn
经　　销	各地新华书店		
制　　作	北京博祥图文设计中心		
印　　刷	北京易丰印捷科技股份有限公司		
开　　本	169 毫米×239 毫米　16 开	版　　次	2016 年 1 月第 1 版
印　　张	19	印　　次	2016 年 9 月第 2 次印刷
字　　数	269 千	定　　价	49. 00 元